잠자는 성공회로를 깨우는 NLP 심리 코칭법

성공을 코칭하라

잠자는 성공회로를 깨우는 NLP 심리 코칭법

성공을 코칭하라

NLP 트레이너 **박진희** 지음

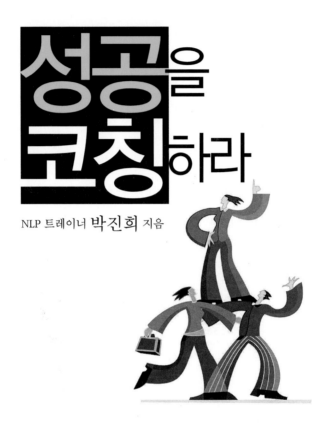

건강다이제스트 社

몇 년 전부터 시작된 NLP심리학으로의 여행은 정말 매혹적이었다. 미국 NLP University에 가서 트레이너의 자격 교육, 그 이후의 NLP University Affiliate 교육을 통해 자격 교육과정 매뉴얼과 원격 교육과정 CD자료 등 제공받은 다양한 교육 자료들을 번역하여 교재를 준비하면서 NLP공부에 매진했다. 그 동안에 NLP상담학회를 선도한다는 몇몇 사람들과의 경험을 통해 내 나름대로 독자적인 NLP심리학의 방향성을 설정하고 이 실제적인 응용 심리학을 보다 대중화시키는 쪽과 Coaching의 길로 방향을 잡고 새로이 책을 써볼 용기를 냈다. 한국에서 NLP 자격과정을 공부할 때 부실했었던 NLP의 기초를 NLP Center of New York에서 받았던 Erickson 최면요법 자격 교육 때 배운 것들과 샌프란시스코의 The NLP and Coaching Institute에서 NLP코칭 교육과 부자마음 갖기 트레이너 자격 교육의 결과 이러한 도전적인 용기를 갖게 된 잠재적 에너지원이 되었다.

작년 여름 이후 꼬박 1년 동안 하루 서너 시간의 수면과 식사 시간을 뺀 대부분의 시간 내내 홀로 NLP 탐구 여행을 하면서 인간사가 일어나는 생활의 현장과 비즈니스 현장에서 실천해 볼 수 있는 기법들을 보다 이해하기 쉽게 버무려서 산 지식으로 만들어 보겠다는 '원하는 결과'를 설정해 놓고서 과감한 도전을 실행했다.

한 계절에서 다음 계절로 자연스럽게 변화되듯이 삶에서 변화는 불가피하다. 사람들은 직업이 싫고, 뚱뚱해지고 싶지 않고, 흡연을 하고 싶지 않다는 식의 부정적인 것을 바라보면서 시간을 보내면서도 내심으로는 모두 껍질을 깨고 알을 낳는 것처럼 강한 내적 변화를 거쳐 정신적·정서적 공간을 정화시키고 보다 만족스럽고 성취감을 느끼는 삶을 희구한다. NLP의 근간인 두뇌 활용 기법을 실천한다면 '의식적으로 행위를 조종하여 결과outcomes를 설계한다'는 아이디어를 현실화 할 수 있다는 것이 NLP코칭의 불씨로 삼고 불을 붙이고 싶다.

NLP심리학은 지금 전 세계적으로 코칭 상담과 심리 치료 외에도, 성공학과 기업 경영과 관리, 교육, 의료, 예술, 스포츠 등의 분야에까지 넓게 퍼져 나가고 있다. 최고의 운동 선수와 기업가들은 마음 조절mental conditioning, 긍정적 태도와 예리한 집중의 중요성을 알고 있다.

미국의 전 대통령인 클린턴과 안드레 아가시프로 테니스, 마이클 오브라이언1984년 24회 LA올림픽 금메달리스트 수영선수, 투자가로 유명한 조지 소로스, 유명 인사들의 코치로서 대성공을 거둔 안소니 라빈스 등이 NLP를 활용하여 성공했다는 사람들로 자주 거론되고 있다.

이 책 속에서 NLP 코칭을 위해 여러 생산품들을 진열하는 데 있어서 필요한 메뉴들을 선택하고, 스스로 문제 해결과 변화를 시도하고, 통찰력을 얻고, 실제적인 아이디어들을 찾아내고, 이해하기 쉽게 쓰고자 한 나의 의도를 담고 싶었다.

본질적으로 NLP 심리학은 변화 방법과 능력을 강화시켜 주어 세상 관찰과 지각 방식을 변화시켜 두뇌 속의 변화에 적응해 가는 새로운 지도를 만들고, 삶의 선택지를 더 많이 증가시키며, 마음과 태도를 바꾸고, 원하는 것에 집중하도록 조절하여 긍정적 결과들이 매우 신속하게 달성되도록 해줄 수 있다. 세상을 변화시키지는 않지만, 과거로의 지루하고 고통스러운 여정 없이 삶의 질을 높이고, 실제적 결과를 만들어 낸다.

어떤 아이디어나 연습들은 우리들의 통상적인 스타일과 매우 다르게 작위적이라 생각할 수도 있지만, 의혹과 불신은 일단 제쳐두고 우선 한 번 해보고 나면 자각하고 체득하게 되고, 그러는 가운데 많은 자원들에 둘러싸인 자신을 재발견하고, 갑자기 변화에 발맞추어 새로운 선택을 하는 데 이용할 수 있는 풍부한 지혜를 갖게 될 것이다.

끝으로 나를 살맛나게 하려고 중년의 나이에 다시 학문 연구의 길을 선택하도록 지지하고 격려해 준 가족들과 부모 형제들에게 이 책을 바치고 싶다. 또 이 책이 세상에 나오도록 출판을 자청하여 모든 뒷바라지를 해주신 건강다이제스트사에 무한한 감사를 드립니다.

2007년 9월 가을 문턱에서
WE NLP 코칭 센터 대표 박진희

| 차례 |

제 3부 무엇이 나를 조종하는가?

숨어있는 10분의 9의 마음 '무의식적 마음'　74

신념을 바꾸면 인생이 바뀐다　83

감각을 조율하는 R.O.L.E 모델　93

감각정보를 바꾸면 생각도 바뀐다　115

감각의 지향성이성격을 만든다　118

감각의 연결은 지능과 성격을 형성한다　121

제 6부 내적 상태 조절을 위한 테크닉

제 1부

신개념 심리학
NLP 세계로의 초대

"언제나 했던 것만 하는 사람은 언제나 얻었던 것만 얻게 될 것이다."

이 말은 필자 자신이 스스로 NLP 영토로 여행을 시작하면서 명심하게 된 지혜로운 격언이다. 1부에서 NLP심리학이 우리들에게 어떤 도움이 될 수 있을지를 느끼는 것으로 시작하게 될 것이다. 명심해야 될 한 가지는 NLP심리학을 배우는 데에 방해가 될 수 있는 의혹이나 불신, 가정들은 보류해 둔다는 것이다.

요즈음 우리는 극도로 개인의 유연성을 발달시킬 수 있는 기술들이 필요하다. 어떤 트릭이나 수법 같은 것으로는 충분치 않다. 진정한 삶의 변화를 도모할 수 있는 유연성을 발휘해야 하는 시대이기 때문이다. NLP심리학은 현재 커뮤니케이션과 삶을 변화시킬 수 있는 가장 효과적이고 정교한 방법론인 것이다.

내 마음을 움직이는
NLP심리학의 '힘'

NLPNeuro-Linguistic Programming : 신경언어 프로그래밍이라는 단어를 처음 접하는 독자들은 궁금할 것이다. 과연 NLP가 무엇이며, 왜 현대인들의 폭발적인 관심을 받고 있는지. 그 유래를 알려면 미국 캘리포니아 대학교의 몇몇 천재적인 사람들로부터 어떻게 NLP가 시작되었는지, 또 어떻게 현대인들의 커뮤니케이션에 기여해왔는지, 우선 함께 NLP심리학의 영토 여행을 시작하면서 주요한 테마들을 탐색해보자.

NLP심리학은 인간에 관련된 많은 수준들을 다루는 '인식론'이며 실용적인 학문이다. 인간의 행동능력이나 유연성의 발달을 포괄하는 다면적인 과정임과 동시에 행동 이면에 있는 정신적 인지과정에 대한 이해와 전략적인 사고를 포함한다.

NLP심리학은 개인의 우수성 개발을 위한 기술과 방법을 제공할 뿐

만 아니라 인간 존재가 무엇인지, 의사소통이란 무엇인지, 변화의 과정
이 무엇에 관한 것인지, 또 힘을 주는 신념과 전제들에 대해 체제를 확
립해 놓고 있다.

또 다른 차원에서 NLP심리학은 정체성과 사명감을 탐색하는 자아
발견에 관한 것이다. 더불어 우리가 개인적으로 경험하는 것이 '정신적
인' 측면에서 어떻게 가족과 집단, 사회, 전세계까지 연결될 수 있는지
이해하도록 하는 구조까지 제공해 주는 이론이다.

NLP심리학은 단지 능력과 우수성에 관한 것이 아니라, 지혜와 비전
에 관해 개안을 시켜주는 실제적인 '마음 공부'라는 측면으로 접근하면
많은 것을 얻게 될 것이다.

■■ NLP(신경 언어 프로그램) 심리학에 대한 간단한 정의들

NLP심리학은 여러 가지 면에서 설명될 수 있다. 공식적인 정의는
'주관적 경험의 구조에 관한 연구'라는 것이지만, 다음에 열거된 많은
저널이나 책, 언론매체 등에서 NLP심리학에 관한 설명은 그 다양한 유
용성의 증거이다.

- 두뇌에 작용하는 소프트웨어
- 마음을 움직이는 심리기술
- 자신의 미래를 창조해내는 방법
- 인간 행동의 우수성을 분석하여 모델링 하는 과정
- 커뮤니케이션의 기술과 과학

- 사람들이 자신의 현실을 이해하고 변화하도록 돕는 방법
- 성공한 사람들의 비결
- 삶의 모든 영역에서 원하는 결과를 얻기 위한 길
- 성실하게 타인들에게 영향력을 미치는 방법
- 세상의 패턴들을 발견하고 이용하기 위한 가속 학습 전략
- 두뇌의 사용자 매뉴얼 등이다.

이러한 것들을 종합해 볼 때 NLP심리학은 인간 우수성에 대한 연구이며 사고 과정들, 언어 패턴들과 인간 행동에 대한 훨씬 더 뛰어난 지식을 제공하면서 인간의 경험을 해석하고, 사람들이 어떻게 생각하고 느끼고 그리고 반응하는지를 이해하는 데 도움이 되는 과정을 알게 해주는 것이다. 또한 의사소통의 효용성과 영향을 향상시키는 중요한 기술이며, 마음과 몸, 감정과 행위 사이의 관계와 인간 경험에 대한 이해, 마음의 언어를 사용함으로써 지속적으로 원하는 결과를 성취할 수 있도록 하는 데에 도움이 되는 실용적인 심리학이다.

■:■ NLP심리학을 구성하는 3가지 요소

NLP심리학은 두뇌로 오감의 신경보고 듣고 느끼기과 언어가 만들어내는 프로그래밍에 대해서 체계화한 것이다. 그래서 자신의 목적이 무엇이든 반드시 그것을 실현할 수 있는 자신의 상태와 환경을 만들어 낼 수 있는 마법magic 같은 것이라는 평판을 듣고 있다.

오감의 신경이 어떻게 작동하는지 보기 위해서 한 가지 연습을 해보

자. 그냥 가볍게 상상해 보자. 아주 무더운 여름날, 외출에서 돌아와서 주방에 있는 냉장고 문을 열고 그 안에 있는 레몬 하나를 꺼낸다. 끝에 녹색 표시를 가진 노란 빛깔의 레몬이다. 얼마나 차가운지 손 안의 감촉을 느껴본다. 코에까지 올려서 냄새를 맡아본다. 부드럽게 눌러보고, 손바닥 안에서 무게를 느껴본다. 이제 칼로 절반씩 자른다. 즙이 흘러내리는 소리를 듣고, 냄새가 강하다는 것을 인식한다. 레몬을 깊숙이 베어 물고, 입 안에 레몬즙이 쫙 돌도록 한다.

간단한 '레몬'이라는 말도 우리의 침샘을 자극하는 힘을 가지고 있다. 레몬이라는 단어를 듣고서 아마 우리 두뇌는 갑자기 행동에 속도를

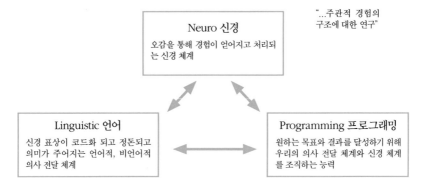

신경(Neuro)

감각을 통해 세상을 경험하고 감각적 정보를 의식적 무의식적 사고 과정으로 바꾸어서 생리 현상, 정서와 행동에 영향을 미친다.

언어(Linguistic)

세상을 이해하고 경험을 얻어 개념화하여 타인에게 전달하기 위해 어떻게 언어를 사용하는지, 언어가 개인에게 어떻게 영향을 미치는지 탐색한다.

프로그래밍
(Programming)

경험의 정신적 코드화이며, 의사결정, 문제해결, 학습, 평가하는 데에 활용하는 내적 과정과 사고 패턴들을 NLP는 원하는 결과를 얻기 위해 경험의 Recoding과 내적 과정의 재조직화를 가르쳐준다.

Neuro 신경

오감을 통해 경험이 얻어지고 처리되는 신경 체계

"...주관적 경험의 구조에 대한 연구"

Linguistic 언어

신경 표상이 코드화 되고 정돈되고 의미가 주어지는 언어적, 비언어적 의사 전달 체계

Programming 프로그래밍

원하는 목표와 결과를 달성하기 위해 우리의 의사 전달 체계와 신경 체계를 조직하는 능력

〈그림 1〉 NLP심리학을 구성하는 3요소

낸다. 지금 읽은 말이 두뇌에 레몬을 손에 가지고 있다는 것을 인식시켜 주었다. 말은 단지 의미를 서술할 뿐이라고 생각할 수도 있지만 실제로 우리의 현실을 창조한다. 이 NLP심리학을 구성하는 3가지 요소는 <그림 1>과 같다.

NLP심리학의 창시자인 밴들러Bandler는 다음과 같은 원리에서 NLP의 사고 방법의 기본은 컴퓨터와 유사한 두뇌의 사용 설명서라고 한마디로 표현한다. 컴퓨터의 경우 외부에서 정보가 입력되면 CPU를 거쳐 메모리, 하드디스크에 축적이 된다. 인간의 경우는 감각을 지각한 필터를 통해 입력되고 그것이 두뇌의 내부에서 처리되며 축적된다. 이 내부에서의 처리는 일종의 신경 언어와 같은 것으로 컴퓨터 언어와 같은 프로그램이 작동하고 있는 것과 비슷하다.

여기에서 말하는 신경 언어는 오감을 통해 지각하는 현실에 관한 정보이며, 정보 처리 과정은 모두 신경계의 작용으로 표정과 호흡, 미묘한 신체의 움직임, 언어와 비언어적 정보자세와 제스처 등로 해서 출력output 된

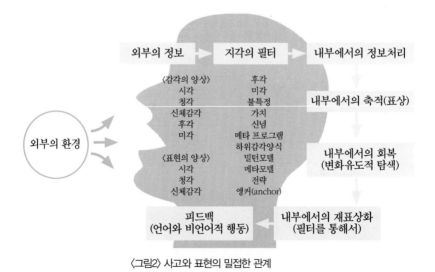

〈그림2〉 사고와 표현의 밀접한 관계

다는 것이다.<그림 2참조>

　요약한다면 NLP심리학은 두뇌, 언어와 신체 간의 상호 작용으로 창출된 패턴이나 프로그램 구성을 연구하는 것이다. 누구나 똑 같이 가지고 태어난 기본 신경계를 통해 세상을 경험하고, 두뇌의 과정은 이 정보들을 처리하고 해석하고 의식적 마음에 그것을 표현하며, 삶에서 무엇이든 할 수 있는 능력 면에서 유능하고 무능한 행동들을 만들어낸다. 인간의 우수성이나 병리적 증후의 보이지 않는 이면 과정은 바로 이 상호작용 때문이다. 따라서 NLP심리학의 많은 부분은 보다 효과적으로 사고하는 법과 보다 효과적으로 커뮤니케이션 하는 법을 배우는 것에 전념하고 있다.

▪▪ NLP 심리학의 유래와 학문적 배경

　1970년대 중반 캘리포니아 대학 산타크루즈 캠퍼스에서 언어학 조교수였던 존 그린더John Grinder와 심리학과 대학원 학생이었던 리처드 밴들러Richard Bandler 두 사람이 기초이론을 확립한 공동 창시자이며, 공동 연구는 74년 동대학 Kresge College 문화인류학 교수 그레고리 베잇슨Gregory Bateson이 그린더와 밴들러 두 사람에게 "애리조나 주 피닉스에 중증 정신병환자를 최면으로 치료하는 기묘한 의사가 있으니 탐구하면 어떨까?" 라고 권한 것이 기점이 되었고, 언어 스타일, 두뇌 패턴, 어떤 행동의 프로그램이나 순서를 편성하는 데에 말과 행위가 어떻게 함께 연결되어 있는지를 생각했다. 후에 이 연구 성과는 NLPNeuro-Linguistic Programming : 신경 언어 프로그래밍라 명명되었다.

창시자인 그린더Grinder와 밴들러Bandler가 왜 탐구 대상으로 심리치료가Therapist를 골랐는지는 당시의 사회 상황적 배경 때문이었던 것 같다. 60년대 미국은 베트남 전쟁 귀환병들의 심신의 병PTSD을 도울 필요가 사회문제화 되었고, 그 중심 기관으로, 귀환병 원조 프로젝트에 손대고 있던 에살렌Esalen 연구소가 있었다. 치료를 필요로 하는 귀환병은 카운셀링 프로그램 이용자만으로도 80만 명을 뛰어넘어, 원조기관의 준비가 부족해서 수용인원 부족이 큰 사회문제가 되었다. 에살렌Esalen 연구소 안에서 높고 신속한 치료효과로 'therapeutic wizard = 치료의 마법사'라고 불린 3명의 심리치료가therapist, 게슈탈트 요법의 프리츠 펄스Fritz Pearls 박사, 가족요법의 버지니아 새티어Virginia Satir, 최면요법의 밀턴 에릭스Milton·H·Erickson 박사에게 그린더Grinder와 밴들러Bandler는 주목했고, 그렇게 해서 NLP가 탄생하게 되었다.

이들이 최초로 주목했던 '행동을 관찰하고 분석한'것은 우수한 결과를 창출한 심리치료가들을 대상으로 했으며, '왠지 모르지만 매우 우수한 성과를 발휘할 수 있는 인물'의 공통요소를 분석하려고, 우선은 탐구대상으로 심리치료가therapist를 골랐다.

그린더Grinder와 밴들러Bandler는 도대체 무엇이 이 세 사람을 '마법사'라고 부르는지 분석하려고 했으나 세 사람의 치료 스타일은 완전히 달랐다. 펄스Pearls는 환자에 대해 공격적이라 할 수 있는 피드백을 돌리는 타입, 새티어Satir는 자애로운 표정으로 맞이하며, 에릭슨Erickson은 신체장애 때문에 휠체어에 타서 발음하는 것도 편하지 않는 상태의 심리치료가였다. 분석은 그들의 치료를 비디오로 촬영해서 분석한다는 귀납적인 방법을 단서로 진행했다. 대화 내용만이 아니라 무의식 중에 사용하는 언어패턴, 환자에 대한 반응, 자세와 동작, 목소리의 억양 등 비언어 혹은 치료자 자신의 내적 반응도 포함한 모든 것에 대해 자세한 분석을 진행해 본 결과, 그린더Grinder와 밴들러Bandler는 완전히 다른 타입의 천재들로부터 치료에 효과적인 공통요소를 유출하는 데 성공했다. 그들은 그 해석패턴을 몸에 익혀 종래의 치료therapy보다 훨씬 단기간에 치료할 수 있게 되었다. 특히 공포증과 심인성 알레르기 등은 1회 세션으로 치료해 버린 적도 있을 정도로 그 효과는 탁월한 것이었다.

이렇게 해서 창안된 NLP심리학은 실용적이고 시험 가능한 실행이 될 수 있도록 가치, 행동, 상호 관계의 중요 패턴을 분석하고 확인하는 데에 적합한 원리와 특성을 가지고 있는 행동 과학이다. 행동의 이면에 있는 보이지 않는 요인들과 유능하게 행동하도록 해주는 사고의 구조에 사람들이 하는 행동 내용 이상의 것을 보는 방법을 제공해 준다. NLP 심리학은 신경학과 언어학, 인지 과학을 끌어내기 때문에 NLP와 여타의 심리학 체계들 사이에 중복된 것들이 있고, 컴퓨터 프로그래밍이나

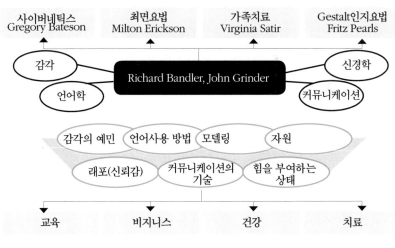

〈그림 3〉 NLP가 완성된 배경

체제 이론까지도 끌어낸다. 따라서 NLP의 가치는 많은 부류의 과학적 이론과 모델들을 함께 종합하고, 여러 부류의 이론을 하나의 단일 이론으로 합치는 데 있다.<그림 3 참조>

▟▘ NLP심리학의 활용 실태

NLP심리학의 중요성은 무엇보다도 실용성을 강조한다. NLP의 개념과 훈련 프로그램들은 상호작용과 실험적인 학습에서의 맥락을 강조함으로써 NLP의 원리와 절차들이 쉽고 빠르게 이해될 수 있도록 한다. 게다가 NLP 과정은 유능한 인간 모델에서 비롯되었기 때문에 이를 접하는 사람들은 경험하지 않고도 직관적으로 그 가치와 기본적 구조를 인식할 수 있다.

시간이 흘러서 이제 NLP심리학은 사고 과정들, 언어 패턴들과 인간 행동에 대한 훨씬 더 뛰어난 지식을 제공하면서 급속도로 발전해 나가고 있다. 인간의 경험을 해석하고, 사람들이 어떻게 생각하고 느끼고 그리고 반응하는지를 이해하는 데에 도움이 되는 과정들을 내놓아서 의사소통의 효과성과 영향을 향상시키는 중요한 기술로서 마음과 몸, 감정과 행위 사이의 관계와 인간 경험에 대한 이해, 지속적으로 원하는 결과를 성취할 수 있도록 하는 데에 도움이 될 수 있는 것으로 각광을 받고 있다.

80년대에 들어와 NLP는 연구 당초의 치료적인 접근법에서 커뮤니케이션 전반의 구체적 수법으로서 응용되었고, 그린더Grinder와 밴들러Bandler가 관계를 끊게 된 후, 로버트 딜츠Robert Dilts, 쥬디스 드로지에

Judith DeLozier, 데이비드 고든David Gordon, 스테판 길리건Stephen Gilligan, 스티브 & 코니래 안드레아스Steve & Connirae Andreas 부부 등이 참가한 공동 개발자들이 연구를 확장해 갔다.

그 결과 NLP는 의료분야뿐만 아니라, 교육, 가정에서 사람의 능력을 이끌어내는 수법으로서 코칭과 촉진facilitation으로의 기술 적용, 비즈니스에서 프로 스포츠 세계까지 넓게 응용되었다. 그중에는 교섭과 영향력, 인간관계 구축면에서 등등 응용 사례가 많다. 즉, 커뮤니케이션communication에서 어떻게 상대에게 대응하면 '상대가 바라는 변화'를 효과적으로 촉진할 수 있는지, 또는 스스로 내적 커뮤니케이션을 어떻게 조절하면 자신이 바라는 수행력을 발휘할 수 있는지를 설명하고 있다.

21세기로 전환된 이 시점에서 안소니 라빈스Anthony Robbins가 쓴 책 <네 안의 거인을 깨워라>, <무한 능력>과 같은 베스트셀러 책들 덕분에 NLP의 응용 분야는 이제 심리 치료를 훨씬 넘어서 기업의 어느 영역에서도 그 실용성을 인정받고 있다. 경영, 판매, 커뮤니케이션, 신상품 개발과 코칭, 상담 등의 영역에서 최고 성과 달성을 촉진해 주는 유용성을 인정받아 점차 보급되고 있으며, 교육·건강과 스포츠 등의 영역에까지 그 범위를 확대시켜 가고 있는 추세이다.

지금 세상은 시시각각으로 예측 불허하게 변화하며, 다각화 되어 가고 있으므로 그 어느 때보다 유연성과 적응력이 필요한 시점이다. 이미 서구 선진국들에서는 대중화의 길로 들어선 NLP심리학 활용을 우리나라에 진출한 다국적 기업들이 그 어느 때보다도 큰 관심을 보이며 사원 연수와 기업 컨설팅에 활용하면서 자격을 요구하고 있는 실정이다.

NLP심리학과 최면요법의 적용분야는 인간의 삶과 관련된 모든 분야라 할 수 있을 만큼 광범위하다. 휴렛팩커드, IBM, 맥도날드사, 미국

관리자와 기업가 : 동기 유발과 팀 구축 강화, 성공을 위해 기업 개발기획과 헌신 이끌어 내기

모든 사람- 타인을 이해하는 새로운 방법. 자신과 타인을 동기 유발하며 잠재력을 최대화 하기

상담가, 정신치료자, 컨설턴트: 내담자들이 원하는 결과와 지속적 변화를 신속히 성취하도록 커뮤니케이션 테크닉 발달시키기

운동 선수들과 연예인들은 즉시 최적 상태를 얻고, 타인들이 잘 하는 방법을 본뜨기 하고 적용하며, 습관적 실수 제거

NLP의 실천적 유용성

트레이너와 교육자들- 학생들을 동기 유발하고 래포 형성과 몰두하도록 하는 새로운 학습 패러다임 발견하기. 학생의 성공을 돕기 위한 효과적인 학습 전략 습득하기

판매원- 고객들과 래포를 구축하여 내담자 의사결정 과정에 활용하여 고객들이 원하는 것을 구매하도록 돕는 방법을 배우기

〈그림 4〉 NLP의 실천적 유용성

항공 우주국NASA, 미국 올림픽 팀, 공립학교 등에서 NLP는 이미 적용되었고 현재 세계 약 50여 개 국가의 사람들이 트레이너 교육에 참여하는 것을 보면 확대 일로에 있음을 짐작할 수 있다. 최면 또한 하버드, 펜실베니아, 콜롬비아 대학 등 많은 대학에서 최면 강좌를 실시하고 있고 미국심리학회는 심리 최면과를 신설해 놓고 있다. 특히 미국 하버드대학에는 최면 전문 클리닉센터가 건립되어 있다. 또한 세계보건기구WHO에서도 대체의학으로 최면을 치료의 한 방법으로 공식 승인해 놓고 있다. 이미 선진국에서는 NLP와 최면의 과학성 및 효과를 인정하고 심신의학분야는 물론 여러 분야에서 뛰어난 마음의 원리를 실생활에 적용하고 있는 것이다.<그림 4 참조>

원하는 것을 이루어주는
NLP심리학의 기초이론

▪▪ NLP심리학의 기본 전제들

전제Presupposition라는 것은 무슨 의미인가? 우리가 무엇인가를 전제로 삼으면, 그것은 증거 없이 주어지고 받아들이는 것으로서 이해한다. 이것은 NLP의 기초가 되는 '인식론'의 일부분이다. 다시 말하면 이것은 NLP의 토대가 되는 기본적인 신념이다. NLP의 기본전제들은 일반 의미론, 변형문법, 시스템 이론, 인공 두뇌학, 실용주의 철학, 현상학, 논리 실증주의 등 다양한 분야에서 종합적으로 도출된 것이다.

사실상 NLP의 많은 전제들을 지지하는 다양한 증거들이 있지만 전제들이 사실이라고 주장되지는 않고 있다. 중요한 것은 그것들이 도움이 되고 우리들이 결과를 달성하도록 이끌어주는 작용을 한다는 것이다. 어떤 전제들은 우리의 심금을 울리고, 즉시 옳다고 느껴진다. 또 어떤 것들은 처음에는 분명히 틀린 것처럼 들리지만 의심을 보류하고 마치 사실인 것처럼 행동해 본다면 때가 오면 그런 전제들에도 더 편안함을 확실하게 느끼게 될 것이다. 또 몇 가지 전제들은 자각하여 알 수 있는 반면에 말을 듣고 나서야 비로소 알게 되는 전제 조건들도 있다. 자각적으로 그것들을 알게 되면 그것들이 사실이라고 믿을지 안 믿을지, 그리고 그것들이 특정상황에 어떻게 도움이 될 수 있는지를 판단할 수 있다.

전제들 각각은 독자적인 의미도 있지만 상호 연관되고 상호 의존적인 사고의 기반을 형성하고 있다. 어떤 추상적인 철학 같은 의미로 생각할 필요도 없으며, 단지 앞으로 나올 'NLP심리학'이라는 식사에 처음 나오는 요리일 뿐이다. 매우 실용적이며, 생생하고 세상에 대한 일반화일 뿐이라고 생각하면 될 것이다.

… 지도는 영토가 아니다(The Map is Not the Territory)

1933년 폴란드의 수학자 Korzybski가 출판한 <과학과 정신Science and Sanity>에서 우리가 감각 표상체계를 통하여 세상-영토를 경험한다는 사실을 언급했다. 그리고 우리는 이것을 외부 현상으로 받아들이고, 우리의 두뇌 안에 그것에 대한 내적 표상-즉 지도를 만든다는 것이다. 외부 세상에 대한 우리의 지각에 의해 창조된 내적 지도(Map)는 결코 정확한 사본은 아니다. 외부 세계에 존재하는 것이 결코 우리의 두뇌 속에 있는 것과 똑같을 수가 없다는 것이다. 우리는 오직 현실에 대해 우리가 지각한 것만을 아는 것에 불과하다.

우리는 어차피 존재하는 외부의 현실 세계를 이해하기 위해서 무언가를 선택하고 생략하고 일반화 해버린 '독자적 지도'를 가지고 있을 뿐이다. 우리의 행동 방식을 결정하고 그 행위에 의미를 부여하는 것은 현실 그 자체가 아니라 현실에 대한 지도일 뿐이다. 그러므로 일반적으로 우리를 제한하는 것도, 힘을 실어주는 것도 현실이 아니라 오히려 현실에 대한 우리의 지도인 것이다. 그 지도는 우리의 정체성에 관해 믿는 것, 신념과 가치관, 태도, 기억과 문화적 배경 등에 기초해 있다. 우리가 어떤 것을 판단할 때 각자가 가지고 있는 지도에 따라 익숙해져 있는 방식으로 사물을 보는 경향이 있다. 이 기본 전제를 고려하면 타인이 지니고 있는 세상 지도가 이해되지 않을 때 판단을 중지하고, 세상을 보아왔던 방식에서 한걸음 물러서서 이해와 참을성을 조금 가진다면 우리의 삶을 풍부하게 해줄 수도 있다. 세상에 대한 나의 정신적 지도는 당신 것과 다르다. 자신의 경험은 언제나 현실과 조금 떨어진 것임을 암시한다. 내면의 지도는 실제 상황의 정확한 복사본이 결코 아니며, 자신의 지도 또한 그밖의 누군가의 지도와 다르다는 것을 알아야 한다.

이 그림은 늙은 여자일까? 젊은 여자일까? 우리들 서로의 지각이 다름을 이해하게 해 준다.

이 그림에서 원이 의미하는 것은? 영어 알파벳의 O, 수학에서 0, 음악에서는 온음표, 케이크, 원불교, 등등 각자가 지각하는 것이 다르다.

〈그림 5〉

이 전제를 증명해 주는 여러 가지 실험들이 <그림 5>에 제시되어 있다.

- 사람은 모두 세상에 대한 고유한 지도를 가지고 있다. 어떤 지도도 다른 사람의 지도에 비해 '실제적'이거나 '진실' 되었다고 할 수 없다. 우리들 각자 모두 자신의 머릿속에 지니고 있는 세상에 대한 지도에 따라 반응한다. 그 지도는 우리 자신의 정체성과 가치관, 신념, 태도, 문화적 배경에 관해 우리가 믿고 있는 것에 기초해 있다. 때때로 다른 누군가가 작동시키는 세상 지도가 나 자신에게 이해되지 않을 수도 있다. 그러나 조금 인내심과 이해심을 가지면 우리들의 삶을 풍요롭게 해 줄 수 있다.
- 타인과 의사소통한다는 것은 화자의 의도와는 관계없이 타인으로부터 반응을 이끌어내는 일이다. 의사소통의 의미는 그것이 끌어내는 반응이다. 사람들은 대체로 상대방이 말한 뜻이라고 생각하는 것에 반응하는 데 그것은 상대방이 의도했던 의미가 정확한 또는 잘못된 해석일 수 있다. 이런 맥락에서 의사소통은 언어적, 비언어적 표시들을 모두 포함하고 있다. 이 전제조건은 사람들에게 말하기와 자신이 말한 것(또는 상대방이 들었던 것)에 사람들이 어떻게 반응하는지, 그리고 자신의 의사전달은 그에 상응하게 적응시키기를 강조한다.
- 가장 '현명'하고 '온정적인' 지도는 가장 '실제적'이거나 '정확한' 지도가 아니라 현명하고 다양한 선택의 여지를 제공하는 지도이다.
- 원하는 것을 성취하기 위해 필요한 모든 자원(실제적 문제 대처능력)을 자기 자신 안에 가지고 있다. 누구나 발달하고 성장할 잠재력을 가지고 있다는 의미이다. 자원을 사용할 수 있기 위해서는 자신이

자원을 가지고 있고, 그 자원의 사용법을 알아야 한다. 또한 배우고 성장함에 따라 새로운 자원을 습득할 필요가 있을 것이다. 내적 사고와 자원이 풍부한 마음상태 만들기를 강조한다.

- 사람은 자신이 속한 상황하에서 가능성과 능력을 최대한으로 동원하여 최선의 선택을 한다. 아무리 사악하고 비정상적으로 보이는 행동도 그 시점에서는 그 사람의 최선의 선택에서 나온 행동이다. 만약 보다 나은 선택의 여지가 있다면(자신이 속한 상황하에서) 사람들은 그것을 선택할 가능성이 높다.
- 적절한 자원을 드러내거나, 잠재적인 자원을 활성화시키거나, 특정한 상황에서 세상에 대한 지도를 풍부하게 함으로써 변화를 이끌어낼 수 있다.

⋯ 삶과 마음은 체계적 과정이다

- 인간 내부, 인간들 사이, 인간과 환경 사이에서 일어나는 과정은 체계적이다. 우리의 신체 및 우리가 속한 사회와 우주는 상호 작용하고 서로 영향을 주는 복잡한 생태계와 하위 시스템을 형성한다. 한 인간 존재 내에서, 그리고 인간 존재들과 환경 사이에서 일어나는 과정들은 체계적이다. 우리의 신체, 사회 그리고 우주는 서로와 상호 작용하고 서로에게 영향을 미치는 복잡한 체제와 하위 체제들의 생태학적 관계를 형성한다. 체제의 어떤 부분도 그 나머지 체제와 완전히 격리시킬 수 없다. 그러한 체제들은 자아조직 원리에 기초해 있고, 자연적으로 최적의 균형상태나 항상성homeostasis을 추구한다. 예를 들면, 가족의 단위가 되는 한 가정의 아이가 심리적 문제를 안고 있는 경우, 그 가정의 다른 가족들 중에서 어떤 문제도 없는 것처럼 보이는 부모의 행동 일부만을 변화시키는 일에

서 문제가 해결되는 일도 있다. 그래서 NLP심리학에서는 개인과 가족, 인간 관계, 사회, 국가, 지구를 여러 가지의 상호관계에서 부터 한 개인의 균형을 갖는 체제라고 생각한다. 그러므로 인간은 가족, 지역, 사회, 국가, 지구라고 하는 시스템의 일부로서 존재하고 서로 영향을 미치고 있다는 것이다.

- 전 시스템으로부터 일부분을 격리시키는 것은 불가능한 일이다. 사람은 서로에게 영향을 주게 되어있다. 사람은 상호 작용을 통해 피드백의 고리를 형성한다. 즉 자신이 타인에게 준 영향에 결국 자신도 영향을 받게 된다.

- 시스템은 '자기 조직적'이며 자연스럽게 균형과 안정의 상태를 지향한다. 실패란 존재하지 않고, 오직 피드백만이 존재할 뿐이다. 두뇌는 시행착오에 의해 나아진다. 누군가가 아직 성공하지 못했다 할지라도 여전히 그렇게 할 기회가 있다. 살면서 많은 실수를 할 수 있지만 어떻게 반응하고 그 실수들에서 어떻게 배우는지는 자신이 선택한다. 실수는 배움과 성장을 위한 기회가 될 수 있다.

- 마음과 몸은 상호 연결되어 있다. 마음에 영향을 미치면 몸에 영향을 받는다. 현대 과학은 명확히 마음과 몸 사이에 연결을 나타내주었다. 면역체계는 전체적으로 두뇌활동과 연결되어 있다. 예를 들면 정신적 스트레스는 질병과 싸울 능력을 쇠약하게 하며 면역체계의 수행력을 억제해 버린다. 생각은 신경전달 물질을 통해 몸 전체로 운반되며, 이 합성물질들은 신경을 따라서 세포들 사이로 두뇌와 신체의 나머지 사이에 의사 전달 형태를 만들어서 메시지를 전달하고, 그래서 실제로는 신체가 자신의 생각을 표현하고 있는 것이다.

- 시스템 내부의 모든 상호 작용이 같은 수준에 존재하는 것은 아니다. 어떤 수준에서는 긍정적인 것도 다른 수준에서는 부정적인 것일 수 있다. '자아'로부터 행위를 분리하는 것은 유용한 일이다. 즉 행위 자체로부터 행동을 일으키는 긍정적인 의도, 기능, 신념 등 으로부터 분리하는 것이 필요하다.

- 모든 행동은 어느 수준에서 '긍정적인 의도'를 가지고 있다. 모든 행동 은 소중한 무언가를 성취하는 것을 목적으로 하며, 어떤 이유로 발생한다. 이는 자신의 행동과 다른 사람의 행동에 관계될 수 있 다. 그러나 긍정적으로 의도되었다 할지라도 그 행동은 부정적인 것으로 해석될 수 있다. 즉 행동을 하는 사람은 행동을 하게 된 배 경하에서 자신이 가장 적절하다고 생각하거나 생각한 행동을 하 게 된다. 문제 있는 행동의 표현에 대응하기보다는 그 의도에 대응 하는 것이 보다 쉽고 생산적인 일이다. 불행히도 이 전제는 가끔 나쁜 또는 비생산적인 행동에도 적용된다. 그것은 이차적 이득이 라 불리기도 하며 분명치 않은 것이다. 이 이차적 이득은 보통 나 쁘다고 여겨지는 특정 행동으로부터 누군가가 무의식적으로 얻는 이득이다. 예를 들면 한 아이가 또래 아이들에게 인정을 받기 위 해 학급에서 힘을 과시하고 주먹을 행사한다는 식이다. 우리가 만 약 이런 자원이 없는 방식으로 행동하게 하는 한 개인의 긍정적 의 도를 이해할 수 있다면 우리는 유연성과 커뮤니케이션 능력을 더 많이 증진시킬 수 있다. 그리고 긍정적인 방법으로 행동의 의도를 만족시킴으로써 원치 않는 행동의 변화를 조장할 수 있다.

- 환경과 상황은 변한다. 따라서 같은 행동을 취한다고 해서 항상 같 은 결론이 도출되는 것은 아니다. 성공적으로 적응하고 살아남으

려면 시스템의 일원으로서 최소한의 유연성을 가지고 있어야 한다. 유연성의 정도는 전 시스템의 다양성에 일정하게 분배되어야 한다. 시스템이 복잡해질수록 더욱더 유연성이 필요하다.

- **실패란 없다.** 오직 피드백만 있을 뿐이나. 이는 우리가 살아가는 데에 매우 강력한 전제이다. 누구나 실수를 하고 좌절을 경험한다. 바라지 않은 결과에 급습당하거나 또는 자신에게 나타난 교훈을 배워서 자신을 박차고 장애물을 뛰어넘기를 한 번 더 해보든가를 선택해야 할 것이다. 이 전제의 실례는 발명왕 토마스 에디슨이 2천 번째의 실험 끝에 전구를 발명한 후 그의 말에 잘 나타나 있다.

"실패라니요? 난 한 번도 실패한 적이 없습니다. 난 단지 2천 번의 단계를 거쳐 전구를 발명했을 뿐입니다."

우리가 하고 있는 일에 원하는 반응이 나타나지 않으면 우리의 행동을 변화시켜서 그 반응을 얻을 때까지 계속해서 한다.

… NLP 전제의 활용

NLP의 전제는 매우 생생하게 실용화할 수 있는 것이다. 우리가 하고 싶은 데 못한 것, 대인 관계 속에서 개인적 그리고 직업적 생활에 있어서 변화하고 싶다고 생각하는 증상, 고민하고 있는 문제 상황 등을 가지고 각각의 전제를 고려하여 생각하면서 생각의 영역을 넓혀보자.

- **첫째, 지도는 영토를 의미하지 않는다.** 사람은 모두 세상에 대한 고유의 지도를 가지고 있다. 세상에 대한 유일하고 올바른 지도는 존재하지 않는다. 다른 사람들, 예를들어 성직자, 나의 멘토, 부모

님 등은 이러한 상황을 어떻게 인식할까?

- 둘째, 모든 행동은 긍정적인 의도를 가지고 있다. 문제나 상황과 관련된 행동 뒤에 숨어있는 긍정적인 의도를 생각해 보자. 타인의 행동 또는 당신의 반응 뒤에 있는 긍정적인 의도는 무엇일까?

- 셋째, 사람은 자신이 속한 상황하에서 가능성과 능력을 최대한으로 동원하여 최선의 선택을 한다. 문제나 상황을 적어도 세 가지 관점(자신-타인-관찰자)에서 생각해보자. 눈, 귀, 신체를 통해 무엇을 보고, 듣고, 느끼는가? 타인의 시각에서 바라보자. 그 사람의 입장에서 당신의 상황이 어떻게 인식되는가? 자신이 이 상황과 관련이 없는 관찰자라고 생각하고 상황을 바라보자. 이 관점에서 자신은 상호 작용에 대해 어떻게 생각할 것인가?

- 넷째, 사람들은 서로에게 영향을 주며, 상호 작용을 통해 피드백의 고리를 형성한다. 당신이 어떻게 문제와 상황을 만들고 유지하는 데 참여할 것인지 생각해보자. 이러한 모습을 강화하는 데 있어서 자신의 역할은 무엇인가?

- 다섯째, 가장 '현명'하고 '온정적인' 지도는 현명하고 다양한 선택의 여지를 제공하는 지도이다. 자신이 겪는 문제나 상황 속에서 관점, 수준, 시간 범위를 분리하여 당신이 취하는 관점에 대해서 각각 분명한 입장을 가지고 있는가?

- 여섯째, 같은 행동을 취한다고 해서 항상 같은 결론이 도출되는 것은 아니다. 성공적으로 적응하고 살아남으려면 최소한의 유연성을 지니고 있어야 한다. 당신이 하고 있는 일에서 상대방으로부터 원하는 반응이 나타나지 않으면 그 반응을 얻을 때까지 계속해서 당신의 행동을 변화시켜야 한다.

사건이나 상황에 반응할 수 있는 적어도 세 가지 다른 선택의 여지가 있는지 확인해 보자. 이러한 행동이나 상황에 대처할 수 있는 세 가지 다른 방법은 무엇인가? 이제 다음의 다이아그램을 보고 공간 분류를 해 기면서 스스로 연습해 보자. NLP심리학에 대한 이해를 증진시키는 한 가지 방법은 우리들의 실생활과 관련 지어 전제들을 탐구하는 것이다. 그렇게 할 때 가끔 우리는 새로운 시각을 가지게 되어 새로운 행동으로 변화시킬 수 있다. 이 전제들이 마치 사실인 것처럼 스스로 시도해 보고 실천을 반복해 보면 어느 날 갑자기 제 2의 천성처럼 우리는 전제를 살고 있게 된다.<그림 6 참조>

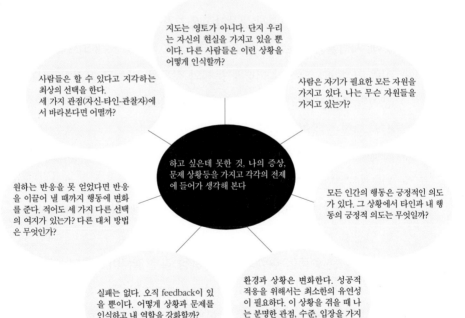

〈그림 6〉 NLP 전제 활용 연습

내 삶을 변화시키는
NLP심리학의 4가지 핵심

NLP심리학의 기술과 테크닉들은 거의 그것들을 떠받치고 있는 4가지 핵심 요소로 구성되어 있다. 이 핵심들을 이해한다면 앞으로 다양한 NLP기법들을 탐구할 때 기초가 될 토대를 마련한 셈이다. 각각의 핵심들은 우리 자신의 삶과 관계되어 있다. 그것들은 의사소통을 하는 방법, 목표를 설정하기, 인생에서 성취하고 싶은 것, 활용할 수 있는 기술과 다른 사람들의 차이를 이해하고 존중하는 법에 집중해 있다. 직업이나 활동분야가 무엇이든 간에 어느 영역의 NLP가 더 흥미를 끄는지, 편안한지, 더 많은 시간을 집중하고 싶은 곳인지 생각해 볼 수 있을 것이다. 래포Rapport 형성, 결과Outcome의 명확화, 감각의 인식, 행동의 유연성Flexibility이란 4가지 핵심 주제들은 다음 장들에서 상세히 설명할 것이다.<그림 7 참조>

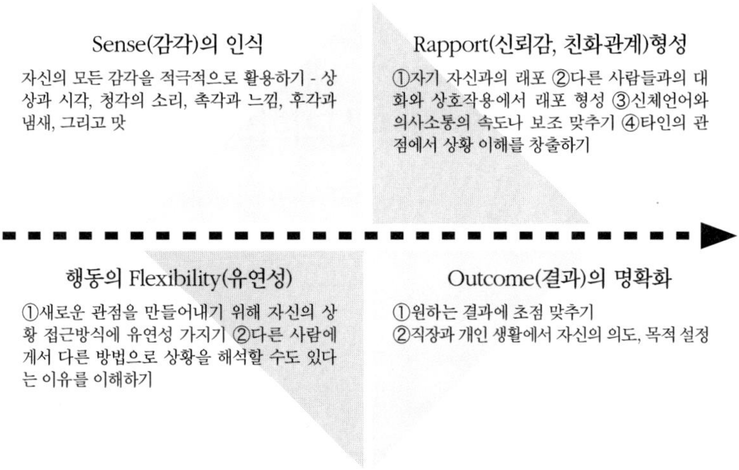

Sense(감각)의 인식

자신의 모든 감각을 적극적으로 활용하기 - 상
상과 시각, 청각의 소리, 촉각과 느낌, 후각과
냄새, 그리고 맛

Rapport(신뢰감, 친화관계)형성

①자기 자신과의 래포 ②다른 사람들과의 대
화와 상호작용에서 래포 형성 ③신체언어와
의사소통의 속도나 보조 맞추기 ④타인의 관
점에서 상황 이해를 창출하기

행동의 Flexibility(유연성)

①새로운 관점을 만들어내기 위해 자신의 상
황 접근방식에 유연성 가지기 ②다른 사람에
게서 다른 방법으로 상황을 해석할 수도 있다
는 이유를 이해하기

Outcome(결과)의 명확화

①원하는 결과에 초점 맞추기
②직장과 개인 생활에서 자신의 의도, 목적 설정

〈그림 7〉 NLP의 4가지 핵심 기둥

▙▘ 래포 형성하기

… 래포는 왜 중요한가?

래포Rapport란 '마음의 유대'란 뜻으로 서로의 마음이 연결된 상태이다. 래포가 형성되면 호감·신뢰심이 생기고 비로소 마음속의 깊은 사연까지 언어화할 수 있게 된다. 그러므로 래포는 일반적으로 성공적인 상담 관계에서뿐만 아니라 모든 대인관계에서 의사 소통의 중요한 문제이다. 무슨 일을 어떻게 하든 상관없이 성공의 중요 조건 중의 하나는 다른 사람들과 어떻게 인간관계를 맺으며 영향을 미칠 수 있는가 하는 점이다. 이러한 관점에서 NLP의 첫 번째 원리는 먼저 자신과의 래포, 즉 의식적·무의식적 마음 사이의 래포, 다음으로 다른 사람들과의 래포를 형성해야 된다고 강조한다.

결과의 명확화, 감각의 인식, 행동의 유연성은 다른 사람들이 관련되지 않으면 원하는 것이 무엇이든 상당히 많이 성취될 수 있다. 그런데 때로 다른 사람의 협조가 필요할 수도 있고 상호 믿음과 이해에 기초한 관계를 필요로 할 때가 있다. 그러한 관계를 형성하고 유지하는 비결이 바로 래포이다. 래포는 사람들을 함께 결합시키는 접착제라고 생각될 수 있다. 대부분 래포는 자연스럽게 자동적으로, 직관적으로 일어나는 것처럼 보인다. 사람들 중에는 서로 파장이 같다거나 좋은 기분이 들게 하는 것처럼 보이거나, 또는 서로 뜻이 맞지 않는 사람들도 더러 있다. 그러나 NLP는 '래포' 라는 것도 강화되고 개발될 수 있는 기능이라고 생각하고 타인에게 커뮤니케이션을 적응시키거나, 그들과 조화하기 위해 신체 자세를 바꾸는 것과 같은 방법, 누군가의 말을 듣고 존중해 주고 인정하는 것 같은 방법을 제시한다. 래포는 효과적인 의사소통에 필수적이며 종종 사람들 사이에 상호 존경과 현재의 그 상황에 집중할 때 자주 직관적으로 래포는 이루어진다. 그러나 래포에는 분명치 않은 또 다른 차원이 있다. 즉 자기 자신과의 래포로서 의식적·무의식적 마음 사이의 래포를 말한다. 때때로 무언가를 하고 싶어하는 우리의 분아Part, 分我와 그것과는 완전히 다른 것을 원하는 또 다른 분아分我를 가진 채 분열된 느낌이 드는 경우이다. 자신에 관한 여러 관점들과 더 많은 래포를 가질수록 내적 평화를 더 많이 경험하게 될 것이다.

래포는 자신이 말하는 것에 상대가 어떻게 반응하는지를 관찰하고 사용했던 중심단어나 어구를 확인하면서 진심에서 우러난 관심을 나타내는 것을 의미한다. 말하는 것뿐만 아니라 잠재의식적으로 보통 일어나는 행위와 신체 언어에서도 래포가 생긴다. 래포를 형성하기 위해서 사람들이 의사 소통하는 방법들, 몸짓, 신체 자세, 목소리 톤, 단어 등을 사용하는 법을 알아야 한다.

■■ 결과(Outcomes)의 명확화

⋯ 목적(Goal)과 결과(Outcome)

우리는 "당신이 정말로 원하는 것은 무엇입니까?" 또는 "당신이 정말로 하고 싶은 것은 무엇입니까?" 라는 질문에 대해 선뜻 명확히 대답을 할 수 있을까? 의외로 우리는 우리 자신의 일을 이해하고 있지 못할 때가 많다.

"저는 그런 것이 없어요." 라고 말하는 사람도 가끔씩 있지만 실은 정확히 원하고 있는 것은 존재하고 있다. 사람들은 아무런 생각 없이 행동하고 있을 때조차도 이 목적이란 것을 어렴풋하게 생각하고 있다. 확실히 이 목적을 머릿속의 지도에 그냥 짜 넣어 두고 있다.

또한 간단한 질문이지만 실제로는 많은 사람들이 자기 자신에게 "무엇을 원하는가?"도 결코 묻지 않는 질문인 것 같다. 사람들은 이곳 저곳을 표류하면서 명확한 방향감각 없이 삶을 경험한다. 그러나 가고 싶은 곳을 택시 기사에게 이야기하는 것과 마찬가지로 명확한 의도를 가지는 것이 원하는 결과를 만들어 내는 데 도움이 된다.

일상 생활에서는 목표Objectives, 목적Goals을 가지는 것에 관해 이야기하지만 NLP심리학에서는 결과를 의미하는 Outcome이라는 단어를 더 선호하여 사용하며, 특정 상황에서 결과를 아는 것, 원하는 것에 대해 집중하는 것은 그것을 달성하기 위해 자신의 방향을 정하는 데에 매우 중요한 것으로 여긴다.

콜린스영어Collins English사전의 정의에 의하면, 목적은 언제나 우리가 원하는 것인 반면에, Outcome은 반드시 원하는 것은 아니라도 '행위의 결과로서 우리가 얻는 것'이다. 명확하고 정밀하게 말하자면 NLP 심리학에서 말하는 '원하는 결과Desired Outcome'는 일반적으로 우리가 성취하려고 노력하는 결과Outcome를 가리키기 위한 NLP용어이다. 대부분의 사람들은 삶의 여러 가지 면들에 관한 많은 다른 결과들을 가질 것이며, 단기적으로 또는 장기적으로 가지기도 한다. 또는 친구 생일 파티 때 기타 치며 노래해 주기, 거실 카펫 바꾸기 같은 사소한 것일 수도 있고, 50세에 억만장자가 되어 은퇴하기, 결혼 적령기의 젊은이들은 이상형 파트너 찾기처럼 훨씬 더 큰 것일 수도 있다. 어쨌든 어떤 상황을 위해서든 마음속에 명확한 결과를 갖는 것은 중요하다. 이것은 마치 나 자신에게 유용한 어떤 정보에 예민한 안테나를 가지고 있는 것처럼 무의식적 마음에 정보처리를 시작하게 해주는 것이다.

목표나 목적을 정확히 실현할 수 있는 사람은 실은 초점이 흔들리지 않도록 평상시부터 자신의 두뇌 프로그래밍에 유연하게 대응할 수 있는 사람이다. 그런 사람은 성취하고 싶은 상태를 오감으로 조사해 내서 두뇌 속에 상세하게 이해하고 있기 때문에 목표를 실현했을 때에 맛보는 감정 상태를 명확히 의식 속에서 재현할 수 있다.

■■ 감각의 인식

⋯ 오감의 예민화

우리에게는 오관이 있으며 우리 주변 세계를 이해하기 위해 이 오관을 사용한다. 이 감각들은 우리가 상황을 판단하고 사건을 분석하고 자신의 주변을 해석하는 데에 도움을 준다. 누구나 똑같은 오관을 가지고 있지만 정보는 개인적으로 해석된다. 예를 들면 어떤 사람들은 커피냄새를 좋아하고, 어떤 사람들은 그것을 견딜 수 없어 한다. 어떤 사람들은 지극히 관찰력이 날카롭고 빈틈없는 반면에 또 어떤 사람들은 자신의 생각에 더 많이 주의를 집중한다.

우리는 사건에 대한 개인적 해석을 하면서 그 처리는 내면에서 일어나지만 몸 밖으로 감각을 나타낸다. 그래서 감각을 인식하는 것은 사람들이 어떻게 정보를 해석하고 선호하는 감각이 무엇인지를 아는 데에 도움이 될 수 있다. 감각적으로 예민하게 인식할 수 있는 능력은 자신이 하고 있는 일이 원하는 것을 줄 수 있는지, 원하는 결과에 더 가깝게 다가갈 수 있게 해주는지에 관한 정보를 주기 때문에 NLP심리학에서는 중요시하고 있다. 예를 들어 상품을 팔려고 하거나 인정받기 위한 제안을 제시해 놓고 있다면 자신에 대한 기대나 고객의 표현, 신체 언어, 목소리 톤 같은 반응에 세심한 주의를 기울이는 것이 성패를 가르는 한 요인이 될 것이다.

이처럼 감각의 예민한 인식은 미세한 세부적인 것들을 관찰하고 간파하는 능력이며, 주위에서 무슨 일이 일어나고 있는지를 의식하기 위해 감각을 사용하는 것과 관계된다. 모든 감각을 때맞추어 사용하는 것은 의사소통을 보다 효율적으로 가질 수 있다.

잠시 눈을 감고 가능한 한 정확히 주위를 서술해 보자. 벽은 무슨 색깔이며 바닥은 무슨 색깔의 재질이며, 가구의 모양과 디자인은 무엇인가? 주위 사람들은 무슨 옷을 입고 있고, 걸을 때 어떻게 움직이며, 얼굴 모습은 어떠한가?

이 간단한 시각적 연습을 통해 우리들이 주변에서 일어나고 있는 많은 일을 모두 의식하지 못한다는 사실을 입증해 주고 있다.

정원을 생각해 보자. 한 사람은 새로 깎인 풀 냄새를 좋아할 수도 있고, 다른 한 사람은 식물들의 색깔에 흠뻑 취할 수 있고, 세 번째 사람은 새들의 지저귐 소리를 즐겁게 들을 수도 있다. 사람들 각각의 감각 선호에 따라 같은 장면이라는 것도 사람들마다 다르게 인식할 수 있다는 것이다. 사건에 대한 개인적 해석을 하면서 내면에서 처리를 하고, 외부에 행동으로 감각을 나타낸다.

■■ 행동의 유연성

유연성은 자신의 지각을 통해 상황을 해석한다는 것을 인정하고 그것 때문에 자신의 현실을 만들어내는 것에 관한 것이다.

경험은 개인적이고 각 개인은 그 자신의 독특한 사건 해석을 가지고 있다. 이는 사람들이 감각을 어떻게 경험하는가, 내적으로 정보를 어떻게 해석하는가에 달려있다. 각 개인은 다른 '세상의 지도'를 창조해 낸다. 상황은 또한 끊임없이 변화하는 환경과 함께 변화한다. 유연성은 변화에 반대하기보다는 오히려 변화의 원동력과 함께 작용하고 변화에 개방적인 것을 의미한다.

유연성은 또한 특히 첫 번째 시도에 원하는 것을 성취하지 못한다 해도 많은 선택권들과 대안들을 가지는 것이다. 유연성이 있다는 것은 다양한 원천에서, 여러 견해에서, 여러 관점에서 정보 수집을 하게 해준다. 더 많은 정보 수집을 함에 따라 더 많은 해박한 선택을 할 수 있다.

타인의 행위, 나태나 비평에 놀라거나 짜증날 때, 그 사람들이 다른 '세상의 지도'로 상황을 지각할 수 있다는 것을 명심한다. 다른 관점에서 상황접근을 한다는 것을 이해할 때 불안을 완화시킬 수 있고 도전적이고 변화하는 상황에 더 관용할 수 있게 하는 데에 도움이 된다.

자신이 취하는 행위가 원하는 방향으로 이끌지 못한다면 분명히 다른 것을 해야 하지만, 많은 사람들은 행동 유연성이 부족하여 똑같은 일을 계속 하고 있는 것을 본다. 원하는 결과outcome가 완전 판매라고 할 때, 많은 사례를 담은 장황한 설명회가 청중 설득에 효과가 없는 것처럼 보인다면 메시지를 더 분명하고 짧고 예리한 스타일로 바꾸어야 할 것이다. 회의에 참석하는 다음 세 사람의 사업 동업자가 각각 다른 식의 접근을 하고 있는 사례를 생각해보자.

A는 상자 속에 서류들을 서로 포개어 놓은 채 모든 사업 자료가 들어 있는 큰 상자 서류함을 가지고 도착했다.

B는 각각에게 줄 인쇄된 회의사항, 재정보고, 사업 세부사항, 이전의 회의기록들을 보여주기 위해 인적 조직표, 분류된 서류들을 가지고 뒤따라 들어왔다.

C는 그때 늦게 방으로 급히 들어왔는데, 아무 서류도 없었고, 영희에게 자신이 사용할 수 있는 펜과 종이가 있는지를 물었다.

각 사람은 회의준비를 하는 데에 매우 다른 접근을 했으며 매우 다른 행동양식을 가졌다. 이는 개인의 독특한 천성이며, 직업과 개인적 생활에서 필요한 다양성과 유연성의 부분이다. 이런 차이를 이해하는 것과 자신이 어떻게 반응할 것인지가 NLP의 중심에 있다.

제 2부

내 인생의 Driver는
바로 '나'

우리의 삶에서 우리는 어느 역할을 맡고 있을까?

다른 사람들에 의해 좌지우지되는 승객 역할일까?

언제나 우리의 여행을 관리하고 있는 운전자일까?

우리 자신들은 삶의 운전석에 단단히 앉아서 원하는 목적지에 도달하기 위해 자신에게 주어진 것들을 관리하는 내

인생의 운전자임에 틀림없다. 운전자로서 목적지까지 잘 도달하기 위해서 무엇을 어떻게 해야 할까에 대해 생각해

보기로 한다.

I'm OK!
YOU're OK!
중심잡기(Centering)

우리는 어떤 삶을 살고 싶은가? 우리들 대부분은 인간 관계와 사회적 지위, 경제적 지위, 일과 건강, 자아 계발, 물리적 환경 등이 행복감의 원천이 된다고 생각한다. 물론 어느 것이든 중요하지만 모든 것이 만족스럽다는 것이, 행복하고 만족한 인생을 보낸다고 하는 의미는 아닐 것이다. 만족스런 환경에 있어도 행복하다거나 만족스럽다고 해석할 수 없다면 인생의 질을 높일 수 없을 것이다.

우리는 지위도 있고 돈도 있고, 신체적으로나 생활환경적으로나 혜택 받은 축에 속하면서도 행복하다고 할 수 있는 인생도, 많은 사람에게 공헌할 수 있는 인생도 결코 보내지 못했거나 못하고 있는 많은 사람을 알고 있다.

반면에 여러 가지 고난과 장애를 극복해서 인생을 바꾼, 그리고 사회에도 특별한 영향력을 미친 인물들을 볼 때 그 적극적인 신념에 감동받으며, 그들의 리더십을 우리는 생생하게 느낄 때가 있다.

이렇게 다른 두 부류의 삶의 차이는 단 한 가지, 자기 자신과의 대화에서 갖게 되는 해석의 차이에서 생기는 것이다. 그들의 신념과 꿈의 실현에 보이는 유연성에 대해서도 자기 자신과의 대화가 분명한 관건인 것 같다. 때때로 우리는 머릿속에서 어떤 내면의 대화 내지는 속삭임 소리가 두서없이 들리는 경험을 한 적이 있다. 문제는 우리가 종종 일상의 틀에 박힌 행동들 때문에 내면의 속삭임에 대답하지 않는 것에 매우 길들여져 있기 때문에 이 목소리와 느낌을 듣지 못한다는 것이다.

인간은 오감을 통해서 외부 세계를 이해한 지도를 만들어 그것에 기초해서 행동을 하고 언어를 말하고 있다. "나는 이렇게 해야 할 것 같다", "사장은 내가 이렇게 하기를 바랄 거야", " 행복하게 살려면 이렇게 해야만 해"… 등등 이런 말들은 모두 우리가 스스로 우리의 두뇌 속에 그린 지도에 근거해서 하는 말들이다.

그러나 이 말들은 반드시 현실 세계와 똑같다고 할 수 없다. 그래서 자신이 믿고 있는 것을 실천했다고 해도 현실이 변한다는 것은 아니며, 게다가 다른 사람들은 우리 자신들의 이야기를 이해해 주지 않을 때도 있다. 이렇게 인생에서 만나고 부딪히게 되는 여러 가지 것에 대해서 자신의 지도를 만들고 수정하고 해석을 바꾸어 가지 않으면 안 된다.

그렇다면 무엇보다도 중요한 기본은 "I'm OK" 상태이다. 이는 스스로 자신의 중심축을 가지고 오감을 유연하게 사용해서 자신과 다른 사람들과의 관계를 잘 유지할 수 있고 확실한 자기 신뢰가 있는 상태, 즉 일관성과 유연성이 있는 상태를 말한다. 자신에게 친절하고 이해하며, 존중하고, 멋진 결과를 상상하며, "잘했어, 너는 할 수 있어"를 말하며 자신을 격려하는 것이다. 그래서 매일 직면하는 장애와 역경에 대해서 언제라도 자신이 중심축에 있다는 것을 알고 일관되게 꿈의 실현을 위해서 최대한의 유연성을 발휘한 후에 달성할 수 있다.

NLP심리학은 스스로 자신의 중심축을 가지는 일에서 마음 깊이 "I'm OK"가 되고 다른 사람을 받아들여 이해할 수 있는 "You're OK" 상태에서 Win-Win 상태가 되어 양자가 모두 승자가 되는 관계를 성취할 수 있는 다양한 이론과 테크닉을 우리에게 제공해 주고 있다. NLP심리학이 주는 깨달음은 자신의 지도에 필요한 수정을 하고 자신의 선택지를 늘려갈 수 있고, 자신의 지도를 고쳐 그릴 수 있는 이점이 있다는 것이다. 그것이 서로 이해하는 인간 관계를 넓혀 갈 수 있고, 인생의 가능성을 키울 수 있다. 또한 자기 자신에 관해 명확한 견해를 얻는 것은 성공하기 위한 마음을 사전 조정하는 능력을 가지게 되는 필수조건이다.

chapter **2**::

현재의 '긍정'이
행복한 삶의 원천

■■◆ 심신의 조정(Mindbody Coordination)

우리는 현재의 순간에서 벗어나 무언가를 생각할 때 어느 정도의 긴장tension을 경험한다. 예를 들어 과거를 언급하면 기분이 좋았거나 나빴던 이유를 기억한다. 미래에 관해 생각하는 것은 희망을 느끼게 해줄 수도 있지만 일이 정말 잘 되어 갈지 어떨지 궁금해서 긴장하게 한다. 현재에 존재하고 현재 일어나고 있는 일에 집중하는 것이 우리를 가장 강하고 자원이 많게 해준다. 왜냐하면 우리의 모든 자원은 현재 속에서 살아 있을 수 있기 때문이다. 과거는 이미 숨을 거두었고, 미래는 아직 숨을 쉬지 않는다는 간단한 이치이다.

우리 마음의 활동도 과거, 현재, 미래 사이에서 종잡을 수 없지만 현재 상황에 관해 긍정적인 것을 찾는 법을 배울 수 있다. 우리의 목적을 위해 배웠던 것을 현재로 가지고 가서 자원으로서 과거를 활용할 수 있다. 미래 계획을 시작한다면 그것을 하고 나서 끝내자마자 다시 현재의 마음으로 되돌아 온다. 신체적 운동이 몸을 건강하게 해주는 것처럼, 마음의 운동도 마음의 힘을 구축해 준다. 게다가 우리들의 마음이 현재에서 더 많이 살수록, 이용할 수 있는 자원은 더 많아진다. 우리의 마음을 현재로 다시 되돌릴 때마다 우리는 그 자원들을 강화시켜 주는 것이다. 우리의 마음이 강하면 원하는 것이 무엇이든지 원하는 것에 집중할 수 있다. 이것은 점차로 학습장애와 불안 등과 같은 혼란도 없어지게 할 수 있다. 또한 정신적 힘은 우리가 필요로 할 때 마음을 변화시키는 유연성을 주기도 한다.

아래에 제시된 간단한 심신 조정 연습을 통상적으로 실천해 보면, 우리가 어떻게 느끼고 행동하는지에 있어서 많은 차이를 인식할 것이다.

심신 조정하기 연습 5가지

하루의 15분을 할애하여 조용한 곳에서 홀로 앉아, 몸을 편안히 하고, 부드럽고 분명하게 호흡하면서 자신의 의도나 원하는 목표에 집중한다. 마음이 과거나 미래로 헤매고 다닌다면 호흡을 따라 현재의 경험으로 돌아오도록 부드럽고 친절하게 격려한다. 이 연습은 우리의 마음과 근육, 그리고 신경을 조정하고 가라앉혀 준다.

직장에서 일하는 사이에 잠깐씩 자신의 호흡에 집중한다. 언제나 현재 상태에서 호흡하기 때문에 이것은 우리의 에너지를 상쾌하게 해줄 것이다. 가끔씩 '릴랙스' 라고 혼잣말을 해도 좋다. 휴식으로서 이렇게 하면 생산성을 높이고 긴장을 상당히 줄여준다. 우리의 자연스런 상태는 평온함임을 기억한다.

긍정적 사고에 집중한다. 어떤 부정적 생각도 내보내 버리고 심호흡한다. 이렇게 하려면 맑고 푸른 하늘에 하얀 뭉게구름이 두둥실 천천히 떠다니고 있는 것을 상상해도 좋다. 어떤 부정적 생각도 구름이 흘러 가듯이 그냥 띄워 보낸다고 상상한다.

나 자신은 타고난 신체적, 정신적, 정서적, 그리고 영적으로 균형된 인간이다. 가능한 한 자신의 자연 상태로 되돌아온다. 이것은 내 존재의 중심이고, 영감, 매일 되살아나는 젊음과 생명력의 원천이다. 나 자신과 일체가 되는 것이다.

우리가 마음 속에서 영상화하고 싶다면 좋다. 자신의 전체적 환경을 고려하여 반드시 의식적으로 한다. 몸이 하는 행동과 마음이 돌아다니는 곳 사이에 연결을 유지하는 것은 굉장히 중요하다. 교통 체증이 심한 곳에서 운전하면서 휴대폰으로 통화하는 것은 좋은 예이다. 우리는 모두 마음과 신체 안의 간격Gap이 어떻게 잘못된 방향으로 우리에게 신호를 보내는지를 알고 있다. 따라서 심신의 Gap을 치료하는 방법은 우리가 어떤 활동에 참여할 때, 우리의 마음도 반드시 현재에 관련되어 있어야 한다는 것이다.

❚❚ 우리의 기억을 조절하기

우리의 기억은 굉장한 선물이 될 수도 있고, 끔찍한 재앙이 될 수도 있다. 우리의 꿈을 프로펠러를 달아 날아가게 할 수도 있고, 우리를 과거라는 덫속에 계속 잡혀있게 할 수도 있다. NLP심리학을 활용하여 우리의 마음을 프로그램 할 줄 아는 법을 알게 되면 우리의 과거는 미래를 창조할 필요가 없다. 우리의 기억은 이미지, 소리와 느낌들로 기록되어 있어서 이 성질들에 대해 조절하면 긍정적 기억을 강화하고 부정적 기억에서 자기를 구해낼 수 있다.

기분이 좋아질 수 있도록 긍정적인 기억을 기억해 내서 다루는 방법을 연습해 보자. 다음의 단계에 따라 연습해 본다.

긍정적인 기억을 기억해내서 강화하는 방법

정말로 기쁘고 행복했던 날에 대해 생각한다.

그 기억으로 되돌아가서 보고 듣고 느낀 것을 인식한다.

기억이 이미지로 떠오르면 더 크고 밝고 더 가깝게 하여 그 성질을 조절한다. 만약 그 이미지에서 우리 자신이 보이면, 훨씬 더 기분이 좋아지게 되는지 보기 위해 그림 안으로 걸어들어가 본다.

그때 기억 속에서 어떤 소리가 있었는지 인식한다. 소리를 키우면 긍정적인 느낌이 더 강해지는지 인식한다.

기억 속에서 어떤 느낌이 있었는지 인식한다. 신체 어디에서 그 느낌을 경험했는가? 색깔, 무게, 질감이 있는가? 느낌의 위치를 움직이거나, 색깔, 무게, 질감을 바꾸어서 느낌을 높인다.

이 연습을 끝마치면 우리는 우리가 가졌던 경험의 질을 조절했고, 부정적 경험의 영향을 줄이고, 즐거운 경험을 재 경험하고 강화시키기 위해서 기억의 구조를 바꿀 수 있다는 것을 알았다.

다음에는 부정적인 기억의 속성을 바꾸어서 불쾌한 기억의 성질을 변화시켜 부정적 감정을 풀어내 보내는 방법을 보여줄 것이다.

불쾌한 기억 속의 부정적인 감정을 풀어내 보내는 방법

매우 불쾌한 기억에 대해 생각한다.

기억이 키우는 이미지, 소리, 느낌을 인식한다.

자신이 이미지 그림 안에 있다면 관찰자가 되기 위해 그 밖으로 나온다.

소리를 더 부드럽게 바꾼다.

이미지의 성질을 한 점이 되거나 보이지 않을 때까지 더 작게, 더 어둡게, 흑백으로, 더 멀리 조절한다.

기억을 바꾸는 것은 사건이 일어나지 않았다는 뜻은 아니다. 그러나 그 기억이 지금 우리에게 영향을 어떻게 미치며, 미래에 어떤 영향을 미칠지에 대해 선택을 갖게 된다는 의미이다.

내가 원하는 결과
얻어내는 비결

:: 우리가 진정으로 원하는 것 알기

미래를 향해서 우리의 목표를 달성하고 싶다면 원하는 것이 무엇인지 명확히 할 필요가 있다. 종종 우리는 원치 않는 것에 사로 잡혀서 원치 않는 결과를 피하는 데에 신체적으로 정서적으로 엄청나게 많은 에너지를 소모한다.

원하는 것을 알고 그것을 성취하기 위한 방향으로 에너지를 쏟기 위해서는 원하는 것에 대해 깊이 생각해 보아야 한다.

인생에서 우리가 원하는 것을 가질 수 있다면 어떻게 될까?

매력과 좋은 건강 상태, 생기 넘치는 사람이 되고 싶은가?

사람들 앞에서 자신감을 가지며, 자기 일을 잘 관리해 가고 싶은가?

가족, 친구들과의 관계 향상은 어떻게 하고 싶은가?

어떤 보상과 만족에 즐거울까?

일상 속에서 무엇을 추구하려고 하는가?

지금까지 하지 않았던, 무엇을 이제 하려고 할까?

우리는 그 답을 알고 있다. 우리의 꿈을 창조하는 것이다.

원하는 것을 찾는 방법으로는 미래를 상상해 보는 방법이 있다. 머리가 희끗희끗해진 노년기에 접어든 자신을 상상해 보면서, 너무 겁을 먹어서, 또는 "넌 할 수 없어" 라는 누군가의 말에 영향을 받아서 꿈을 실현할 기회를 놓쳤다거나, 가능성에도 불구하고 가치관에 따라서 그럴 듯하게 화려해 보이는 것을 했다고 말하겠는가? 또 하나의 방법으로는 자신의 후손에게 남기고 싶은 유산과 그것을 실현하기 위해 취할 행위와 조치들을 생각하면서 우리가 원하는 것을 발견한다.

자, 눈을 감고 꿈을 꾸는 데 그 꿈은 우리 자신을 미래로 끌어당기는 자석처럼 생겼다. 우리가 원하는 방식으로 미래를 만들어 상세하게 상상한다. 대단히 실감나게 만든다. 그리고 그것을 즐기면서 자신의 가능성을 믿는다.

우선 순위를 바꿔야 할 만한 가치가 있는가?

새로운 기능을 배우는 노력을 할 만한 가치가 있는가?

시간과 돈을 투자할 만한 가치가 있는가?

제한된 신념과 나쁜 습관들과 핑계를 버릴 만한 가치가 있는가?

좋아하는 삶을 창조하는 법을 배울 만한 가치가 있는가?

자신의 미래를 마음 속에 선하게 떠올려 보았기 때문에 다음 단계는 그것을 말로 표현하는 것이다. 말과 심상心象은 우리의 생각, 감정과 행동을 구축하는 재료들이다. 말은 우리 자신들의 자기와의 대화에 근거하며, 이 자기와의 대화의 질이 우리의 성공에 영향을 미칠 수 있다. 긍정적이고 열정적인 자기대화는 긍정적인 정서와 동기를 자아내며, 부정적이고 자기 비판적이거나 비관적인 자기 대화는 우울과 무기력으로 이끌 뿐이다.

말은 우리의 정서와 행동을 프로그래밍하는 데에 사용하는 기본 도구이기 때문에 결과를 명확하게 나타낼 때 효과적이고 강력한 말을 선택하는 것이 중요하다. 불완전하게 만들어진 결과는 우리 두뇌를 잘못된 방향으로 인도하여 계속 곤경에 박히게 할 수도 있다. 반면에 모양 좋은 결과well-formed outcome는 우리의 의욕과 동기를 북돋우며, 두뇌가 실제의 결과와 해결책을 향해 작용하게 한다. 특히 모양 좋은 결과는 원하는 결과가 작은 사업을 구축하는 데에 더 많은 시간을 보내기로 결정하거나 교육을 더 받기로 결정하는 때처럼 책임과 라이프스타일에 변화가 필요할 때 더욱 중요하다.

전 세계적으로 유명한 베스트셀러인 <성공한 사람들의 7가지 습관>을 쓴 코비Stephen Covey는 독자들에게 "마음 속에서 결과를 가지고 시작하라"고 충고한다. 모든 노력은 명확히 진술된 목표를 향해 출발해야 한다. 가야 할 곳을 모른다면 어디에도 도달하지 못할 것이다. 모양 좋은 결과는 성공을 향한 첫걸음이다. 이 개념은 바로 NLP심리학에서 왔으며, 우리들이 실행할 수 있는 목표를 세우고 도달하며, 꿈과 야망을 실현하는 것을 촉진하기 위해 활용된다. 더 좋은 쪽으로 변화하고 싶다면 모양 좋은 결과를 가지고 시작하는 것이 좋다. 모양 좋은 결과는 아주 간단한 질문인 "무엇을 원하는가?"로 시작한다.

▐▗ 비난 구조(blame frame)를 결과 구조(outcome frame)로 바꾸기

많은 사람들은 목적을 설정하고 왜 그것들을 성취하지 않았는지를 궁금해 한다. 그것은 목표성취에 필요한 긍정적 조치들보다는 할 수 없는 것에 초점을 맞추었기 때문이다. 그런 다음에 우리는 대개 자신의 불운에 대해 스스로 책임지는 것보다는 누군가를 비난하기 일쑤다. 누군가의 탓을 함으로써 자신이 희생양이 된 것처럼 생각해버리는 것이다.

그러나 이런 식의 비난 구조는 우리가 진정으로 원하는 결과에 관해 생각할 수 없게 할 뿐만 아니라, 이전의 성공 사례를 조사하여 모델링하거나 그 전략을 본뜨기 할 수도 없게 만든다.

일이 잘 되지 않았던 이유를 분석하기 위해 되돌아가면 우리는 주로 "뭐가 잘못됐지? 이 문제가 얼마 동안 있었나? 누구 잘못인가? 왜 이 문제가 일어났는가?" 등에 집중해버리는 경향이 있다. '왜'라는 요인을 물으면 사람들은 더 깊이 문제 속으로 빠져들고, 방어적이 되고 긍정적인 해결을 찾는 것과는 더 멀어져 간다.

이럴 경우 보다 건설적인 질문 방법은 "~~를 해서 무엇을 달성하기를 원하는가?" 또는 "자신의 ~한 행동의 이면에 목적은 무엇이었나?"라고 묻는 것이 될 것이다. 우리가 해결책을 찾을 수 없는 문제 상태에 갇혀 있을 때, 스스로 자신에게 물어본다. "원하는 결과에 집중할 거니, 아니면 그 순간의 감정에 얽매여서 헝클어진 생각 속에 빠져 있을 거니?"

이러한 문제에 관해 다르게 생각하는 방식을 제공해 주는 보다 현명하고 건설적인 방법을 NLP심리학에서는 '결과 구조outcome frame' 라는 것으로 제시하고 있다. 이 결과 구조는 긍정적으로 원한 것을 확인하고 명심해야 하는 방법으로서 목표 설정 과정에 추가하게 되면 우리는 쉽게 제때에 결과를 달성하기 위해 계획에서 조금이라도 벗어나는 것을 바로 잡을 수 있다.

명확한 결과는 확실한 생각과 그 후에 일어나는 커뮤니케이션에 적절하게 효과적으로 집중할 수 있게 해주며, 또한 자신에게 올바른 결정과 선택을 하는 데에 도움을 준다. 자신의 결과를 설정하는 것은 자신의 목표나 무엇을 성취하고 싶은지, 자신에게 무엇이 중요할지, 무엇을 얻을지, 직업적으로·개인적으로 전체적인 계획에 어떻게 연관되어 있는지를 생각할 시간을 갖는 것을 의미한다.

NLP심리학은 그 결과들을 이미 가지고 있으면 어떠할지를 상상하고 상세하게 그것을 설명해 주는 '모양 좋은well-formed' 것이 되도록 결과를 정제하는 종합적인 과정을 제공한다. 원하는 것을 더 분명하게 알면 알수록 그것을 얻을 가능성은 더 커질 것이다.

■ S. M. A. R. T 목표 설정 모델

S.M.A.R.T 목표 설정 모델은 몇 년 전에 기업 세계에서 대 유행이었던 것으로서, 합의한 시간 범위 내에서 보다 명확한 구조 속에 명확한

초점을 제공하는 데 도움을 준다. 이것이 의미하는 바는 다음과 같다.

S (Specific)	구체적, 긍정적일 것
M (Measurable)	측정 가능하고, 의미 있을 것
A (Achievable)	자신의 삶의 모든 영역을 망라하여 성취 가능한 것
R (Realistic)	현실적이고 자신에게 적합한 것
T (Timed)	시간이 정해질 것

NLP심리학이 한 것은 안내자와 멘토를 포함하여 특별 자원 형태로 도움을 구하거나 우리들의 행동 변화를 촉진하는 구체적인 감각적 정보를 더해서 '모양 좋은 결과Well-formed Outcomes 창출해내기'라 불리는 과정을 만들었다. 덕분에 우리는 S.M.A.R.T 접근법 이상으로 목표를 설계하고 조정하기 위해 우리의 모든 감각을 사용하여 원하는 결과에 대한 "어떻게, 왜, 무슨 까닭으로"를 탐색할 수 있디. 그 탐색과정을 따르면서 목표를 원하는 자신의 진정한 동기를 정말로 이해할 것이며, 성공과 실패에 대한 찬반 양론을 신중히 판단할 수 있을 것이다.

우리는 정확히 잘 모르는 곳을 가기 위해 차를 운전할 때 종종 네비게이션을 이용한다. 목적지를 설정해 놓으면 가는 도중에 상세한 안내를 해주는 것은 물론이고, 정확히 목적지 바로 몇 미터 앞까지 안내해 준다. 모양 좋은 결과를 잘 만들어 놓으면 바로 자동차의 네비게이션처럼 우리의 행동을 목적지까지 흔들리지 않게 잘 이끌어 줄 것이다.

목표를 정확히 설정하고 출발한 사람은 평상시에도 자기 두뇌의 프로그램을 유연하게 집중하여 달성할 수 있는 상태로 오감으로 그려내 머릿속에서 자세하게 이해하고 있기 때문에 목표를 실현할 때에 맛보는 감정과 자신의 상태를 명확히 의식 속에 재현하고 있다. 그래서 현재 할 필요가 있는 것을 알기 위해서 현재의 상태를 자세하게 밝힐 수 있다. 그래서 그 격차gap를 파악해서 확실히 목표를 달성할 수 있을까 없을까를 확인할 수 있는 시스템에 비추어 확실하게 달성할 수 있는 상태를 이해할 수 있다.

중요한 것은 정말로 하고 싶은 것을 우선 명확히 해서 그것을 정확히 목표라고 인식하고 이렇게 명확하게 된 목표를 결과outcome라고 머릿속에 입력하는 것이다.

한편으로는 현재의 상태도 오감을 통해서 드러내 본다. 원하는 목표도, 현재 상태도 막연한 인식으로는 안 되며, 둘 사이의 차이나 다른 점이 무엇인지 생각해 본다. 즉, 현재 상태와 원하는 목표를 상세히 파악하고 있는 것이야말로 원하는 목표를 향해서 실천해 가는 길이 극히 그려내기 쉽게 된다는 것이다.

■■ 모양 좋은 결과를 만들어내는 7가지 가이드라인

… 결과를 긍정적으로 표현해야 한다.

부정적인 말은 실행할 때 기능하지 않는다. 목표와 결과 혹은 바라는 상태, 방향성을 긍정적으로 말하는 것이 가장 도움이 된다. 하고 싶지 않은 것을 중심으로 결과를 창출한다면 여전히 문제에 초점을 맞추고 있는 것이며, 해결책을 향해 사고의 방향을 돌리지 않고 있는 것이다. 원치 않는 것만 생각하고 있다면 우리의 무의식적인 마음은 여전히 우리가 피하려고 하는 것의 이미지를 만들어 내고 우리는 무의식적으로 그쪽으로 끌어당겨질 것이다.

예를 들어 당신에게 "당신이 회사에서 쫓겨나는 것은 생각도 마세요." 라고 말한다면 마음 속에 먼저 떠오르는 것은 무엇인가? 물론 당신의 실직일 것이다.

또 하나! "더 이상 화내고 싶지 않아요." 라거나 "나 자신에 대해서 그렇게 비판적이고 싶지 않아요." 혹은 "아이들에게 화를 덜 냈으면 좋겠어요." 라고 말한다면 "화를 내기 싫으시다면 대신 어떤 것을 느끼고 싶은가?" 라거나 "비판적인 태도 대신에 무엇을 하고 싶은가?" 혹은 "아이들에게 화를 덜 내게 되면 어떻게 될까?" 라는 식으로 대화를 유도해서 일반적으로 긍정적인 쪽으로 설계하도록 하는 것이 훨씬 적합하다. "나는 더 이상 그 일이 싫어서 하고 싶지 않다" 보다는 "내가 정말 즐기는 일을 하면서 나 자신의 사업을 시작하고 싶다" 라고 표현한다.

··· 미래에 관한 자신의 결과를 만든다.

자신의 결과가 과거에 일어났던 것과는 무관하게 지금부터 또는 가까운 장래에 할 것에 관한 것이다. 결과가 미래에 관한 것이라는 의미는 완전하게 되지만, 원하는 것에 관해 생각하게 될 때도 어떤 사람들은 계속해서 과거에 연연해 한다. '내가 대학에 갔었더라면 좋았을텐데···' 또는 "지금쯤 내 퇴직 연금에 더 많이 저축했어야 했다." 등은 모양 좋은 결과는 아니다. 우리는 과거를 바꿀 수는 없다. 그래서 우리의 주의력과 에너지를 오늘, 내일, 그리고 지금부터 성취할 수 있는 것에 기울여야 한다.

··· 자신의 행동과 감정을 중심으로 목적을 만든다.

오직 우리 자신만이 우리의 미래를 만들 수 있다. 아무도 우리를 위해 미래를 만들어 줄 수 있는 사람은 없다. 바라는 상태는 반드시 자신이 할 수 있는 것에 관한 것이어야 하고 자신이 주도하고 유지하고 통제 Control할 수 있어야 한다. 우리들은 바라는 상태를 다른 사람의 행동과 상황에 의존할 수 없다.

만약 한 여성이 "남편이 더 이상 나를 무시하지 않았으면 좋겠어요.", "아이들이 더 공부를 잘했으면 좋겠어요", "사장이 내 월급을 올려주기를 바래요" 등은 적절하지 않다. 당연히 자신의 결과는 자신의 주위 사람들의 행동에 영향을 미치기 위해 취하는 조치들을 포함할 것이고, 자신은 다른 사람들로부터 협조를 얻어내기 위한 커뮤니케이션 기능을 향상시킬 수 있다. 우리가 다른 사람들을 통제할 수도 없으며, 우리의 성공도 또한 그 사람들을 기반으로 하지 않는다는 것을 기억하자. 자신의 결과는 자기 주도적이어야 한다.

… 구체적인 말로 결과를 진술한다.

우리의 마음은 그러한 결과들이 구체적으로 진술되고 마음속에서 선하게 떠올릴 수 있을 때 성취 가능한 것으로 코드화한다. 구체적 결과들은 관찰할 수 있고 측정할 수 있는 행동들과 명확히 정의된 정서 상태에 관한 것들로 감각적인 경험으로 테스트되고 증명되어야 한다. 그래야만 방향성이 정해지기 시작하고 두뇌가 완전히 이해하도록 설계된 언어로 목표와 결과에 향하게 된다. 어떤 자원을 활용할지를 명확히 한다. 취급하는 크기Chunk를 실행 가능한 크기로 만든다.

우리들은 오감을 통해서 두뇌 속에 지도를 만든다. 그러기 때문에 목표도 말로 제목처럼 읽어서는 안 되고 이미지로 느끼지 않으면 안 된다. 예를 들면 "남들에게서 신뢰받고 싶다." 고 하는 말은 좋지만 도대체 어떻게 하는 것이 신뢰받는 것인지가 보이지 않는다.

그러므로 어떻게 하는 상태인지를 구체적으로 그릴 필요가 있다. 부하 직원이 언제나 자기에게 상담하러 온다거나 또는 평소에 따스한 대화를 나누는 사람이라는 평판을 듣는 것 등을 이미지로 떠올리면 완전히 구체적으로 방향성이 정해지고 감각적으로 명확해진다. '언제, 어디서, 얼마나 자주' 우리가 그것들을 원하는지를 진술하고 '더, 덜, 약간' 등과 같은 애매한 말은 피하는 것이 우리의 결과를 더 구체적으로 만들 수 있다. 예를 들면 "나는 운동을 더 많이 하고 더 좋은 것을 먹고 싶다." 대신에 "나는 식단 계획을 짜서 영양가 있는 음식을 먹고, 실내 운동용 자전거를 이틀에 한 번씩 탄다." 는 식으로 만든다. 두 가지 진술 사이의 차이점을 인식할 수 있을 것이다. 두 번째 것이 더 행하기 쉽고 또 정확하고 현실적이다.

… 결과를 현실적이고 달성할 수 있게 만든다.

부풀리거나 과장된 결과에 관해 주의해야 한다. 만약 그런 것들이 우리들을 고무시킨다면 좋다. 하지만 만약 실망, 지연, 좌절을 초래하게 된다면 보다 현실적이고 성취 가능한 것에 목표를 정한다. 우리 모두 일년에 일억 원을 벌고, 마라톤을 완주하고, 패션모델이나 영화배우처럼 보이고 싶지만, 우리들 대부분에게는 우리 자신들이 그러한 일을 해내는 것이 정말 어렵다는 것을 알고 있다. 아마도 그저 빚을 갚고, 규칙적으로 체육관에 다니고, 5킬로그램 살 빼기 등으로 우리의 에너지를 바꾸는 것이 더 나을 것이다.

자신의 시간 범위도 현실적으로 만들어서 계획하고 배우고 협상하고 실행하는 데에 충분한 시간을 갖도록 한다.

또 결과를 정의하는 방법에 있어서 자신의 결과가 실행하기에 너무 크거나, 중요성 면에서는 너무 사소하고 작은 것처럼 보이는 것으로 인식하는 크기Chunk size의 문제도 중요한 동기 유발의 요인 중 하나이다. 자신의 결과가 모양은 좋지만 쉽지 않거나 압도하는 것처럼 보인다면 너무 크게 생각한 것이므로 실행할 수 있는 단계로 결과를 더 구체적이고 세부적으로 분류해 보는 Chunk down을 시도한다.

예를 들어 "올 여름 방학 동안 10킬로그램의 체중을 뺄 것이다." 대신에 "매일의 식단에 따르면서 일주일에 2킬로그램씩 체중을 뺄 것이다." 라는 식이 좋다. 또 만약 자신의 결과가 너무 의미 없거나 가치 없는 것처럼 느껴지면 너무 작게 생각한 것일지도 모른다. 자신의 가치와 연결된 보다 큰 그림과 장기적, 누적적 이득을 생각하며 Chunk up해 본다.

예를 들면 "이번 주에 250만원을 번다면 어떻게 될까? 중요한 것은 그래도 여전히 빚에 묶여 있네." 라고 말하는 대신에 " 내가 이번 주에 250만 원을 번다면, 그리고 매주 똑같이 한다면…, 와! 40주면 1억이네!" 라고 말하며 횡재의 기회를 엿보기도 한다.

… 애매한 표현 없이 결과를 진술한다.

애매한 표현은 양다리 걸치기 내지는 보류이다. 예를 들면 "여유가 생기면 어느 정도는 NLP 프렉티셔너 과정을 수강하고 싶을 것이다" 와 같은 열의 없는 진술은 피한다. 그런 열의 없는 진술은 동기 유발을 시키지도 않으며 하품만 하게 할 것이다. 모양 좋은 결과는 주변을 맴돌며 어떤 얼버무림도 우물거림도 없이 긍정적으로 진술되는 것이다.

… 결과를 생태적으로 적합하게 만들고,
자신과의 대화로 점검한다.

생태적으로 적합한 결과는 자신의 상황에 안전하고 현실적이며 생태
환경에 도움이 되고, 자신의 욕구나 가치관과 충돌하지 않아야 한다.
자신이 원하는 것이 있어도 가족, 친구, 일 등에 어떻게 작용하는지를
충분히 검증하고 목적 달성의 영향력까지 고려해서 여러 사람을 행복하
게 할 수 있을 것 같은 목표를 생각하는 것이 중요하다. 생태적이지 않
은 결과를 선택한다면 느낌이 좋지 않을 것이다. 그러면 우리는 그것에
충실할 수가 없거나 자기 파괴에 빠져들 수도 있다. 자기 자신과의 대화
에서 점검이 된 후에야 비로소 어떤 결과도 전념할 수 있는 것이다. 말
하자면 행위의 과정에서 자신이 진실로 전념하고 헌신할 수 있는지 어떤
지에 관해 자기 내면의 지혜와 대화한다. 결정했던 몇 가지 결과에 관해
어쩐지 편안하지 않은 느낌이 든다면 아마도 해결할 필요가 있는 어떤
문제들이 있거나 또는 결과를 수정해야 할지도 모른다.

자신에게 물어본다. "필요한 것을 나는 기꺼이 해낼까?", "그럴 만한
가치가 있을까?" 모든 중요한 선택은 비용, 희생 그리고 거래Tradeoff를
가지고 다닌다. 우리가 새로이 전념하는 헌신은 우리가 상실할 다른 선
택과 기회가 있다는 것을 의미하기도 한다. 어떤 가치 있는 목적이라도
약간의 어려움, 한결 같은 노력, 그리고 거래를 수반한다. 우리는 이것
을 희생이라고 부를 수도 있지만 실은 거래란 보다 소중하고 영속적이
고 궁극적으로는 보다 큰 성취감을 가져오는 어떤 것을 위해 단기간의
만족을 포기하는 것이다. 어떤 사람들은 그것을 '지연된 만족감'이라고
도 부르지만 좀더 우아한 말로 표현한다면 '자기 수양'이다. 거래를 잘
하는 두 가지 방법은 포기하려고 하는 것의 중요성을 최소화하고 마음

속에 보다 큰 비전을 간직하는 것이다.

자신과 대화할 때도 주의해야 한다. 예를 들어 살 빼기 다이어트를 하는 여성이 아이스크림을 먹고 싶지만 "안 돼, 아이스크림을 포기하고 나머지 인생을 위해 견뎌야만 해" 라고 자신에게 말할 수 있다.

그런 진술은 아이스크림을 먹지 못한 것에 대한 불만을 과장하고 있기 때문에 자신의 헌신을 서서히 기초부터 약화시킬 뿐이다. 대신에 "내가 5킬로그램을 빼면 내 자신이 느낄 자신감에 비하면 이까짓 조그만 아이스크림이 뭐 대수냐?" 라는 식으로 말한다면 선명한 색채로 건강하고 적극적인 자신의 이미지를 자신의 미래 비전으로 떠올리게 된다. 거래란 결과를 낼 만한 건전한 가치가 있는 것임을 기억해야 한다.

▪▪ 자원 탐색하기

흔히 "나에게는 아무것도 없어요." 또는 "나는 아무 것도 할 수 없어." 라고 하면서 목표를 설정하는 일에서 회피하거나 도망쳐버리는 사람들이 있다. 그래도 이런 사람은 목표를 보지 못하고 있는 것이 아니라 사실은 현상을 보지 못하고 있는 사람이다. 예를 들면 '이렇게 된다면 좋겠다.'라고 생각하는 것에 대해서 자기 안에 이용할 수 있는 것이 없을까 객관적으로 생각해 본다.

자신의 성격, 일을 파악하는 방법, 사고 방식, 현재의 일, 자신이 갈고 닦은 능력, 경험, 인간 관계, 저축해 둔 돈 등... 생각해 보면 얼마든지 나올 수 있다.

NLP심리학에서는 목표를 달성하기 위해서 사용할 수 있는 이러한 여러 가지 능력과 수단을 자원Resource이라고 한다. 그리고 인간은 누구나 태어나면서부터 자원이 충만한Resouceful 존재라고 한다. "그런 것이 없어요." 라고 하는 사람은 실제로는 있는 데 그것을 인식하지 못할 뿐이다. 그렇게 생각하면 그렇고, 아니라고 생각하면 아닌 것이 자원인 것이다.

흔히 동기 유발이 된 조직 등을 보면 지금까지 멋진 실적을 내고 있는데도 불구하고 한 사람 한 사람은 "시간이 없어." 라거나 "큰 일이다." 라며 현상에만 치중하여 "무엇을 해도 안돼." 라는 악순환에 빠지는 일이 있다. 그런 때에 "여기까지 해왔던 것에서 잘 되었던 것은 없었던가?" 하고 물으면 "그런 때도 있었지만…" 하는 대답을 반복한다.

"그것은 어떤 때입니까?" 하고 물으면 "그때는 리더가 좋아서 모두의 상담을 해 주었어요." 등과 같이 잘 되지 않는 것의 해결 실마리가 나온다. 잘 되었을 때의 일을 알고 있다고 하는 경험도 분명히 자원인 것이다. "나에게 당시의 리더와 같은 일이 가능하지 않을까?" 하고 의식하고 그것을 목표로 한다면 목표 지점일지라도 볼 수 있다. 사람들은 끊임없이 자원을 획득하고 발견해 가면서 매일 매일의 생활을 보내고 있다. 그것들을 구체적이고 감각을 동반한 상태로 인식해 가면 반드시 현상을 돌파하는 방법도 볼 수 있다. 이것이 현상을 알고 목표 지점을 안다고 하는 것이다.

■■ 자신이 '원하는 결과' 써보기

이제 결과를 써보는 순서이다. 1953년 미국 예일대학교의 졸업생들에 대한 연구는 목표를 종이에 써두는 것이 중요하다는 것을 분명히 시사해준다. 졸업생들은 목표를 달성할 계획과 함께 기록된 명확하고 구체적인 목표를 가지고 있는지 어떤지에 대한 질문을 받았다. 단 3%만이 그렇게 목표를 써두고 있었다. 20년이 지난 후인 1973년에, 연구자들이 다시 1953년 졸업생 반의 생존자들을 인터뷰했다. 연구자들은 구체적이고 글로 써 둔 목표를 가진 3%는 전체 97%가 결합한 것보다 재정적인 면에서 더 많은 가치를 가지고 있었다는 것을 발견했다.

이제 설정해 둔 모양 좋은 자신의 결과를 가지고 미래를 눈에 선하게 떠올려 보고, 마음 속에 머물게 한다. 자신의 생각과 감정을 기대해 보고, 이러한 결과들이 성취될 때 자신이 느끼게 될 만족감을 상상한다. 단기적 보상과 장기적 보상도 본다.

이러한 결과들을 명함크기의 카드에 적어 가지고 다니면서 기억하고 읽을 수 있도록 하기도 하고, 자주 볼 수 있고 마음의 중심에 간직할 수 있도록 냉장고나 옷장의 거울에 테이프로 붙여 놓는다. 또는 PDA나 휴대폰, 컴퓨터에 넣어 휴대하고 다닌다.

이제 우리는 모양 좋은 결과를 만드는 방법을 알고 있기 때문에 한 번 시도해 보자. 부정적이고 우울하게 하는 비관적인 사고가 우리 자신들에게 이야기하도록 하지 말고, 원하는 결과를 가질 것이며, 대답하는 데에 "아니다"를 선택하지 않으며, 열정과 추진력과 의욕과 동기를 가지고 결과에 헌신적으로 전념할 것을 결심한다. 긍정적으로 낙천적으로 생각한다. 용기와 창의성을 가지고 도전에 대처하며, 인내심을 가지고 좌절을 뛰어넘어 모든 문제의 해결책을 찾는다. 도움이 필요하면 도움을 요청하고, 우리 자신을 지지하고 신뢰하는 사람들과의 교제를 연상한다. 자신의 모양 좋은 결과를 진술하여 써보고, 그것들을 실현하는 데에 전진한다. 다음은 완성된 사례이다. 참고 자료로 활용할 수 있도록 제시해 본다.

'바라는 결과'를 만들어 보기 예시

1. 지금부터 ○○후 (시점,기한), 자신이 바라는 결과는 구체적으로 무엇인가?

지금부터 1년 후, 현재의 프로젝트에서 리더십을 가지고 팀을 이끌어서 매상 10억 원을 달성하고, 고객으로부터 신뢰와 만족을 얻으며, 회사 내에서도 성과를 표창받고 연 수입 3%를 올리겠다.

2. 결과를 달성하면, 자신은 그것을 어떻게 알까?

일에 있어서는, 차례차례로 아이디어가 떠올라 보람이 있으며, 사내 인간관계도 양호해져서 스스로에게 자신감을 가지고 있다. 가정에서는 가족 여행 서비스를 해서 아이와의 커뮤니케이션도 즐겁다.

3. 결과는 언제 어디서 누구와 만들어낼까?

2007년 12월까지 아시아권 고객에 대해 현재의 프로젝트 팀에서 집중적으로 신제품을 세일즈 프로모션을 해서 목표를 달성한다.

4. 그것을 달성하면 어떻게 될까?

달성 전보다 팀의 결속과 연대감이 늘어나고, 사내 미팅도 의견 교환이 활발하게 되며, 고객으로부터는 감사인사를 받아서 나는 리더로서 한층 더 목표를 지향하도록 팀에 기여한다.

5. 나 자신이 이미 가지고 있는 자원(즉 재능, 능력, 지식 등)은 무엇인가?

리더십, 유럽권에서 목표를 달성한 노하우, 경험, 실적, 기동력 있는 판매부대, 신속하고 확실한 물류 시스템, 현지공장(중국, 태국, 인도)

6. 성과를 손에 넣기 위해 더욱 필요한 자원은 무엇인가?

모티베이션, 코칭 스킬, 신규 고객, 판매 경로의 개척, 판매촉진 아이디어, 고객 소리의 피드백을 정확히 전하기 위한 개발 부문과의 커뮤니케이션

7. 현재 결과를 달성하는 것을 무서워하거나 제한하는 것은 무엇인가?

경쟁 제품의 폭발적인 매상 증가에 눌리는 기미. 전투 의욕 상실로 포기 상태가 되는 나 자신과 팀

8. 결과를 달성하는 것은 자신에게 있어서 어떤 의미가 있는가?

자기 자신, 팀, 회사에 있어서 사회적으로 최대의 가치(안심과 신뢰)를 올릴 수 있고, 고객에 대한 친절한 판매지원을 행해서 결과적으로는 최종 사용자들이 편리하고 쾌적하게 생활하게 할 수 있다.

9. 그러면, 처음으로 착수할 행동은 무엇인가?

매일 아침, 팀 전원이 5분간 미팅을 해서, 바라는 성과를 오감을 사용해서 이미지를 떠올리고 공동의 성과를 정한다.

시각 … 아시아 가정에서 많은 제품이 사용되는 영상

청각 … 고객이 기뻐하는 소리를 듣는다 [고마워요]

신체감각 … 기뻐, 해냈어, 고맙습니다를 신체를 사용해서 표현해본다.

자, 다음의 연습은 자신이 스스로 하는 방법도 있지만 가이드 역할을 하는 사람을 정해서 각 질문을 읽어주고, 각 질문에 대해서 이미지를 풍부하게 가지도록 촉진하여 자신이 대답하는 것을 충분히 느끼도록 격려하면서 해도 좋다.

'바라는 결과' 를 만들어 보기

1. 지금부터 ○○후 (시점,기한), 자신이 바라는 결과는 구체적으로 무엇인가?

2. 결과를 달성하면, 자신은 그것을 어떻게 알까?

3. 결과는 언제 어디서 누구와 만들어낼까?

4. 그것을 달성하면 어떻게 될까?

5. 나 자신이 이미 가지고 있는 자원(즉 재능, 능력, 지식 등)은 무엇인가?

6. 성과를 손에 넣기 위해 더욱 필요한 자원은 무엇인가?

7. 현재 결과를 달성하는 것을 무서워하거나 제한하는 것은 무엇인가?

8. 결과를 달성하는 것은 자신에게 있어서 어떤 의미가 있는가?

9. 그러면, 처음으로 착수할 행동은 무엇인가?

■■ 모양 좋은 결과(Well-formed outcome) 점검하기

모양 좋은 결과를 창출해낸다는 것은 목표를 명료화 하는 데 도움이 될 몇 가지 질문을 묻는 것으로 행할 수 있다. 이렇게 해보면 목표가 자신에게 얼마나 중요한지, 어떻게 수정할 것인지, 더 성취 가능하게 할 수 있는지, 확인하게 하는 데에 도움이 된다. 결과가 적합하게 잘 설정되었는지를 점검하기 위한 몇 가지 질문들을 정리하면 다음과 같다.

- 목표가 긍정적으로 진술되었는가?, 무엇을 원하는가?
- 목표 성취 과정을 혼자서 시작하고 유지하고 계속 관리할 수 있는가?
- 목표가 모든 감각을 포함하고 있는가? 목표를 성취했다는 건 어떻게 알까? 목표를 성취했을 때 자신은 무엇을 느끼고 보고 듣게 될 것이며 다른 사람들은 무엇을 느끼고 보고 말할 것인가?
- 배경은 명확히 정의되고 있는가? 시간은 얼마나 걸릴까? 누가 관련이 될까? 어디서 일어날까? 어떻게 성취될까? 언제 자신은 그것을 원하는가?
- 그것이 자신에게 의미 있거나 생태학적 환경에 관련되어 있는지 조사했는가? 예를 들면 시간과 돈을 투자할 만한 가치가 있는가? 그 결과가 자신의 삶과 자신의 정체성에 적합할까?
- 보존하고 싶은 현재 상황에 대한 관점들을 지켜주는가? 예를 들면 유지하기를 원하는 긍정적 요소가 있는가?
- 자신이 필요한 자원들을 식별해주는가? (이미 자신이 가진 것이나 습득할 필요가 있는 자원들을 식별한다)
- 자신이 첫 조치로 무엇을 해야 하고 다음 조치들은 무엇들인가?

제 3부

무엇이
나를 조종하는가?

"어떻게 그런 일이 나에게 일어났을까?" 하며 궁금해 했던 때를 우리 모두는 한두 번은 경험한 적이 있을 것이다.
왜 우리가 그런 식으로 행동하는지에 대한 단서를 주는 "아하, 알았다!" 하는 순간을 경험하게 된 순간들도 있었을
것이다. 제 3부에서는 우리의 두뇌 속의 장면들과 무의식적 사고의 이면에서 무엇이 일어나고 있는지를 탐구해 보고
자 한다.

숨어있는 10분의 9의 마음
'무의식적 마음'

이 장에서는 우리의 무의식적 마음을 만나게 될 것이며, 더 쉽고 신속하게 목표에 집중하고 목표 달성에 촉진하도록 하는 두뇌의 사용 방법을 배우게 될 것이다. 그리고 공포의 심리학적 기초를 이해하고 그것을 극복하는 방법을 찾을 수 있다. 가장 중요한 것은 우리들의 동기를 유발시켜 주는 가치들에 대해서 배울 것이다. 우리들의 신념이 구조를 가지고 있고 이 구조를 바꿀 수 있다는 것을 알아내면 과거의 짐이 우리를 압박하지 않고 우리 자신들의 정서, 기억, 사람들과 사건들에 어떻게 반응할 것인지 선택을 담당하는 방식에 대해 잘 알게 될 것이다.

우리의 무의식적 마음은 신체의 움직임을 통제할 뿐만 아니라 삶에서 얻는 결과들에 엄청난 영향력을 가질 수 있다. 우리는 목표를 달성하고 싶다고 의식적으로 결정할 수도 있다. 의식적 마음과 무의식적 마음이 각각 무엇을 통제하며, 무의식적 마음이 어떻게 작용하는지를 이해한다면, 우리는 의식적 욕구와 목표와의 협조관계로 무의식적 마음을 끌어들일 수 있다.

∷ 의식과 무의식

의식적 마음은 빙산의 꼭대기이고, 무의식적 마음은 물 속에 가라앉아 있는 빙산의 10분의 9에 비유될 수 있다. 다음 그림을 보면 쉽게 이해할 수 있을 것이다.<그림 8 참조>

의식

무의식

〈그림 8〉 의식과 무의식

의식적, 무의식적 마음은 여러 가지 것에서 독특하다. 각각이 무엇에 최고로 적합한지 알면, 우리가 논리적인 좌뇌를 더 많이 사용하는 것이

나은지 또는 창의적인 우뇌를 더 많이 사용하는 것이 나은지도 인식할
수 있게 해준다. 그때 우리는 정신적 발달 관점, 예를 들면 좌뇌지향적인
사람이라면 그림 그리기를 배우거나, 우뇌 지향적인 사람이라면 수학을
배우는 데에 집중을 결정할 수 있다. 확실히 명상하기를 배우는 것은 둘
다의 특성을 발달시키며, 둘 다를 더 잘 커뮤니케이션하게 해준다.

의식적 마음과 무의식적 마음 비교하기

의식적 마음이 탁월한 점	의식적 마음이 능한 점
연속적으로 작용	전체론적으로 작용
순서적으로 처리하기	직관
논리	창의성
말에 의한 언어	신체로 움직임
수학	감정 돌보기
분석	기억 저장

■■ 우리들의 기이한 무의식

무의식을 깨닫고 우리 자신과 반대하지 않고 함께 작동하게 되면 겉
보기에는 별 노력 없이 분명한 목표를 설정하고 성취하는 것처럼 훨씬
더 많은 것을 성취할 수 있을 것이다.

• 우리의 무의식은 부정적인 말을 처리하지 못한다. 긍정적인 생각으로
사고하는 모든 것을 해석한다. 만약 '나는 가난하고 싶지 않다.'고 생각
한다면 무의식적 마음은 부정적인 것을 처리하지 못하기 때문에 '가난'

에 초점을 맞춘다. 그래서 생각은 '나는 가난하고 싶다.'가 되어버린다. 그래서 긍정적으로 목표를 진술하는 것이 매우 중요한 이유이다.

- **우리의 무의식은 지시가 필요하다.** 의식적 마음과 무의식적 마음 사이에는 커뮤니케이션 통로를 터놓을 필요가 있다. 명상이나 편안한 휴식과 무의식적 마음이 나타내는 기억을 조사할 조용한 시간을 찾으면 이런 래포는 발달시킬 수 있다.

- **우리의 무의식은 기억의 보존기이다.** 기억을 저장하고 조직하는 것은 무의식적 마음의 책임이다. 미해결된 부정적 감정을 가진 기억을 억압하는 것이 무의식적 마음 기능의 한 부분이다. 또 하나의 무의식적 마음의 기능은 덫에 걸린 감정을 풀어놓기 위해 조사할 억압된 감정을 드러내는 것이다.

- **우리의 무의식은 기를 쓰고 학습하는 기계이다.** 무의식은 새로운 경험을 잘 해내며, 언제나 새로운 것을 살피고 있다. 지루함을 예방하지 못하면 우리는 고민하게 된다. 독서, 퍼즐 게임, 컴퓨터 게임과 같은 것에 몰두하거나 취미를 갖는 건설적 방법을 찾는다. 이러한 활동들은 두뇌 세포가 수지상 돌기를 더 많이 자라게 하여 정신적으로 더 건강하게 해준다. 우리의 마음을 가라앉히고, 스트레스가 다가오지 못하게 하고, 그리고 창의성을 증진시키기 위해서 명상보다 더 좋은 것은 없다.

- **우리의 무의식은 매우 도덕적인 존재처럼 행동한다.** 무의식적 마음은 배운 도덕성이 무엇이든지 사회적 판단으로 그 도덕성이 옳지 않다고 할지라도 우리들에게 그 도덕성을 강요하여 올곧은 길에 매어둘 것이다. 테러리스트들은 그들의 도덕적 코드가 그들을 자유 투사라고 가르치기 때문에 아무렇지도 않게 살상을 감행한다. 그들은 범죄사회에 맞서 싸울 때 실제로 도덕적 인간이 된다고 믿는다.

■■ 망상 활성화 시스템(RAS : Reticular Activating System)

1956년 조지 밀러George Miller가 행한 연구에 의하면, 매 초마다 우리의 오감을 통하여 대략 20억 개의 데이터가 들어오고 있다. 눈은 몇억의 이미지 데이터를 받고 있으며, 코는 몇 억 가지의 냄새 데이터를 받고, 피부는 수억의 촉각 데이터를 받고, 귀는 무수한 소리 데이터를 받고 있다.

만약에 두뇌가 이 모든 데이터를 모두 받아들인다면 두뇌는 금방 용량이 다 차거나 미쳐버릴 것이다. 그래서 인간 두뇌는 정보의 바다 속에서 자신에게 중요하고 관심 있는 정보만 받아들인다. 이러한 역할을 하는 게 두뇌의 RASReticular Activating System, 망상 활성화 시스템이다.<그림 9 참조>

RAS는 그물코처럼 생긴 신경망으로 중요한 일에만 초점을 맞추고 관계없는 정보는 의식하지 않게 하는 안테나와 비슷한 작용을 한다. 즉

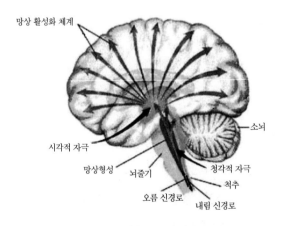

〈그림 9〉 망상 활성화 체계

인간의 두뇌는 현실을 있는 그대로 받아들이는 게 아니고 좋아하고 관심 있는 것만 받아들인다는 것이다. 요컨대 감각기관으로 들어오는 수많은 정보들 중 중요한 것에만 주목하게 하고 기억할 수 있도록 해주는 검문시스템이라 할 수 있다.

그런데 이러한 정보의 선택은 자기방어를 위해서 무의식적 차원에서 이루어지는 경우가 대부분이기에 자기 자신이 왜 그런 식으로 생각하는지조차도 자각하지 못하는 것 같지만 사실은 다음의 기준 중 하나라도 충족되면 RAS는 데이터를 받아들인다.

첫째, 우리가 깊이 잠들어 있을 때, 집 안에서 이상한 소리를 듣게 되면 잠이 깨는 경우처럼 생존에 중요할 때 받아들인다.

둘째, 새롭고 진기한 가치가 있을 때 받아들인다.

셋째, 유독 많은 사람들 속에 섞여 있어도 자신이 사랑하는 사람은 눈에 더 띈다든가, 아기가 잠자는 숨소리까지도 엄마는 민감하게 반응할 수 있는 경우처럼, 정서적인 만족감이 높은 것일 때 받아들인다.

망상 활성화 시스템은 관찰의 출발점인 자극에 효과적으로 작용한다. 흔히 있는 일상의 틀에 박힌 일들은 이 출발점 아래로 미끄러지듯 지나가 버리고, 우리 현재의 목표에 관련된 것들을 인식하도록 해준다.

우리는 주위에서 "난 패배자야, 아무 것도 해내지 못했어." 또는 " 행운은 내게 닥쳐오지 않아." 와 같은 말을 하는 만성적으로 불운한 사람들을 안다. 그들의 신념체계가 기회들을 보지 못하게 하는 사람들이다. 만약 기회가 뛰어 넘어서 그들과 정면에서 부딪힌다면, 그들은 기회의 언저리를 지나가면서 "너무 좋은 데 사실일 리가 없지." 라고 말하곤 한다.

그런데 언제나 운이 좋은 사람들도 있다. 그들은 가능성에 개방되어 있고, 신념체계는 자신들이 승리할 자격이 있다고 믿기 때문에 실패에서도 성공을 찾아내는 사고 방식을 갖는다.

우리들의 신념은 망상 활성화 시스템의 출발점 수준에 영향을 미친다. 자신의 신념 체계를 인식하게 되면 이러한 신념들이 목표 달성을 어떻게 방해하고 있는지를 확인할 수 있다. 우리가 어떤 것을 하고 싶었지만 목표 달성을 할 기회를 찾지 못했던 때를 회상해 본다. 그리고 자신의 신념을 검사해본다. 이러한 신념들이 목표 달성을 가능하게 할 수 있었던 시작을 인식하지 못하게 했다는 것을 알아낼 것이다.

우리의 기억은 보통 망상 활성화 시스템에서 나온 정보가 편도체라 부르는 두뇌 부분으로 보내지면 만들어지며, 거기에서 해마로 전달되기 전에 정서적 무게가 주어진다. 해마는 장기 기억 속에 지니고 있는 데이터를 평가하고, 분석하고 장기 기억으로 다시 재정리하기 위해 피질에 그것을 나타낸다.

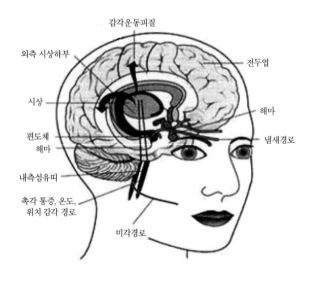

〈그림 10〉 두뇌와 기억 경로

편도체는 정서적 가치가 매우 높은 것은 입력하고, 공포에 사로 잡혀서 해마에 정보를 보낼 수 없을 때 외상 후 스트레스 장애PTSD : Post Traumatic Stress Disorder가 일어난다.

트라우마적인 사건은 편도체 내에 오도가도 못하고 걸려 있으며, 해마는 평가를 받기 위해 신피질로 기억을 나타낼 수 없는데 그것은 두뇌가 사건을 이해할 수 없다는 뜻이다.<그림 10 참조>

■■ 신념의 힘

누구나 가치관과 신념이 있다. 우리의 신념과 가치관은 감각을 통해 들어오는 무슨 데이터가 들어오는지를 결정하는 데에 사용하는 무의식적인 필터들이다. 우리 두뇌의 무의식 10분의 9가 은밀히 앉아서 모든 부류의 신념을 구축하고, 우리 자신과 환경에 관한 결정을 내리고 있지만 우리는 그것들을 의식하지 못하고 있다.

1954년 5월 6일 이전까지만 해도 1마일을 4분에 달리는 것은 불가능하다는 것이 일반적인 생각이었다. 왜냐하면 로저 배니스터Roger Bannister가 4분의 기록을 갱신하기 전까지 9년 동안 어떤 사람도 이 기록에 근접한 적이 없었기 때문이다. 배니스터가 이 기록을 갱신할 수 있었던 것은 자신이 할 수 있다는 믿음이 있었기 때문이다. 배니스터가 기록을 갱신한지 6주가 채 지나지 않아 오스트레일리아의 존 룬디John Lundi가 배니스터의 기록에서 1초를 더 앞당겼다. 그후 9년 동안 불가능하다고 믿었던 이 기록을 200명의 선수가 갱신했다. 이들은 모두 그 '가능성'에 대한 신념을 가진 사람들이다.

신념은 하찮은 것도, 중요하지 않은 것도 아니다. 가능하다고 믿는 것은 달성하려고 노력하게 하므로 신념은 우리의 삶에 중요한 역할을 한다. 신념을 위해서 사람들은 기꺼이 죽고 또 죽인다. 2001년에 발생했던 9.11을 돌이켜 보면, 그런 테러를 저지르게 했던 것은 생명보다 더 중요한 그 어떤 것을 바로 절대적인 신념으로 받아들였기 때문이다.

신념에 대해 정의해 본다면 어떤 것을 진실로 받아들이는 일, 또는 어떤 것을 사실이라고 생각하는 일이다. 여기서 우리가 말하는 신념은 종교적 신념과는 다르며, 우리의 인생 경험에 관해 만드는 개념들이다.

이 개념들은 행동을 통제하는 현실의 기초를 형성한다. 신념은 우리 자신, 다른 사람들, 우리를 둘러싼 세상에 대한 판단과 평가를 의미한다. 신념을 형성하는 아동기에 겪은 중요한 경험들은 각인imprint이 되므로, 어린 시절에 우리가 형성하게 되는 신념은 매우 영향력이 크다. 항상 긍정적인 것만도 아니며, 우리가 잊고 있던 충격적이거나 혼란스러운 경험으로부터 형성되기도 한다. 의식적·무의식적으로 부모, 교사들, 친구들의 영향을 받아 신념을 형성하기도 하며, 다른 사람들이 우리 자신에 대해 할 수 있거나 할 수 없다고 생각하는 것에 대한 부정적 신념이나 전제 조건이 우리의 신념 형성에 영향을 미친다. 신념은 자신의 주위 세계를 이해하는 데에 도움을 주며 성공을 이룰 수 있는 능력을 강화해 주거나 발전에 관해 제한된 사고를 갖게 할 수 있다.

우리가 가지고 있는 대부분의 신념들은 우리가 자각하지 못하는 사이에 우리에게 영향을 미친다. 우리의 일상적인 생각·행동·존재의 방식과, 사람들이 현재의 생활 사건들과 직업적 도전들을 어떻게 지각하고 해석하는지, 현재의 상황에 어떻게 대처하는지에 영향을 미치며 부착된 감정을 가질 수 있다.

신념을 바꾸면
인생이 바뀐다

■■ 힘을 주는 신념 & 제한적 신념

사람은 누구나 자원이 되는 신념과 더불어 자신을 제한하는 신념을
가지고 있다.

어떤 신념들은 성공을 창출해내면서 긍정적일 수 있고, 또는 행동을
제한하고 부정적일 수 있다. 우리의 신념은 건강, 부, 행복을 조장하기
도 하거나, 편치 않게 하고 불행하고 가난하게도 한다. 우리가 긍정적이
고 힘을 주는 신념을 가지고 있는 것처럼, 부정적이고 힘을 빼앗는 신념
도 가질 수 있다.

우리 자신이 어떤 신념을 가지고 있는지 아래의 표로 점검해 보기로
하자.

신념의 비교

긍정적 효과를 가진 힘을 주는 신념	부정적인 효과를 가진 제한적 신념
"나는 그것을 할 수 있다"	"시험 실패는 고통스럽다"
"나는 그것을 잘 한다"	"나는 노래를 못 불러요"
"나는 내 목적을 성취한다"	"나는 쓸모 없는 인간이야"
"나는 새로운 기술을 배운다"	"나는 전혀 아무것도 잘하는 것이 없어"
"다르다는 것은 좋은 것이다"	"나는 언제나 방법이 없어"
"네가 나를 도와준다면 나는 할 수 있다"	"나는 ~도 못하고 ~도 할 줄 몰라"
"나는 더 이상의 여지를 위해 잔을 절반만 채우고 있다"	"나는 키도 너무 작고 뚱뚱하고 못생겼어"
	"그건 너무 어려워"
"한번 해 보겠습니다"	"그 사람들이 나를 좋아하지 않을 거야"

만약 한 개인이 불행하게도 학교에서 왕따를 당하고 있다면 일반적으로 "사람들이 매우 친절하지 않다."는 신념을 발달시켰을 수도 있다. 이것 때문에 처음에 사람들을 만나면 매우 공격적으로 행동하게 될 수도 있다. 만약 그때 어떤 사람들이 비슷하게 공격적 방법으로 대응한다면 그들의 행동은 "사람들이 매우 친절하지 않다."는 신념을 잘 강화시켜 줄 수 있다.

우리의 신념 필터가 친절한 사람들을 인식하도록 맞춰져 있지 않기 때문에 누군가가 친절한 태도로 대응하면 우리는 알아차리지 못할 수도 있다. 우리가 '할 수 없다, 해야 한다, 하지 말아야 한다, 할 수 없었다'와 같은 단어를 사용하거나 듣는 것을 깨닫게 되면 제한된 신념이 잠복하여 숨어 있을 수 있다는 것을 알아야 한다.

■■■ 제한적 신념 바꾸기

가장 흔히 볼 수 있는 제한적 신념limiting belief 세 가지는 절망감, 무력감, 무가치감으로 분류할 수 있다. 이것들은 정신적·신체적 건강에 큰 영향을 미친다.

절망감hoplessness은 자신의 능력과 상관없이 원하는 목표가 실현 불가능하다는 생각을 의미하며, 흔히 '내가 열심히 해봐야 달라지는 건 없어. 어차피 이룰 수 없는 꿈인 걸. 내 영역 밖의 일이야. 난 피해자야.'라고 생각한다.

무력감helplessness은 원하는 목표가 실현 불가능한 것은 아니지만 자신이 무능하여 이룰 수 없다는 생각을 의미하며, 대개 '다른 사람이야 해낼 수 있겠지만 난 안돼. 그렇게 잘해 낼 만한 능력이 내게 있겠어.'라고 느낀다.

그리고 무가치감worthlessness은 자신의 어떤 점이나 과거에 한 어떤 행동 때문에 원하는 목표에 따른 결과를 얻을 자격이 없다는 생각을 의미하며, '난 가짜야. 이 세상에 어울리지 않아. 나는 행복할 자격도, 건강할 자격도 없어. 무언가 기본적으로, 근본적으로 잘못된 인간이야. 난 고통 받아 마땅해.'라고 흔히들 생각한다.

성공적인 삶을 살기 위해서는 이러한 신념을 미래에 대한 희망, 유능함과 책임감, 자존감과 소속감으로 바꾸어 나가야 한다.

개인의 정체성과 연관된 신념이 개인에게 미치는 영향이 가장 크다는 것은 분명하다. 정체성에 관한 제한적 신념은 대개 이런 것들이다.

"나는 무능해. 쓸모 없어. 피해자야."

"난 성공할 자격이 없어."

"원하는 것을 얻게 되면 다른 어떤 것을 잃어버리게 될 거야."

"성공은 내게 허락된 게 아니야."

이러한 신념들은 마치 '생각 바이러스thought virus'와도 같아서 컴퓨터 바이러스나 생물학적 바이러스처럼 파괴적인 힘이 있다. '생각 바이러스'는 '자기충족적 예언'이 되어버려 스스로 상처를 치유하거나 발전하려는 노력 또는 능력을 방해하기도 한다. 이러한 생각 바이러스에는 무언의 가정과 전제조건이 있기 때문에 찾아내서 없애기가 어렵다. 제한적 신념이나 생각 바이러스는 종종 도저히 넘어설 수 없을 것 같은 '난관impasse'과 같다. 여기에 부딪히면 사람들은 흔히 "이 상황을 바꾸어보려고 할 수 있는 건 다 해봤지만 결국 바뀐 것은 아무 것도 없었어." 라고 느낀다.

이러한 난관에 효과적으로 대처하려면 그 핵심에 위치한 제한적 신념을 찾아낸 뒤 이를 적절한 자리에 배치해야 한다. 신념은 여럿이 모여 하나의 체계를 이루게 된다. 제한적 신념을 바꾸려면 대개의 경우 신념 체계 전체를 다루어야 한다.

제한적 신념은 종종 긍정적인 의도, 즉 스스로를 보호하고 자신의 한계점을 명확하게 하며 스스로에게 힘이 있음을 인식시켜주고자 하는 목적에서 생겨나기 마련이다. 이러한 마음속 깊은 곳에 자리한 긍정적 의도를 인정하고 일이 이러한 의도대로 이루어지도록 한층 더 효과적인 방법을 사용할 수 있도록 정신적인 지도를 새롭게 그려나간다면 노력과 그에 따르는 고통을 최소화하면서 제한적 신념을 다르게 변형시킬 수 있는 것이다. 세상모델을 확장하고 풍부하게 하여 자신의 정체성과 미션mission을 명확히 함으로써, 제한적 신념을 다른 형태로 변형시키고 '생각 바이러스'에 대한 '면역'을 기르는 것이다.

제한적 신념을 다르게 바꾸려 한다면 '어떻게'로 시작하는 수많은 질문들에 대한 답을 주는 것이 중요하다.

간단한 연습 삼아 아래의 제한적 신념을 '어떻게' 질문으로 바꾸어 보자.

① "새로운 것을 시도하는 건 위험한 짓이야."

"어떻게 해야 새로운 것을 시도하면서도 문제가 생기지 않을 수 있을까?"

② 지금 내가 바라는 것을 얻게 되면 나중에 분명 안 좋은 일이 생길 거야.

"어떻게 해야 내가 바라는 것을 얻게 되면서도 좋지 않은 일이 생기지 않게 할 수 있을까?"

③ 난 창조적이지 못해서 성공하지 못할 거야.

"어떻게 해야 창조적인 사람이 되어서 성공할 수 있을까?"

④ 새로운 것을 배우기엔 나이가 너무 들었어.

"어떻게 해야 새로운 것을 배울 수 있을까?"

⑤ 중요한 기여를 하기엔 난 아직 너무 어려.

"어떻게 해야 중요한 기여를 할 수 있을까?"

제한적 신념을 변화시킬 수 있는 방법은 다음과 같이 정리할 수 있다.
- 기저에 깔린 긍정적인 의도를 파악하고 인정한다.
- 신념의 기반이 되는 무언의 무의식적인 가정과 억측을 파악한다.

- 긍정적인 의도나 목적을 실현하는 데 있어 제한적 신념의 대안이 되는 '어떻게' 질문에 대한 답을 제시한다.<그림 11 참조>

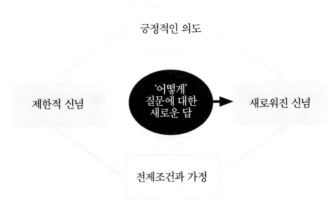

제한적 신념은 그러한 신념의 바탕이 되는 긍정적인 의도와 전제조건을 확인하고
'어떻게' 질문에 대한 새로운 답과 대안을 제시함으로써 다르게 변형될 수 있다.

〈그림 11〉 신념의 변화 과정

우리의 목표를 달성하는 데에 있어서 기본적인 신념은 다음의 영역에서 생길 수 있다. 각 영역별로 자신이 가진 신념이 어떠한지 점검해 본다면 도움이 될 것이다.<그림 12 참조>

〈그림 12〉 신념 점검 과정

결과를 성취하는 데에 있어서 이러한 신념에 기초한 행위에 장애물을 확인해야 한다. 이 장애물은 일생에 영향을 미치며, 결과 달성을 지체시킬 수 있다.

다음 진술을 점검하면 우리가 시작하거나 전진하는 것을 더디게 할 수도 있는 몇몇 제한적 신념을 확인하는 데 도움이 되며, 목적 달성을 하기 위해 신념을 변화시킬 필요와 그 영역을 확인할 수 있다.

제한 신념 확인표

각 진술에 대한 신념의 정도를 1에서 5까지의 숫자로 이루어진 아래의 칸에 표시해보자. 1이 가장 낮은 신념의 수준을, 5가 가장 높은 신념의 수준을 나타낸다.	1	2	3	4	5
1 "나의 목표는 바람직하고 중요하다. 나는 이 목표를 달성하기를 원한다"					
2 "목표를 이루는 일은 불가능하다"					
3 "목표달성을 위해 해야 할 일은 적절하고 생태적이다"					
4 "나는 목표 달성 능력을 가지고 있다"					
5 "나는 목표달성의 책임이 있고, 그럴 만한 자격이 있다"					

신념은 불변하는 것은 아니다. 단지 실제로 우리는 지각하는 것들 뿐이면서 마치 사실인 것처럼 행동한다. 앞에서도 언급했듯이, 신념들은

긍정적이든 부정적이든 간에 바로 우리의 사고와 행동을 지배하고 좌우하지만 시간이 지나면서 자연스럽게 변화시킬 수 있다.

그런데 우리의 신념이 불합리하다는 것을 깨닫지 못하는 한 가지 이유는 그것들이 주로 자기충족적이기 때문이다. 가끔 냉철하게 생각해 보면 그것들은 분명히 말이 이치에 닿지 않아서 신념은 자연스레 변화하기도 하고, 우리는 새로운 신념을 선택할 수 있다. 우리는 그저 바람에 날리는 잎새가 아니다. 목적을 달성하는 데 도움이 되고 힘을 부여해 주는 신념에 대해 생각하기도 하는 존재이다.

우리의 경험들은 언어와 다른 의사소통 형태(그림, 소리, 느낌, 맛, 냄새)를 통해 코드화 되고 정리되고 저장되고 재생된다. 경험들은 비슷한 상황들이나 사건들이 일어날 때까지는 마음속에 저장되어 있다. 부정적 방법으로 경험을 저장했다면, 비슷한 상황이 일어나자마자 마음은 이전의 불행한 경험을 생각해낸다. 이것은 신념에 영향을 미쳐서 몸 안에서 무의식적인 부정적 반응에 장작을 지펴준다. 따라서 신념과 기억의 본질은 많은 기억들이 틀림없이 일어났었다고 생각하는 것에 맞추기 위해서 자신의 마음이 만들어낸 것이라는 것이다.

그렇다면 경험에 관해 생각하는 방식을 바꾼다면 부정적 신념이나 가치를 바꿀 수 있다. 어떤 신념과 가치관에 관해 생각할 때 감각들을 어떻게 활용하는지 생각해 보는 것도 한 가지 방법이 될 수 있다. 그것에 관해 어떻게 생각하는지를 체계화하기 위해서 세부 감각 양식, 즉 그림의 색깔, 느낌의 강도나 기억의 소리 등을 조절할 수 있고 경험에 관한 생각을 바꿀 수 있다. 그리고 나서 시험해 보고 싶은 긍정적 신념이나 가치관을 강화시킬 수 있다.

NLP심리학은 신념을 변화시키는 많은 방법들을 제공해준다. 오래된 신념을 가지고 싶은 신념으로 바꿀 기회를 갖게 된다면 다음의 신념 변화 패턴의 단계를 활용해 볼 수 있다.

자신이 지니고 있는 신념에 대해 생각해 보라고 할 때, 이미지를 만들고 느낌을 가지며, 무언가를 들을 수 있을 것이다. 여기서부터 우리는 그 신념이 어떤 성질을 지니고 있음을 결론 내릴 수 있다. 시각적 이미지와 청각적 소리와 신체 감각적 느낌이라는 성질은 감각 양식이며, 이미 설명했던 세부 감각 양식으로 이미지의 밝기·크기·거리, 소리의 크기와 음조, 촉감의 압력·온도·위치 등이 잘 조정될 수 있다. 신념을 바꾸는 한 가지 방법은 그 세부 감각 양식에 적응시키는 것이다. 이것은 제한 신념이 우리 자신에게 미치는 영향력을 느슨하게 해주고 자신감이 없다는 신념에 힘을 부여해 주는 긍정적 신념으로 강화하는 데 도움이 되는 과정이다.

세부 감각 양식을 활용하여 제한적 신념을 가지고 싶은 신념으로 바꿀 기회를 연습하기 위해서 리차드 밴들러가 고안한 다음의 방법을 단계대로 실행해 본다.

신념 바꾸기 연습 단계

1	어떤 면에서 나 자신을 제한하기 때문에 차라리 갖고 싶지 않은 신념에 대해 생각한다.
2	이 신념에 관한 세부 감각 양식을 확인한다. 이미지를 떠올렸고 소리가 들렸으며 느낌이 들었는가? 이미지와 소리, 느낌은 무엇이었는가?
3	다음에는 반신반의하며 의심스러운 것을 확인한다. 불확실하고 사실이 아닌 것일 수도 있고, 사실일 수도 있다. 마음 속으로 어떻게 표현되는지 탐색한다. 세부 감각 양식은 무엇인가?

4	제한적 신념과 반신반의하는 신념 간의 차이를 확인하기 위해 대조 분석을 활용한다. 예를 들어 신념과 의심을 각각 공간적 위치에 정해둘 수 있다.
5	제한적 신념에 관한 세부 감각 양식을 반신반의하는 것들과 바꿈으로써 다르다고 주목한 세부 감각 양식을 검증한다. 원래 있었던 대로 돌아가 하나씩 바꾸고 다음 검증으로 옮겨간다.
6	대신에 어떤 새로운 신념을 가지고 싶은지 자신에게 물어본다. 확실하게 긍정적으로 진술하고 이미 성취된 것보다는 오히려 원하는 것을 말한다. 이 새 신념을 가지면 있을 수 있는 결과에 관해 잠시 숙고한다. 다른 사람들에게 또는 나 자신의 삶에 어떤 영향을 미치게 될까? 이런 것들을 분명히 밝혀줄 새 신념으로 바꾼다.
7	이제 반신반의하는 신념으로 바꿀 준비가 되었다. 내용은 똑같이 남겨 두고, 4단계에서 전에 찾아냈던 한두 가지의 가장 차이가 심한 세부 감각 양식을 바꾼다. 예를 들면, 마음 속으로 영화 같은 동영상을 보았다면, 정지된 이미지를 그것으로 바꿀 수 있을 것이다.
8	이제 또 다른 세부 감각 양식 바꾸기를 활용하여 제한적 신념을 새로운 신념으로 내용 바꾸기를 계속한다. 이렇게 하는 한 가지 방법은 제한적 신념의 표상들을 거의 보이지 않도록 멀리 떨어지게 움직일 수 있다. 그리고 나서 새 신념으로 그것을 되돌아오게 하는 것이다.
9	7단계에서 했던 세부감각 양식을 바꾸고, 내용은 똑같이 유지함으로써 의심을 신념으로 바꾼다. 이것은 정지 화상을 동영상으로 바꾸는 것을 의미할 수도 있다. 만약 변화하는 데에 어떤 저항이라도 느낀다면, 새 신념을 다시 명확히 정의할 필요가 있다. 6단계로 되돌아가서, 신념을 긍정적으로 표현했는지, 모든 있을 수 있는 결과들을 다루었는지 확인한다.
10	새 신념이 새로운 세부 감각 양식으로 자동적으로 표현되는지를 점검하는 것으로 검증해 본다.

감각을 조율하는
R.O.L.E 모델

우리 인간은 고도로 발달된 개인 안테나를 가진 특별한 창조물이다. 우리는 우주의 비밀을 발견하도록 모든 것이 준비되어서 놀라울 정도로 잘 발달된 감각을 가진 신생아로 세상 속으로 들어왔다. 어떤 점에서 보면 시각, 청각, 후각, 미각, 촉각을 가진 미니 학습 기계이며, 거기에 다른 사람들과의 정서적 연관을 경험할 능력인 가장 틀림없는 인간의 성질을 더하면 완전한 학습 기계라고 할 수 있다.

그러나 종종 우리는 학습에 게을러지고, 틀에 박혀버려서 "사용하지 않으면 상실한다."는 격언을 들은 적도 있을 것이다. 일단 우리는 한 가지 방법에 능숙해지면 그것으로 그 일을 하는 방식으로 삼는다. 우리는 편안한 선택을 해버리고 모든 가능성을 좁혀 버린다. 우리는 사고와 정보 처리를 하는 한 가지 스타일에 익숙하고 나머지 감각들은 녹슬어 무디어져 가고 있다. 그래서 시각 없이 보고, 청각 없이 듣고, 촉각 없이 만지고, 미각 없이 맛보고 신체적 의식 없이 움직이고, 냄새 의식 없이 들이마시고 생각 없이 이야기 하고 있다.

이 장에서는 그러한 놀라운 감각을 잘 조율하여 세상과 관계하는 새로운 방식들을 시도해 보고 그 차이점을 인식해 보고자 한다.

NLP심리학적 접근을 위해 1987년 로버트 딜츠Robert Dilts가 인지적 전략을 모델링 하는 것에 관한 네 가지 기본 요소를 설명한 R.O.L.E 모델의 개념으로, 특정한 반응이나 생각과 행동들 속에 내재된 정신적 요소와 그 단계들을 이해한다. 다음의 네 가지 요소, Representational system표상체계, Orientation지향성, Link연결, Effect효과성의 첫 글자로 R.O.L.E 모델이라는 이름을 만들었다.

■■ 표상체계(Representational System) : 오감의 인식

… 표상체계란 무엇인가?

NLP심리학에서는 우리가 감각을 사용하여 내적으로 정보를 나타내거나 코드화하는 여러 채널들을 표상체계Representational System라고 설명한다. 오감 또는 시각, 청각, 촉각, 후각, 미각의 감각 양식을 통하여 현실 생활인 외부 세계를 경험하는 방식을 설명하는 것이 표상체계이며, <그림 13>과 같다. 주요 표상체계를 구성하는 것은 시각Visual, 청각Auditory, 신체감각Kinaesthetic이다.

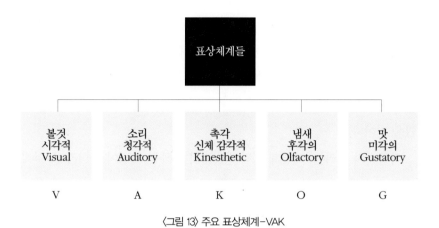

〈그림 13〉 주요 표상체계-VAK

두뇌는 다섯 가지의 감각으로부터 받은 정보를 저장하고 처리한다는 사실에 기초하여 정신적 프로그램에서 각 단계를 고려한다. 즉 '생각'은 정신적 이미지와 소리, 그리고 촉각의 결합과 배열로 이루어진 것이다. 생각의 과정이 기억과 의사결정, 학습, 동기부여, 창의성이나 신념 중 어느 하나일지라도 그것은 분명 감각의 경험을 포함한다.

예를 들어 "최고급 호텔에서 처음으로 먹어본 멋진 식사를 생각해 보세요." 라는 누군가의 지시를 들을 때 두뇌와 신체 내부에서 무슨 일이 일어나는지 주목해 본다.

처음에 이 기억에 접근하기 위해서는 먹었던 음식, 음식을 먹었던 사람이나 사람들 아니면 그 장소의 화려함, 요리가 펼쳐진 테이블 등 정신적 이미지V를 만들어야 했을 것이다. 또는 아마도 그 장소에서 들을 수 있었던 소리A를 기억하는 것, 식사 중 들을 수 있었던 대화나 심지어는 음식을 먹을 때 들을 수 있었던 음식 씹는 소리 등을 기억하게 된다. 아마 경험했던 것에는 저녁을 먹을 때에 앉았던 의자나, 손에 잡혔던 은수저, 뱃속에 들어간 음식의 느낌, 아니면 저녁을 먹는 동안 느꼈던 전체적인 감각 등의 촉감K적인 경험도 있었을 것이다. 먹었던 음식의 실제적인 냄새O나 맛G을 기억할 수도 있다. 이렇게 각각 다른 감각들이 계속 이어지거나, 같이 통합되어 의식 속에서 동시에 반응하는 것을 경험해본 적이 있을 것이다. 이렇게 다중 감각적 경험을 우리는 생각해낼 수 있을 것이다.

지금까지 우리는 '어떻게 생각해냈는가?' 하는 과정이 아니라 '무엇에 관해 생각해냈는가?' 하는 내용만을 생각했을지도 모른다. 그러나 사고의 질은 경험의 질을 결정한다. '어떻게'도 '무엇'만큼 중요하다. 우리의 사고 과정의 차원을 이해하여 우리가 어떻게 생각하고 세상을 이해하는지에 관해 의식하기 시작하면 인간과 상황에 관해 생각하는 법을 자신이 통제할 수 있다는 것을 깨달을 수 있다. 우리들 각자에게 명확해 보이는 일상의 사건에 관해서까지도 모든 사람이 다 우리들 각자가 하는 생각처럼 생각하지 않는다는 것도 깨닫게 될 것이다. 그 과정에서 우리가 여러 감각들에 주목하여 다르게 생각하기 시작하면 삶이 더 보람이 있는 것임을 깨닫게 될 것이다.

… VAK는 세상을 인식하는 수단: 현실을 여과하기

인간은 오감을 통해서 그 정보를 처리하여 각각 다른 지도를 머릿속에 그린다. 오감 중에서도 미각과 후각의 영향은 상당히 한정되어 있어서 주로 시각, 청각, 신체 감각의 3가지를 중시한다.

요컨대 우리가 현실을 경험할 때 시각, 촉각, 신체 감각의 3가지로 우리의 환경에서 나온 정보들을 선택적으로 여과한다는 것이다. 일상에서 자연스럽게 우리의 모든 VAK감각에 접근한다. 그러나 어떤 상황에서는 하나의 감각이 주도하게 된다. 어떤 사람들은 시각적 차원의 명확한 심상을 가지며, 또 어떤 사람들은 청각적 차원으로 조율될 것이며, 촉감이나 정서적 관점을 파악하는 사람들도 있다.

개인의 생활 환경과 접촉한 사람들의 은연중의 영향으로 반드시 3가지 감각 중 어느 하나에 편향성이 나타난다. 어떤 사람은 시각을 통해서 이미지를 만드는 경향이 있으며, 또 청각을 우선해서 정보를 논리적으로 인식하는 사람들도 있고, 신체 감각적으로 인식하는 사람들도 있다.

과거에 외국어 공부를 했던 때를 생각해 본다. 필자의 경우에는 차 안에서, 집 안에서 오디오 테이프를 틀어놓고 들으면서 하는 편이었다. 그러나 주로 드라마나 영화를 보면서 더 빨리 배우는 사람들도 많다. 이미지, 언어 그리고 느낌에 접근하여 능력을 발달시키는 법을 알게 되면 전에는 의식하지 못했던 재능을 발견할 수도 있다. 이렇듯 제각각의 인식하는 버릇은 인식의 차이일 뿐이나 그 차이는 크기 때문에 커뮤니케이션에서 문제를 발생시킨다.

어떤 사람들은 한 가지 감각에 대한 성향이 특별하게 발달하며 다른 감각은 둔해지게 되는 경우도 있다. 예를 들어 사진을 찍듯이 정확한 기억력Vr이 있지만 상상력Vc은 빈약한 사람들이 있다. 또 창의력이 뛰어난 사람들이 세부적인 사항이나 약속 등을 잘 잊어버리는 경우가 흔하다.

개인이 선호하는 우선 표상체계가 그 사람의 성격 특성과 학습 능력, 과업 적성을 결정할 뿐 아니라, 특정 표상체계의 과잉 발달이나 불충분한 발달도 기본적 성격 특성과 상관이 있다는 연구 결과들도 많이 나타나고 있다. 하나의 특정 표상체계가 더 중시되어 발달된 경우, 그 사람이 가진 유연성의 정도에 따라 자산이 될 수도 있고 한계가 될 수도 있다. 그것은 언제나 그 사람이 세상을 지각하고 행위를 하는 방법에 영향력을 미치며, 보통 스트레스를 받을 때 우선 표상체계는 가장 뚜렷하게 드러난다.

매우 '시각적인' 사람은 눈을 통해서 정보를 시각적으로 수집하고, 마음속에 떠오른 이미지를 통해 시각적으로 정보를 구현하며, 무엇을 할지에 대한 '통찰력'을 얻음으로써 역시 시각적으로 결과를 평가한다. 청각이나 운동 감각에 매우 민감한 사람의 경우도 비슷한 정보 처리 유형을 보여준다. NLP심리학은 사람들이 언어적, 행동적인 방법을 통해 표상체계의 능력을 확장하고 강화할 수 있는 방법을 제공한다.

… 생각하는 방식: 자신의 VAK 선호 경향 체크

우리는 자연스럽게 3가지 주요 감각 차원을 모두 혼합하여 가졌지만 그 중에서 어느 한 가지에 더 선호 경향을 나타내기도 한다. 다음의 간단한 질문에 답하여 어느 선호 경향을 가지고 있는지 판단해 보자.

VAK 선호 경향 체크표

다음 각각의 진술에 대해 자신을 가장 묘사하는 선택을 골라 O를 하시오.					
1. 내가 중요한 결정을 내릴 때 근거하는 것은?					
육감에 따른다		근사하게 들리는 것		적합해 보이는 것	
2. 모임이나 발표회에 참석할 때 자신에게 좋은 것은?					
사람들이 도해를 명확히 넣어 요점을 예시했을 때		사람들이 건전한 주장을 분명히 표현했을 때		사람들이 실제 문제를 파악했을 때	
3. 내 기분이 좋은 날인지 나쁜 날인지를 사람들은 무엇으로 아는가?					

내가 옷을 입고 보이는 모습에서		내가 함께 나누는 생각과 느낌에서		내 목소리의 톤에서	
4. 의견차이가 있을 때 영향 받는 것은?					
타인의 목소리		그들이 나를 바라보는 방식		그들의 느낌과 연결	
5. 내가 지금 의식하는 것은?					
주변의 소리와 소음들		내 몸에 걸친 옷들의 감촉		주변의 색깔과 모양들	
1.KAV, 2.VAK, 3.VKA, 4.AVK, 5.AKV를 쓰고 몇 개의 VAK를 얻었는지 모두 계산한다. 주로 V, A, 또는 K, 또는 고르게 섞여 있는가?					

■■ 우선 표상체계(Primary Representational System)

… 우선 표상체계란?

인간은 외부 정보를 기본적으로는 모든 표상체계(오감)를 사용해서 처리하고 있다. 그러나 보통 무의식적으로 1가지의 표상체계를 우선해서 사용하는 경우가 많다. 앞에서 생각하는 방식을 간단한 퀴즈를 통해 체크해 본 결과 자신이 선호하는 표상체계를 파악할 수 있었을 것이다. 예를 들면, '바닷가'라는 단어에서 연상되는 것을 '푸르고 넓은 해안과 하얀 모래사장'을 떠올리는 사람, '해안에 부딪히는 파도소리와 갈매기 소리'가 들린다는 사람, '바다에 부는 시원한 바닷바람'을 느낀다는 사람이 있을 것이다.

이처럼 주요 표상체계 중에서 한 감각을 중시하고 사용할 때 '우선 표상체계'가 있다고 한다. 그러나 이것을 일반화해서 사람들을 시각형, 청각형 또는 신체 감각형이라고 표시하여 부르는 것은 주의해야 한다. 대신에 그 사람들이 가진 선호 경향이나 선호 행동으로 생각해야 한다.

인간은 각각 독자적인 우선 표상체계를 가지고 있기 때문에 그것을 알면 자신의 잠재 능력을 이끌어내거나 타인의 성격을 이해해서 커뮤니케이션의 질을 높일 수가 있다. 청각 지향적인 사람들은 정보를 인지할 때 귀를 선호하며 음성으로 된 언어에 의존하는 사람들이다. 시각 지향적인 사람들은 주변 세계와의 접촉에서 주로 눈을 이용하며, 기억 및 의사 결정 시 이미지를 중시하는 사람들이다. 신체 감각 지향적인 사람들은 접촉과 감정에 민감하여 학습하거나 의사 결정을 할 때 감성에 의지한다. 냄새나 맛은 보통 주된 감각이 아니지만, 요리사와 같이 맛이나 냄새에 고도로 발달된 감각을 가진 사람들도 있다.

우선 표상체계의 현상에 최초로 주목한 심리학자는 윌리엄 제임스William James이며, 저서 <심리학의 법칙The Principles of Ps ychology; 1890>에서 그는 다음과 같이 밝혔다.

"어떤 사람들의 습관적인 '사고 도구'는 시각적이며, 또 어떤 사람들은 청각적, 언어적이거나 근육의 움직임과 관련이 있다. 대부분의 사람들은 아마 이 모두가 적절히 섞여 있을 것이다. 시각적인 이미지에 민감한 사람은 마음의 눈으로 사물을 보고 기억하거나 알고 있다고 대답한다. 이러한 인지와 기억 작용은 언어의 이미지에 의해 일어나는 것이다. 청각에 의존하는 유형은 시각 의존형에 비해 드물게 나타나며, 귀를 통해 기억하고, 언어의 소리를 통해 생각하는 것을 상상한다. 공부한 내용을 기억하기 위해서도 페이지의 생김새가 아니라 언어의 소리를 머릿속에 기억한다.

마음속에 새로운 사실을 덧붙일 때도 이들은 시각적인 기호를 연상하지 않고 사물의 이름과 소리를 구두로 반복한다. 촉각적 이미지에 매우 강한 사람들이 촉각 이미지를 가장 생생하게 느끼는 순간은 우리가 국소 부상을 가까스로 면하거나 남이 부상을 당하는 것을 볼 때이다. 운동 신경의 움직임에 강한 유형의 사람들은 기억, 추론, 그리고 모든 인지 작용에서 움직임으로부터 파생된 이미지를 활용한다."

NLP심리학은 제임스가 이론화한 습관적인 '사고 도구'의 개념을 발전시켜서 사람들의 사고 작용에서의 감각적 차이를 인지하고 활용하는 방법을 연구하여 사람이 어떤 표상체계를 사용하느냐에 따라 언어의 선택이 달라진다는 것도 밝혀냈다. 감각에 기반한 서술어, 즉 "무슨 뜻인지 알아요see", "멋지게 들리는군요sound", "좀 더 좋은 느낌feeling을 가질 필요가 있어" 등의 말들은 그 사람이 어떤 감각을 사용하는지를 보여주며, 개인마다 감각을 사용하는 능력이 다르다는 것을 알게 해준다.

… 우선 표상체계와 언어 사용

우리는 감각을 통해서 경험을 나타내며, NLP심리학은 감각을 표상체계라고 부른다고 했다. 이제 사람들이 언어를 사용하는 패턴도 VAK 감각에 연결되어 있다는 것을 확인할 수 있다.

우리가 사용하는 일상의 언어는 선호하는 우선 표상체계에 대한 단서를 제공한다. 커뮤니케이션 기술을 향상시키기 위해서 사람들이 사용하는 단어를 잘 들어보면, 그들의 머릿속에서 무엇이 진행되고 있는지, 그들이 이미지, 말이나 또는 소리에 더 반응할 것인지 알게 될 것이다.

상대의 머릿속에 있는 지도가 지금 이 순간에 주로 시각을 통해서 만들어지고 있는지, 청각에 의해 만들어지는지, 신체 감각에 의해 만들어지는지를 구별해서 그것에 맞추어 말에 대한 보조를 맞추어 가는 Pacing을 행한다는 것이 NLP심리학의 효과적인 커뮤니케이션법과 래포의 시작이다.

예를 들면 상담하기 위해 온 내담자의 첫마디가 "무슨 일이 잘 안 되네요. 아무리 해도 앞 날이 보이지 않아요." 라고 한다면, 이때 키워드는 '보인다'고 하는 단어일 수 있다. 이 사람은 시각을 우선하는 경향이 있다고 예측할 수 있기 때문에 " 안개가 끼여 있는 것 같습니까?" 라고 물으면 "그래요. 한 치 앞도 잘 보이지 않아요." 라는 식으로 시각적 이미지를 떠올려서 대화를 이끌어 갈 수 있다.

만약 신체 감각을 우선하는 경향의 내담자는 아마 "불안해요. 자신감이 없어요." 라는 식으로 말하게 될 것이다. 이러한 VAK표상체계를 이해하면 자신과 다른 사람들이 자신들의 세계를 어떤 식으로 인식하고 있는가를 알 수 있고, 그것에 대해 유연하게 대처할 수 있다. VAK는 확실히 그것을 위한 정보를 식별하는 방법론이다.

우리는 매일의 의사소통에서 세 가지 감각, 즉 시각, 청각, 신체 감각을 빈번하게 사용한다. 사람들은 자신이 선호하는 우선적 표상체계를 나타내는 언어를 사용하여 누군가에게 말을 한다는 것을 인식하고, 상대방의 언어 선호를 주의깊게 듣고 확인하고 나서 자신의 언어 패턴을 그것에 적응시킨다면 그들과 조화되며 유사한 언어 패턴을 통해 래포를 증진시키고 의사소통을 향상시킬 것이다.

다음의 표에서 우리 자신이 어떤 감각을 선호하는지를 확인하기 위해서 우리 자신이 가장 빈번하게 사용하는 말이 어떠한 것인지 생각해

보자. 나는 시각적인 말을 자주 사용하는가, 청각적인 말 아니면 신체감각적인 말을 자주 사용하는가?

VAK 선호에 따른 언어들

시각적	청각적	신체 감각적
'네 말뜻이 분명해 보여'	'무슨 말을 하는지 듣고 있다'	'맞붙어 싸워라'
'그런 것 같아 보여요'		'골칫거리야 짜증나'
'현실 엿보기'	'내가 묻고 있는 것은~~'	'매우 견고해'
'윤곽이 뚜렷해'	'누가 지시했지?'	'조직을 운영하다'
'눈요기'	'소리를 조율해'	'급소를 찔렀어'
'시야가 좁아'	'소리가 맑아'	'불쌍히 여겨'
'그게 옳아 보여'	'그거 사실같이 들린다'	'그거 사실같이 들린다'
'증거를 보여줘'	'종소리가 울린다'	'느낌이 좋아'
'장기적 시각을 갖자'	'새 아이디어로 조율해'	'그거 다루기 쉽다는 거 알아'
'마음의 눈으로'	'사람들이 나가는 소리를 들어야 해'	
'그림같이 떠올라요'		'지겨워'
'그걸 상상할 수 있어'	'우연히 엿들었지'	'공감할 수 있어요'
'이 물건 좀 봐 줘'	'그는 우리와 주파수가 달라'	'그 요령을 터득했어'
'희미한 기억이야'		'삶의 균형을 유지해'
	'반가운 소리네'	'새로운 추세를 파악하라'
	'심금을 울린다'	'네가 옳다고 느껴'
	'파장이 안 맞아'	

그런데 우리들이 쓰는 단어들은 실제로 감각들과 아무 연관이 없는 것들도 많다. 그것들은 감각적이 아니며 중립적이기 때문에 누군가의 표상체계와 관계되지도 않고 단절되지도 않을 것이다. 중립적 단어

들은 분석하다, 대답하다, 질문하다, 선택하다, 의사 전달하다, 교육하다, 경험하다, 상상하다, 배우다, 묻다, 기억하다, 변화시키다, 이해하다, 생각하다, 사용하다 등을 포함한다. 사람들의 생각과 말이 매우 논리적이고 개념적이고 감각적 언어가 결여된 때, NLP심리학에서는 이것을 '디지털 처리Digital Processing' 또는 '청각 디지털Auditory Digital', '내적 대화형'이라고 부르는 데 이것은 커뮤니케이션에서 극히 문제를 일으키기 쉬운 경향이 있다.

VAK 감각 표상체계를 나타내는 술어들

시각적인 술어	본다, 바라본다, 그린다, 이미지, 주목하다, 묘사하다, 꿰뚫어보다, 분별하다, 확실히, 흐릿하게, 색, 색채, 그림, 영상, 광경, 장면, 상상하다, 시점, 관점, 맹점, 명확히 하다, 초점을 맞추다, 빛나다, 부옇게 보이다, 밝다, 어둡다, 선명한, 눈에 띄다, 드러나다, 눈에 떠오르다, 멀리 내다보다, 조망하다, 내려다보다, 반영, 공백, 암운이 짙다, 시선을 향하다, 감정하다, 통찰하다, 식견이 있다. 보여주다, 화상 재현하다, 지켜보다, 관찰하다, 불을 켜다, 비추다, 살피다, 나타나다, 눈에 보이다, 그림을 상상하다, 각도를 재다, 그림자를 드리우다, 담 너머를 보다, 현란한, 틀을 짜다, 밝은, 맑은, 화려한, 어둠침침한, 관점, 비전, 통찰력, 조명하다, 그래픽, 텅 빈…
청각적인 술어	듣다, 말하다, 이야기하다, 회화, 대화, 고하다, 언급하다, 알아듣다, 귀를 빌리다, 상담하다, 마음에 울리다, 음, 음색, 소리, 목소리, 어조, 무언, 침묵, 조용한, 단조로운, 묻다, 소문, 몰아세우다, 전대미문, 울리다, 잡음, 공명하다, 조화하다, 여운이 남다, 불협화음, 반향을 부르다, 논의하다, 비평하다, 말솜씨, 치면 울린다, 액센트, 리듬, 칭찬 듣다, 하모니, 톤, 성내다, 경고하다, 가르치다, 노래 부르다, 가락을 바꾸다, 표명하다, 설명하다, 놀라다, 외치다, 속삭이다, 동조하다, 말다툼하다, 묻다, 토의하다, 시끄러운, 멜로디, 고함치다, 목소리, 울려 퍼지다

촉각적인 술어	만지다, 취급하다, 느끼다, 매끈하다, 잡다, 쥐다, 파악하다, 누르다, 압력이 강하다, 압력, 압박, 위압, 감각, 감정, 감촉, 긴장하다, 열중하다, 대응, 손에 넣다, 손에 땀을 쥐다, 손에 닿지 않다, 온화한, 냉혹한, 즐겁다, 괴롭다, 무거운 짐이 되다, 가벼운, 민감한, 자극적인, 공격적인, 강건한, 기분, 필링, 스무스, 피부가 맞닿다, 피부로 느끼다, 기분 좋다, 감정이 넘치다, 빼먹다. 손대다, 차갑다, 걷다, 감당하다, 비틀다, 쓰다듬다, 뜨거운, 건조한, 손을 뻗다, 오싹하다, 껴안다, 습하다, 쇼크, 밀다, 마사지, 매끈하다, 부드러운, 간지럽다, 확실히 하다, 짐을 지다, 단단한, 짓밟다, 낚아채다, 움직임, 견고한, 자신만만한

… 우선 표상체계와 신체 언어 및 눈동자 움직임

신체 언어Body language도 사람들의 우선 표상체계 이해에 좋은 단서를 제공한다. 사람들의 우선 표상체계에 따라서 호흡, 자세, 체형, 목소리 톤과 속도가 다양하다. NLP심리학의 초기 창시자와 연구자들은 사람들이 어느 표상체계에 접근하는가에 따라서 눈동자가 체계적 방향으로 움직이는 것을 관찰해 냈다.

이것은 사람들이 질문에 답하여 눈동자를 움직일 때, 즉 시선이 향하는 곳을 말하는데, 사람들의 눈이 어떻게 움직이는가, 즉 시선이 어디로 향하는지를 알면, 우리는 그들을 정확히 조준하여 표정을 읽고 그들이 심상 이미지로 생각하고 있는지 또는 소리나 느낌으로 생각하고 있는지를 판단할 수 있다. 이것은 그 사람들이 어느 표상체계를 사용하는지, 그리고 우리에게 긍정적으로 반응하도록 하는 방법을 말 한마디 하지 않고도 알 수 있는 대단한 기회를 가질 수 있다는 것이다. 다음은 어떤 눈동자의 움직임이 어느 표상체계와 연관되어 있는지를 개략적으로 정리한 것이다.(집단에서 3인씩 짝을 이루어 언어 제시자, 행위자, 관찰자가 되어 실험해볼 수 있다.)

접근 단서들			
패턴	상대의 눈동자 움직임(시선)	내면에서 일어나고 있는 것	언어의 실 예
시각적 구상	오른쪽 위로	새롭거나 다른 이미지를 보기	생크림 케이크를 뒤집어 쓴 아이를 생각해 보라.
시각적 기억	왼쪽 위로	전에 보았던 이미지 보기	너의 1학년 때 짝꿍 얼굴을 생각해 보라.
시각적	앞 허공 응시	새롭거나 오래된 이미지 보기	뭐가 중요한지 봐.
청각적 구상	오른쪽 중앙	새롭거나 다른 소리 듣기	이름을 거꾸로 말해
청각적 기억	왼쪽 중앙	전에 들었던 소리 기억하기	너희 집 초인종 소리는?
청각 디지탈 (내적 대화)	왼쪽 아래로	자신에게 대화하기	원하는 게 뭔지 자신에게 물어라.
신체 감각적	오른쪽 아래로	느낌, 감정, 촉각	네 옷의 감촉이 좋지?

눈동자 움직임에 대한 연습은 다음 편에서 더 자세히 다루게 될 것이다.

… 우선 표상체계를 추측할 수 있는 단서

VAK우선 표상체계는 유형 분류도 아니며, 순간적으로 "이 사람은 시각적 우선 표상체계를 쓰는 사람들이구나!" 라고 파악할 수 있는 것도 아니다. 실제로는 너무 복잡하고 때로는 변화하기 때문이다. 예를 들면, 즐거운 추억을 이야기할 때는 시각과 신체 감각을 우선하는 사람이라 할지라도, 아픔이 따르는 떠올리고 싶지 않은 사건을 추억할 때는 청각을 우선해서 논리적인 표현을 하는 경우들이 종종 있기 때문이다.

그러므로 중요한 것은 역시 관찰력이다. 상대방이 내보내는 정보를 총괄적으로 수집하고 "저 사람은 머릿속에서 지금 이미지를 보고 있네." 또는 "소리와 메시지를 듣고 있구나." 라고 순간적으로 판단하여 유연하게 자신의 접근을 변화시켜 갈 수 있는 능력이 필요한 것이다.

그럼 어떤 점에 관찰력을 집중할 필요가 있을까? NLP심리학에서는 관찰의 지표로 삼을 수 있는 몇 가지를 명확히 하고 있다.

그 중 하나는 앞에서 분류했던 술어로 사용하는 단어들Predicates이다. 시각적 우선 표상체계를 쓰는 사람들은 본다·상상한다 등의 시각적 단어를, 청각 우선형 사람들은 듣다·말한다, 신체 감각형 사람들은 느낀다·부드럽다 등의 단어를 많이 사용하는 경향이 있다. 그렇다고 어휘만으로 금방 '시각이다', '청각이다' 라는 식으로 판단할 수 있는 것이 아니다. 어휘도 하나의 지표에 지나지 않는다.

좀더 구별하기 쉬운 특징은 말하는 속도이다. 시각적 우선 표상체계를 쓰는 사람들은 이미지가 가득 보인다는 것으로 보아 어떻게든 그것들을 모두 전달하려고 하기 때문에 '빨리' 말하는 경향이 있다. 신체 감각 우선형 사람들은 정보를 "어떤 느낌일까?" 하고 맛보고 있기 때문에 말의 속도가 느리게 된다. 청각 우선형 사람들은 듣는 일에 집중하므로 말하는 속도는 보통이다.

아래의 표는 어떤 표상체계를 우선적으로 사용하는지를 추측할 수 있는 언어 단서인 '술어predicates'와 비언어적 단서들이다.

우선 표상체계를 추측할 수 있는 단서들

언어에 의한 단서	VAK 술어선택(VAK Predicate Preference)
비언어에 의한 단서	접근 단서들
	(1) 눈동자의 움직임(eye movements)
	(2) 신체의 자세(body posture)
	(3) 호흡의 패턴(breathing patterns)
	(4) 제스처(gestures)
	(5) 목소리 톤과 템포(Voice tone and tempo)
	(6) 기타

■■ 우선 표상체계에 따른 개인 특성과 그 대응책

… 시각적 우선 표상체계를 쓰는 사람들은?

우리들 각자는 시각·청각·신체 감각 중에 어느 감각을 우선해서 우리의 지도를 만들어내는 경향이 있을까? 우선 자신의 인식과정을 먼저 파악하고 그 경향과 주의점을 알아낸 다음에 다른 사람들에 대한 이해 방법을 헤아려 가는 것이 중요하다.

시각적 우선 표상체계를 쓰는 사람들은 주변의 정보를 끊이지 않고 보는 경향이 있기 때문에 말이 빠른 편이고 머릿속의 이미지가 바뀌는 것에 따라 말이 거침없이 날아가는 경향이 있다. 더구나 대화를 할 때는 상대방의 말을 절반만 듣거나 자신에게 보이는 것만 취하려고 하기 때문에 일방적인 커뮤니케이션이 되는 경향이 있기 쉬우므로 주의해야 한다. 조직 속에서 아랫사람의 말을 잘 들어주지 않고 눈에 보이는 결과만을 추구하는 VAK의 차이 때문에 마찰이 있거나 안절부절하며 조바심을 안고 있을 가능성이 있다는 점을 유념해야 한다.

어쨌든 정보를 인식하는 양이 많고 움직임이 빠른 편인 데다가 눈에 보이는 결과를 중시하여 실제로 출세한 사람들 중에는 시각적 우선 표상체계를 쓰는 사람들이 많다고 한다. 또 외관을 중시하여 옷차림과 정리정돈에 신경을 쓰는 면이 강하다. 그래서 사람을 그냥 외모로 단정해 버리거나, 상황 판단도 눈에 보이는 형태로 구체적인 변화가 일어나지 않으면 좀처럼 인정하지 않는 것이 결점이 될 수도 있다. 그러나 미래상을 그려내는 힘은 뛰어난 편이므로 좋은 방향으로 발달시키면 리더십을 발휘할 수 있을 것이다.

시각적 우선 표상체계를 쓰는 사람의 특성

- 시각을 확보하기 위해서 상체와 머리를 똑바로 하고 서있거나 앉아있다.
- 시선은 위쪽 40도 근처를 향하는 경향이 있다.
- 호흡이 얕다.
- 의자에 앉을 때는 상체를 앞으로 내미는 편이다.
- 만약 기억할 때는 이미지로서 생각하고 저장한다.
- 표현은 그래프와 일러스트, 도표 등 시각적 표현을 한다.
- 정리정돈에 마음 쓴다.
- 보이는 것을 중시하여 본 것을 더 잘 기억한다.
- 말이 빠르다.
- 가슴보다 위에서 손이 움직이며, 몸짓·손짓이 크다.
- 이야기가 잘 건너뛴다.
- 의상과 선물에 외관 지향적이다. (정장 차림 선호)
- 언어로 나오는 지시를 깨닫기 어렵다.
- 외견에 마음이 움직이기 쉽다.
- 주변의 소음에 마음이 산만해지지 않는다.
- 결과가 보이지 않으면 하고 싶은 마음이 일지 않는다.

- 가시적 효과를 좋아한다.
- 기분이 여기 저기로 튀기 쉽다.
- 장기적 계획과 조직을 잘한다.
- 시각적 연상으로 암기한다.

… 청각적 우선 표상체계를 쓰는 사람들은?

청각적 우선 표상체계라고 하면 금방 소리와 음악을 상상할 것이다. 분명 음악 듣는 것을 좋아하거나 잡음이 있으면 집중할 수 없다거나 혹은 반대로 너무 조용한 것은 골치 아프다는 식이어서 상대방의 태도와 말씨 등에서 우리는 직감적으로 눈치채지 못하는 일이 많다. 예를 들어 어렸을 때 좋아했던 스웨터 색과 모양을 생각하라고 하면, 시각적 우선 표상체계를 쓰는 사람은 금방 그 이미지를 상상한다.

신체 감각적 우선 표상체계를 쓰는 사람은 '기분이 좋았다' 라든지 '따뜻했다'라는 느낌에서 연상한다. 그러나 청각적 우선 표상체계를 쓰는 사람은 과거에 누군가가 '이 스웨터는 너한테 잘 어울려.'라고 들었던 말이나 누군가로부터 선물로 받았던 정보에서 접근한다. 따라서 청각적 우선 표상체계를 쓰는 사람의 큰 특징은 무엇보다도 정보와 사실, 말로 들었던 것에서 인식하며, 지극히 논리적인 사고 과정을 가지고 있는 것이 특징으로 깊은 학식과 지식 편중을 지향하는 편이다.

직선적으로 상대의 말에 반응해 버리는 경향도 있고, 자신이 말할 때에는 말이 자신이 하고 싶은 대로 잘 안 나온다고 생각하기 때문에 '에— 또—' 또는 '아—'라는 비언어를 습관적으로 쓰기도 한다.

항상 논리적이고 현상 분석에는 뛰어나지만 유명인들 사이에서 나도는 평판 등 권위나 풍문에 약하고, 지금까지 경험하지 않은 것을 상상하는 것은 어렵기 때문에 좀처럼 장래 비전을 그려낼 수 없다. 그러나 좋아하는 음악과 배경 음을 함께 연동시켜 가면서 구체적인 이미지를 그리는 훈련을 받게 되면 논리와 감성을 연결시켜 목표 지향적이 될 수 있을 것이다.

청각적 우선 표상체계를 쓰는 사람의 특성

- 눈을 좌우로 잘 움직인다.
- 가슴으로 고르게 호흡한다.
- 음에 민감하며, 잡음이 있으면 집중할 수 없다.
- 음악 듣는 것을 좋아한다.
- 전화로 이야기 하는 것을 좋아한다.
- 목소리의 고저와 말에 쉽게 반응한다.
- 언어를 중요시 하며 논리적이다.
- 자문 자답 하기도 하고 걱정이 있을 때는 자기 대화(Self talk) 한다.
- 언어로 전달되는 것을 그대로 반복하는 것도 쉽게 할 수 있다.
- 남의 인정과 칭찬 듣는 것을 좋아한다.
- 들어서 학습하는 것이 자신 있다.
- 권위에 약하다.
- 말에 모순이 있는 것을 싫어한다.
- 깊은 학식을 말하기 좋아한다.
- 한 손을 얼굴에 대고 머리는 한쪽으로 한 채 팔짱을 끼고서 말한다.

… 신체 감각적 우선 표상체계를 쓰는 사람들은?

신체 감각적 우선 표상체계를 쓰는 사람은 몸 전체로 느껴서 사물을 파악하는 경향이 있다. 시각적 우선과 청각적 우선 표상체계를 쓰는 사람에게는 알기 어렵겠지만 커뮤니케이션 능력을 높이고 싶다면 우선 그 말의 의미를 자신이 음미하고 "그게 어떤 느낌일까? 상대가 자신의 말을 이해해 주면 기분이 좋을까?" 라고 하는 일종의 시뮬레이션을 행해 본다. 그래서 "아무래도 기분이 좋은 것 같다. 커뮤니케이션 능력을 역시 높이고 싶다!" 라고 인식한다.

따라서 아무래도 판단은 시각 우선이나 청각적 우선 표상체계를 쓰는 사람보다 한 템포 느리게 된다. 그래서 말하는 방법도 느릴 수밖에 없다. 시각적 우선 표상체계를 쓰는 사람과 청각적 우선 표상체계를 쓰는 사람이 신체 감각으로 느끼는 것은 큰 변화이므로 다른 사람의 과정을 실감해 본다고 하면 뛰어난 감성을 가진 사람의 기분을 헤아리는 사람이 될 수 있다.

신체 감각 우선인 사람은 개성적인 사람이 많고 상처받기 쉽다. 무엇보다도 기분 좋은 것을 구해서 라이프 스타일을 만들어가므로 패션 감각에 독특한 개성을 나타내며, 자기 방식에 구애되는 일이 다분하다. 또 신체를 움직이는 것과 생각하기를 연동시키는 사람도 많이 볼 수 있어서 '동작하면서 무언가를 배우는' 초감각적인 사람도 간혹 있다. 게다가 비교적 다른 사람들과 가까이에 위치를 잡고 신체를 만지거나 내면으로 느껴보면서 이해하기 때문에 사물에 대해서 몸을 가깝게 하려는 경향을 나타낸다. 언어화하는 데에 시간이 걸리기 때문에 많은 정보를 신체 감각에 의해 한 순간 내에 손에 넣고 있기 때문에 신체 감각 우선인 사람에게는 천천히 사이를 두고 이해해 주는 것이 필요하다. 특히 느끼기 쉽기 때문에 상처받기 쉬우며, 골칫거리 의식을 가지기도 하고 트라우마 같은 마음의 상처를 받기 쉽다.

신체 감각적 우선 표상체계를 쓰는 사람들의 특성

- 눈을 아래쪽으로 움직이기 쉽다.
- 움직이거나 말하는 속도가 느리다.
- 감촉이나 서로 접촉하는 것에 반응하기 쉽다.
- 시각 우선인 사람보다도 다른 사람 가까이에 서려고 한다.
- 감촉과 느낌에 흥미를 가진다.
- 무언가를 하거나 신체를 움직이는 것으로 사물을 기억하기 쉽다.
- 배로 하는 호흡을 관찰하기 쉽다.
- 목소리 톤은 낮고 차분하다.
- 한가지 것을 꼼꼼히 맛보는 것을 좋아한다.
- 남이 빠른 말로 이야기를 하면 정보 처리를 쫓아가지 못한 적이 있다.
- 편안한 느낌을 주는 장소를 선호한다.
- 자연 그대로의 상태를 좋아한다.
- 절차를 중시하여 결과보다는 과정을 소중히 생각한다.

… 내적 대화 우선 표상체계를 쓰는 사람들은?

청각 디지털인 사람은 양육에 의한 것인지 어떤 것인지 모르겠지만, 감정과 감각적인 것을 배제하는 경향이 있다. 오감을 통해서 외부와 관계하는 것을 극력 차단해서 자신 내부만의 말로 자신의 세계를 만들고 있다. 그렇기 때문에 매우 독선적이어서 다른 사람의 기분과 감정, 본뜻을 이해하려고 하지도 않으며, 어느 것인지 자기 의견을 말하고 각자의 의견을 듣고 일의 성과를 내는 데에 방해된다면 변명할 여지도 주지 않고 엄하게 나무라는 경향이 있다. 얼핏 보면 논리적인 것처럼 보이나 자기 논리를 고집하는 경향이 강하며, '알았어' 라는 말로 강하게 끝맺음 하는 특징이 있다. 청각 디지털 경향이 있는 사람들의 경우는 래포를 구축한다는 노력이 헛되이 되어 버릴 우려가 있기 때문에 신체를 움직이고 오감에 있는 자신의 감정을 맛볼 기회를 줄 필요가 있다. 이 사람들이 많이 사용하는 서술어와 그 특성을 정리하면 다음과 같다.

내적 대화 우선 표상체계를 쓰는 사람들의 특성과 서술어

- 말의 논리성을 우선으로 생각한다.
- 혼자 자기대화를 하고 있는 시간이 많다.
- 타인의 말이 사리에 맞는지 어떤지, 이치에 적합해 있는지 어떤지에 관심 있다.
- 말하는 방법이 안정되어서 긴 문장과 복잡한 문장을 말하는 능력이 있다.
- 감정을 배제하고 있는 편이다.
- 쓸데없이 모든 일에 이론만 따지는 경우가 있다.
- 감정, 감각적인 것에는 질색이다.
- 서술어(Predicates) --- 깨닫다, 의미하다, 생각하다, 사용하다, 가능하게 하다, 변화하다, 동기, 탐색, 발견, 개발, 이해, 능력, 배우다, 질서, 실현, 도전, 진화, 존경, 달성, 밸런스, 통합하다, 말이 막히다.

감각정보를 바꾸면
생각도 바뀐다

외부의 정보는 신체의 각 감각기관으로 받아들여져서 몇몇 중계 핵을 경유한 후에 대뇌 피질에 존재하는 각각의 감각 중추 그리고 연합령에 전달되어 시각, 청각, 신체감각, 후각, 미각 등이 인지된다. 대뇌피질에서 인지된 감각 정보는 대뇌 변연계와 시상하부에서 '가치 평가' 및 '의미 인지'가 행해져서 감정과 행동 발현의 기반이 형성된다.

이 감각기와 고차 중추들을 결합하는 신경회로는 유전적 정보와 발달기의 환경 등 외부 자극에 의해 형성된다고 한다. 이와같이 대뇌 피질에서 인지하게 되는 감각 정보시, 청, 촉, 미, 후각를 심리학과 언어학 분야에서는 감각 양식Sensory Modality 또는 간단히 '양식Modality'이라고 부른다.

각각의 표상체계는 그것이 감각한 경험들의 기본적인 특성을 인식하는 것으로 고안되어 있다. 이것들은 색, 밝기, 톤, 시끄러운 정도, 온도, 압력 등과 같은 특성들을 포함한다.

이와같은 특성들을 NLP에서는 각 표상체계의 하위 요소들이기 때문에 '세부 감각 양식들'이라 한다. 사람들은 이와 같은 감각 특성들, 즉 특정한 정신적인 일을 수행하기 위한 능력을 결정하는 중요한 요소들인 이러한 감각적 특성을 찾아내거나 조작하는 능력은 사람들마다 다르다. 우리의 마음에 가장 중요한 것은 일 그 자체가 아니라 일의 감각적 특성에 관한 정보이다.

사실상 NLP의 많은 테크닉들은 특정한 기억이나 생각에 대한 반응을 바꾸기 위하여 사람들의 정신적인 표상인 세부 감각 양식의 특성을 의식적으로 바꾸는 것을 기본으로 한다.

사람들이 보고 듣고 느끼는 각양각색의 인식들은 세부 감각 양식 Submodalities들로 정교한 구별화가 되며, 긍정적·부정적 상황에 대처할 때 느낌이나 감정을 변화시키기 위해 세부사항에 적응시켜서 세부 감각 양식들을 의도적으로 바꾸어서 세밀히 조절할 수 있다.

예를 들면 현재 품고 있는 문제를 머릿속에서 영상화해서 마음속의 이미지를 색칠된 것에서 흑백으로, 또는 작게 멀리 어둡게 바꾸어서 덜 선명하게 되면 감정에서 자신을 분리시킨 상황에서 한발 뒤로 물러나 심리적·신체적 반응을 즉시 변화시킬 수 있다. 또는 만화 속 인물 같은 다른 사람을 상상하여 도전 상황 속에 유머를 가져올 수 있다.

NLP에서는 상황Context 요소에 있는 세부 감각 양식을 바꾼다고 하는 테크닉을 개발해서 불안하고 슬픈 상태를 안심되고 기쁜 상태로 바꾸기도 하고, 일과 학습에서 높은 성과를 발휘하고 바라는 상태로 변화시킬 수 있다. NLP 공동 창시자의 한 사람인 리처드 밴들러는 인간의 두뇌 기능에 홀로그램의 원리를 응용하는 일에서 이러한 세부 감각 양식을 개발했다고 한다.

세부 감각 양식

시각적 세부 감각 양식	청각적 세부 감각 양식	신체 감각적 세부감각양식
색깔인가, 흑백인가	소리가 큰가, 부드러운가	뜨거운가, 차거운가
밝은가, 어두운가	톤은 부드러운가, 거친가	위치
또렷한가, 희미한가	기간 ,위치, 거리,	강하고 단단한가, 아닌가
동영상인가, 정지 화상인가	스테레오인가, 모노인가	짜임새가 거친가, 매끄러운가
가까운가, 멀리 있는가	가사가 있는가, 음악소리인가	무거운가, 가벼운가
큰가, 작은가(size)	음이 높은가, 낮은가	딱딱한가, 부드러운가
액자로 되었는가	템포 · 리듬이 빠른가, 느린가	범위는 넓은가, 좁은가
파노라마인가		축축한가, 건조한가
2차원인가, 3차원인가		움직임이 있는가, 없는가
위치는?		크기, 기간

감각의 지향성이
성격을 만든다

우리의 감각사용은 *외부세계에서 정보를 취하여 *뇌가 이미 받아들인 정보를 기억 또는 상기하고 *전에 경험해 본적이 없는 새로운 정보를 생각하거나 함께 합쳐서 구성, 상상하기 위한 방향으로 잘 할 수 있는 3가지 방법이 있다.

분명히 외부 환경에 대응하기 위해서 기억과 미래의 구성을 어떻게 짜맞추느냐에 기초하여 우리의 삶을 이끌어간다.

NLP심리학에서는 e, r 그리고 c와 같은 약자를 사용하여 'external은 외부환경, remembered는 기억된, 아니면 constructed는 구성된'의 의미의 약어를 사용한다. 만약에 이러한 지향성이 구성되고 기억되는 데에 불분명하거나 중요하지 않다면 i를 (i)nternal orientation내부 지향성이라는 약어로 사용할 것이다.

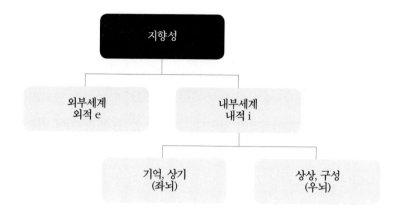

<그림14> 우리의 표상 채널은 여러 지향성을 가지고 있다.

사람들이 가지고 있는 지향성의 능력은 개인차가 있기 때문에 한 가지 이상의 감각을 가지고 예리한 외부적 관찰을 할 수 있는 능력을 가진 사람도 있지만, 때로는 하나의 지향성이 다른 지향성의 발달을 저해하기도 한다. 예를 들면, 매우 정확한 사진처럼 기억Vr하는 능력을 가진 사람이지만 상상적Vc이지 못하다든가, 매우 창의적이지만 종종 세세한 부분을 기억하지 못하고 약속을 잊어버리기 일쑤이다. 공교롭게도 이 두 능력은 뇌의 각각 다른 부분과 연결이 되어있다.

표상체계의 발달은 정보를 시스템 안에서 조작하거나, 조직화하거나, 종합하거나 구별세부 감각 양식들, 지향성 등하는 능력으로 결정된다. 표상체계에 있어서의 의식은 사람들이 그 시스템을 통하여 처리되고 있는 정보를 매우 많이 의식하고 있는 작용이다. 그래서 언어 구사 능력은 발달되었지만 그들의 행동과는 거의 관계가 없는 사람들도 많이 볼 수 있다.<그림 14 참조>

어떤 사람은 아마도 그 느낌을 매우 의식할 수 있지만 그 느낌을 잘 다룰 수 있는 능력이 없는 사람들도 있다. 마찬가지로 어떠한 사람이 시각적인 상상력을 만들거나 반응하는 데 매우 잘 발달된 능력을 가질 수 있지만, 내부의 이미지들을 만드는 것에 대해서 전혀 의식적인 인식이 없는 것과 같다. 누군가에 있어 한 가지의 표상체계가 가장 발달되거나, 가장 존중되고, 가장 의식적인 것으로 가질 수 있다. 또한 이런 기능들이 각각 다른 감각 체계를 포함하는 일도 일어날 수 있다. 예를 들면, 어떠한 사람이 말과 소리를 가장 잘 다룰 수 있고 가장 흔히 촉감에 대응하지만 본것들을 가장 의식적으로 알고 있다.

어떠한 과업에 대한 적성을 결정하는 것 외에도 특정한 표상체계의 지향성에 있어 과잉 또는 과소 발달은 많은 기본적인 성격의 기초를 형성하기도 한다.

chapter **6**

감각의 연결은
지능과 성격을 형성한다

연결Links은 어떻게 특정한 단계나 감각적 표상이 다른 표상들과 연결되어 있는지와 관계가 있다. 예를 들면 외부 환경에서 본 것이 내면 감정이나 기억된 이미지와 말들과 연결되어 있는가? 어떤 특별한 느낌이 이미지나 소리를 구상하거나 다른 기억나는 느낌과 어떻게 연결이 되어 있는가와 관계가 있다.

각각의 감각 단계가 그 앞에 그리고 그 뒤에 오는 단계에 연결되는 방법과 순서는 하나의 중요한 사고의 특징이다. 표상들을 함께 연결할 수 있는 기본적인 두 가지 방법은 순차적인 것과 동시적인 것이 있다.

██ 디지털 연결

순차적인 연결은 보통 '디지털' 코딩의 기능과 연결되어 있다. 표상들이 순차적으로 연결이 될 때, 그것은 앵커나 자극제로서 작용하므로 한 가지 표상은 또 다른 직선적 연쇄 사건들을 따라간다.<그림 15 참조>

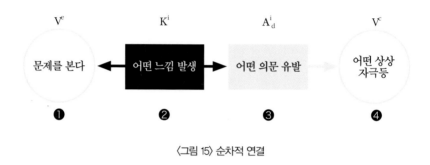

〈그림 15〉 순차적 연결

디지털 코딩은 자극이나 스위치 같은 기본적으로 기능을 하는 연결로서, 특정한 절차를 실행하거나 멈출 수가 있다. 자극제나 유발제 구실을 하는 표상과 반응으로서 일어나는 표상들 사이에 중복이란 없다. 대부분의 언어적이거나 상징적인 단서들은 디지털 연결을 형성한다.

예를 들면, '고양이'라는 단어는 실질적으로 고양이가 내는 소리와 다르다. 털을 느끼거나, 소리를 내거나, 그 단어가 네 다리이거나, 수염이나 꼬리 등을 표현하지도 않는다. 그 단어가 우리에게 특정하게 머리에서 그려지는 그림이나 소리, 느낌에 접속할 수 있는 단서가 된다.

■■ 아날로그 연결

동시적인 연결은 '아날로그' 코딩에서의 기능과 연결되어 있다. 아날로그 연결에 있어서는 함께 연결된 정신적인 과정들 사이에 중첩되는 부분이 있다. 디지털 연결과는 달리 아날로그로 함께 연결된 두 개의 표상은 서로에게 차지하는 부분의 양은 매번 다르다. 예를 들면 어떤 사람들은 본 것과 느낀 것 사이에 서로 중첩 부분을 경험한다. 예를 들면 무용가들은 다른 사람들이 춤을 추고 있는 것을 볼 때 같은 느낌을 느끼며, 보고 있는 움직임이 점점 격렬해지면 그들의 감정도 더욱 격렬해진다고 한다. NLP심리학에서는 이와 같은 연결을 '보고-느낌see-feel'의 중첩이라고 한다. 음악가도 이와 비슷하게 음성과 이미지 사이에 중첩 연결을 느낄 수 있으며 '듣고-보고hear-see'의 중첩이라고 부른다.

함께 연결된 단계들의 특정 순서는 전략적인 효과성에 매우 영향력 있는 요소이다. 예를 들면 보고-느끼고의 연결은 예술 비평이나 작품 편집 같은 평가적인 기능에 더 알맞고, 반면에 느끼고-보고의 연결은 예술작품을 창조하거나 브레인스토밍 같은 생산적인 기능에 알맞을 것이다. 동시적인 아날로그 연결들은 종종 공감각들로서 일어난다. 공감각들은 감각 표상들 사이에 진행중인 중첩과 관계가 있다.

■■ 공감각(Synesthesia)

NLP심리학에서 '공감각'이라는 용어는 종종 하나의 감각으로부터 나온 정보를 다른 양식의 정보로 중첩되는 과정을 말하며, '감각들의 종합'이라는 문자적 의미를 가진다. 두 가지의 경험들은 함께 중첩되어서 구별하고 분리하기가 어렵다. 공감각의 패턴은 어떤 정신적 기능이 수행될 때의 용이함과 효과성을 결정하는 데 있어서 매우 중요한 요소이다. 다른 인지적 능력들과 함께 다양한 공감각 관계에서의 강점은 사람마다 다양하다. 많은 면에서 이들은 기본적으로 신경학적인 작용이며 한 개인의 선천적인 능력을 결정하고 지능과 성격을 형성하는 근본적인 주춧돌이다.<그림 16 참조>

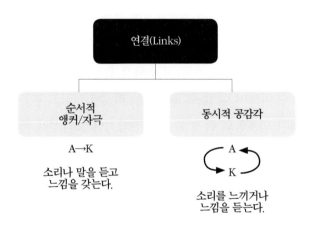

〈그림 16〉 R.O.L.E. 모델에서의 연결 유형

목표를 달성하기 위한
감각 훈련법

효과Effect는 사고과정에서 각 단계의 결과, 효과나 목적들과 관련이 있다. 효과의 AEIOU 단계들은 (a)ccess- 연상과정과 지각 필터의 적용을 통해 정보에 접근하는 것, (e)valuate-정보를 어떤 기준이나 요소와 비교하거나 테스트해서 정보 평가 및 판단하는 것, (i)nput- 정보를 외부 환경에서부터 정보를 입력하는 것, (o)rganize -특정한 구조로 정보를 배열하여 정리하는 것, (u)tilize -어떤 것을 표현하거나 바꾸기 위해 외부적 환경의 어떤 면을 활용하는 것이라고 할 수 있다.

이 단계의 기능은 감각적인 표상을 생성하거나 입력하고 특정 감각적 표상을 시험하거나 평가하거나 감각 표상에 경험이나 행동의 일부분을 바꾸기 위해 작용하는 것이 될 수 있다.

다른 ROLE 모델 요소들도 그렇듯이, 사람들은 미래 목표를 확고히 하는 능력과 유연성, 그 목표를 달성하기 위한 수단을 다양화하기 위한 선택과 유연성에 있어서 서로 다르다. 사고 전략을 구성하기 위해 이러한 여러 단계들을 함께 어떻게 결합할 것인가에 대한 감각을 기르는 것이 좋다.

- 자신이 창의적이고 유연해질 수 있는 상황은?
- 이 상황에서 자신이 달성하고자 하는 목적이나 목표는 무엇인가?
- 그 목표를 달성하고 있다는 것을 아는 증거로 무엇을 들겠는가
- 목표를 이루기 위해 이 상황에서 사용할 수 있는 어떤 구체적인 단계와 활동은?
- 이 상황에서 목표를 이루는 데 있어서 예기치 못한 문제나 어려움을 경험할 때 자신의 반응은? 그것들을 바로잡기 위해 어떤 구체적인 활동과 조치를 취할 것인가?

위대한 사람들의
사고 전략

사람들은 닥치는 대로 우연한 교제나 반사작용을 통해 유능하게 행동하게 되지 않는다. 유능한 사람들은 문제를 풀고, 의사 결정을 하고 계획을 창안하기 위해 지속적이고 단계적인 절차를 전개해 나간다. 이러한 구체적·정신적 단계의 순서를 전략이라고 한다.

즉, 구체적인 결과를 달성하기 위해 쓰이는 정신과 행동에 있어서의 명백한 일련의 단계로서 개개인이 효과적인 결과를 달성해내기 위해 자신의 활동을 편성하거나 조직화하기 위해 쓰는, 특수한 정신적 지도라고 할 수 있다. 이러한 전략의 구체적인 단계를 실행하는 데에 쓰이는 것이 바로 표상체계인 것이다.

NLP심리학은 그 사람이 보고, 듣고, 느끼고, 냄새 맡고, 그리고 맛을 보는 감각과 같은 기초적인 신경 과정들을 사용한 방법과 어떻게 이러한 과정들이 형성되고, 언어로 반영되었는지, 그리고 어떻게 두 개가 하나의 특정한 프로그램이나 전략을 만들어내기 위해 결합되는지를 탐구한다. NLP심리학의 모델에 따르면 그것은 주변 세계를 어떻게 지각하고 반응하는지를 대부분 결정하는 정신적인 활동이 짜인 배열 순서 속으로 감각과 언어적 작용을 조직하는 방법이다.

경영자, 교사, 컨설턴트, 변호사 혹은 커뮤니케이션 전문가들의 능력은 그들이 함께 일하고 있는 개개인들의 인지 전략을 확인하는 것이 직업적인 성공의 가장 중대한 요소 중의 하나가 될 수 있다. 전략이 그 내용과는 관계가 없기 때문에 어떤 사람은 그가 어떤 종류의 차를 사려하는지, 메뉴에서 무엇을 먹을 것인지, 어떤 사업 제안을 받아들일 것인지, 또는 어느 대통령 후보에게 지지 투표를 할 것인지를 결정하든 안하든 똑 같은 전략의 순서를 사용할 수도 있다. 사람들이 배우고, 변화를 달성하도록 하는 데에 그러한 전략들을 인식하고 고려하는 것은 중요한 요소가 될 수 있다.

눈동자의 움직임과 술어Predicates와 같은 많은 언어적, 비언어적 지표들에 대해 설명했듯이 그 지표들은 의식적인 작용이 개입되었든 안되었든, 한 사람의 정신적인 작용의 파편들을 밝히기 위한 단서들로서 이용될 수 있다.

"나 자신에게 물어봅니다. 다음에 무엇을 해야 하지? 그리고 나서 나는 여러 가지의 가능성을 머릿속에 그려보고, 가장 최선이라고 생각하는 것을 선택하지요."

위에 든 예는 일반적으로 많은 사람들이 하는 말들이다. 여기서도 알수 있듯이, 사람들은 자발적으로 사고 과정을 겪을 때 눈동자의 움직임, 서술 단어들 그리고 다른 접근단서들을 결합시킨다.

대부분 우리의 머릿속에서 일어나는 것에 모든 차이가 달려 있다. 우수한 대가들과 보통 사람들의 차이는 무엇인가? NLP심리학은 본질적으로 우수한 대가들과 보통 사람인 우리들 간에 차이를 만드는 것에 대한 연구이며, 우리는 그 결과에 따라 우수한 대가들을 모델링함으로써 우수해질 수 있다. 이제 우리는 '어떻게'에 대한 문제를 다룰 차례이다.

- 우리는 VAK 표상체계를 사용하여 내적으로 경험을 기록한다. 마음의 눈으로 사물을 보고, 내면의 소리 또는 자기 대화를 들으며, 신체의 근육과 감각과 화학적 행위의 결합인 느낌을 갖는다.
- 상상하고 기대하는 것들과 과거에 있었던 것들을 포함한 모든 경험을 VAK 표상체계로 구성하고 더 나아가 세부 감각 양식들을 활용하여 그것을 변화시킬 수 있다.
- VAK 표상체계는 서로 연결되어 작용하며, 이러한 연결은 더 나은 대안을 제공함으로써 변화시킬 수 있다. 그래서 좋은 느낌을 가진 기분 좋은 선택을 하도록 마음은 코치를 받는다. 마음이 코칭과 연관되는 것은 VAK코드를 바꾸는 것이다. 예를 들어 마음의 눈으로 본 이미지의 밝기, 크기, 위치, 틀, 2차원인가 3차원인가, 움직이는가 정지화상인가, 천연색인가 흑백인가 등의 세부 감각 양식을 변화시키는 것이다. 또한 그 이미지 속에 있는 자신을 바라볼 수도 있고, 그 속에 있을 수도 있다. 그리고 과거, 현재, 미래로 코드화하기도 한다. 이 과정을 도표화하면 다음과 같다.

VAK 코드로 경험을 기록하기

요소	보고, 듣고, 느끼고….	표상체계
각각의 양과 질	밝게, 더 크게, 따뜻하게	세부감각양식
단계의 순서	먼저 보고(시각) 듣고(청각), 그리고 나서 느낀다 (신체감각적)	전략

제 4부

친구를 얻고,
영향력을 갖는 비결

신체적 행동요소
B. A. G. E. L 모델이란?

　　로버트 딜츠^{Robert Dilts}가 개발한 B.A.G.E.L 모델은 타인 내면의 정신적 과정을 확인하기 위해 NLP심리학이 사용하는 주요 행동단서를 식별하는 방법이다.

　　앞에서 설명했던 R.O.L.E. 모델 요소가 주로 인지과정을 다루기 위해서는 그 통합과 표현을 위한 신체적·생리적 과정의 도움이 필요하다. 이러한 신체적 반응은 외부적 관찰과 정신적 과정의 발달과 교육에 중요하다. 이러한 신체적 행동요소는 Body posture^{신체자세}, Accessing cues^{접근단서}, Gestures^{몸짓}, Eye Movements^{눈동자 움직임}, Language Patterns^{언어 패턴}로 B.A.G.E.L 모델이라 부른다.

■■ 신체 자세

사람들은 깊은 생각에 잠길 때 종종 체계적·습관적 자세를 생각하는데, 이것들은 그 사람이 사용하고 있는 표상체계에 관해 많은 것을 나타내 줄 수 있다. 전형적인 예를 들어보면 다음과 같다.

- **시각적 우선 표상체계인 사람** : 머리를 뒤로 기대고 어깨는 위로 또는 둥글게, 호흡은 얕게 한다.
- **청각적 우선 표상체계인 사람** : 몸은 앞으로 하고, 머리는 한쪽으로 기울이고, 어깨는 뒤로 젖히고 팔짱을 낀 자세를 주로 한다.
- **신체감각 우선 표상체계인 사람** : 머리와 어깨는 아래로, 심호흡을 한다.<그림 17 참조>

시각적 자세   청각적 자세   신체 감각적 자세

〈그림 17〉 신체 자세의 특징

■■ 접근단서(accessing cues)

사람들은 생각에 잠길 때 호흡속도, 비언어적인 불평 불만의 신음소

리, 얼굴표정, 손가락 부러뜨리기, 머리 긁적이기 등으로 표상체계에 신호를 하거나 반응을 일으킨다. 이것들은 개인적으로 특유하게 특정한 감각적 과정에 연관되어 있는 것이므로, 그 개인에게 집중해서 무의식적, 비언어적 반응과 표정읽기를 해야 한다. 주요 표상체계시각, 청각, 촉각 중에서 어떤 표상체계를 우선적으로 사용하고 있는지를 추측하기 위해 무의식 레벨에서 일어나는 눈동자의 움직임, 신체 자세, 호흡 패턴, 제스처, 목소리 톤과 템포 등을 단서로 할 수 있다. NLP심리학에서는 이것을 접근 단서accessing cues라고 부른다.

접근 단서들의 예로서 NLP심리학에서 가장 중요한 접근 단서인 눈동자의 움직임에 관해서는 따로 다루게 되며, 신체의 특징(자세, 호흡, 동작)과 목소리와 말투의 특징말하는 속도, 쉼을 두는 법, 목소리 톤과 템포을 정리하면 다음과 같다.

● 시각적 우선 표상체계 사람들의 접근 단서

외부 세계의 정보를 처리하는 방법

- 정보의 수집: 외부 세계의 정보를 카메라 렌즈를 통해 보는 것처럼 포착한다. 영상과 도표로부터 정보를 수집한다.
- 정보의 기억: 외부 세계의 정보를 영상으로서 기억한다.
- 정보의 표현: 외부 세계의 정보를 시각적인 언어를 사용해서 표현한다.

신체의 특징

- 자세의 특징: 시야를 의식하고, 등을 세워서 직립하고 있다.(어깨에서 등까지의 근육이 긴장하고 있다)
- 호흡의 특징: 자세를 높게 유지하기 위해 가슴 상부에서 얕고 빠른 흉식호흡을 행한다.
- 동작의 특징: 신체는 그다지 움직이지 않지만 손으로 무언가를 그리는 것 같은

제스처를 한다.

목소리와 말투의 특징

- 시각에 의한 정보(보이는 것, 머리에 떠오르는 영상)를 모두 말로 하기 위해 말하는 속도가 빠르다.
- 정보로서의 그림과 영상을, 머릿속에서 차츰차츰 순간적으로 말로 변환하기 위해 공백을 두지 않고 명확히 말한다.
- 얕은 호흡(폐의 공기양이 적음)에 의해 목소리 피치는 높다.

그 외의 특징

- 영어 등의 스펠링에 강하다.

● 청각적 우선 표상체계 사람들의 접근 단서

외부 세계의 정보를 처리하는 방법

- 정보의 수집: 외부 세계의 정보를 카세트 테이프에 녹음하는 것처럼 포착한다. 음, 소리, 언어로부터 정보를 수집한다.
- 정보의 기억: 외부 세계의 정보를 음과 언어로서 기억한다.
- 정보의 표현: 외부 세계의 정보를 청각적인 언어를 사용해서 표현한다.

신체의 특징

- 자세의 특징: 음과 말을 의식하고, 머리와 귀를 좌우 어느 쪽인가로 기울인다. (가슴 위치로 팔짱을 끼는 일도 있다)
- 호흡의 특징: 자신의 목소리를 컨트롤하기 위해, 가슴 전체(폐와 횡격막)를 넓게 사용한 흉식호흡을 행한다.
- 동작의 특징: 신체를 작고 리드미컬하게 움직이게 하거나, 펜이나 다리 등으로 소리를 내게 한다.

목소리와 말투의 특징

- 청각에 의한 정보(들리는 것, 기억한 음성)를 재생하면서 말로 하기 때문에 말하

는 속도는 조금 늦다.

- 정보로서 음과 말을 머릿속에서 재생하면서 말로 변환하기 때문에 일정한 공백을 두면서 말한다.
- 울림이 있는 기분 좋은 목소리와 균등한 찬사로 일정한 템포와 억양을 가지게 하면서 음악적으로 말한다.

그 외의 특징

- 단계를 좇아 학습하거나 기억하거나 한다. 구두로의 설명을 잘한다.

● 신체 감각 우선 표상체계 사람들의 접근 단서

외부 세계의 정보를 처리하는 방법

- 정보의 수집: 외부 세계의 정보를 안테나로 감지하는 것처럼 포착한다. 피부감각과 마음의 감정으로부터 정보를 수집한다.
- 정보의 기억: 외부 세계의 정보를 피부감각과 마음의 감정으로서 기억한다.
- 정보의 표현: 외부 세계의 정보를 촉각적인 단어를 사용해서 표현한다.

신체의 특징

- 자세의 특징: 신체를 의식하고, 머리를 낮추고 어깨를 둥글게 하여 앞으로 구부정한 자세가 된다.(전신 근육은 이완하고 있다)
- 호흡의 특징: 자세가 앞쪽으로 구부정하기 때문에, 깊고 천천히 복식호흡을 행한다.
- 동작의 특징: 몸짓, 손짓을 크게, 자신과 타인의 신체에 닿거나, 감정을 신체동작으로 표현하기도 한다.

목소리와 말투의 특징

- 촉각에 의한 정보(느끼는 것, 기억한 감각)를 마음에서 확인하면서 말하기 때문에 말하는 속도가 느리다.
- 정보로서의 감각과 감정을 마음에서 확인하면서 말로 변환하기 때문에 큰 공백을 두면서 말한다.

- 깊이 있는 부드러운 낮은 목소리로 차분히 말한다.

그 외의 특징

- 자신이 느끼고 있는 것을 무엇이든 숨기지 않고 말로 한다.

▪▪ 몸짓(Gestures)

사람들은 자주 생각하는 데 사용하고 있는 감각을 나타내는 제스처를 하거나 가리킨다.

- **시각적 우선 표상체계인 사람들 :** 눈을 만지거나 가리키기, 눈 위쪽으로 제스처를 한다.
- **청각적 우선 표상체계인 사람들 :** 귀 가까이서 몸짓, 귀쪽을 가리키기, 입이나 턱 만지기.
- **신체 감각 우선 표상체계인 사람들 :** 가슴과 배 부분을 만지기, 목 아래쪽에 제스처 하기.

▪▪ 눈동자의 움직임(eye movements)

자동적이고 무의식적인 눈동자 움직임은 종종 표상체계 중 하나에 접근을 나타내는 특정한 사고 과정을 수행한다. NLP는 이러한 단서를 눈동자 움직임의 패턴으로 분류했다.

'눈은 마음의 창' '눈빛으로 상대의 마음을 사로잡는다' '눈빛이 변하다' 등의 말들이 일상에서 자주 사용되고 있는 것처럼, 눈에는 사람의 마음 상태가 있는 그대로 투영되는 것이 옛부터 경험적으로 알려져 있다. 눈과 마음, 즉 눈동자와 대뇌의 밀접한 관계는 신경생리학 등의 전문분야에서 탐구되어 있어, 인간이 시각적, 청각적, 촉각적인 정보에 접촉할 때 눈동자를 일정한 방향으로 움직이기에 대뇌의 특정 영역아마 후두부을 자극하고, 그 부위에서 정보를 모으고 있다는 것이 확인되어 있다. NLP심리학에서는 인간이 대뇌의 어떤 영역에 정보를 구하고 있는지, 즉 어떤 표상체계에 접근하고 있는지를 확인하는 지표로서, 눈동자의 움직임에 의한 접근단서eye accessing cues라 부르는 표준적인 패턴을 제시하고 있다. 요컨대 상대가 어떤 감각을 통해서 사고하고 있는지를 가장 간단히 분간하는 수단으로서 개발한 것이 Eye Accessing Cues 라고 하는 '시선視線 해석'이라는 것이다.

눈동자 움직임에 의한 접근단서(시선 이해하기)

시각적인 정보에 접근하는 경우, 눈동자는 위쪽으로 움직인다.
> 눈동자를 위쪽, 우측으로 움직이게 한 경우는 새로운 영상을 만들어내고 있으며, 눈동자를 위쪽, 좌측으로 움직이게 한 경우는 과거의 영상을 떠올리고 있다.

청각적인 정보에 접근하는 경우, 눈동자는 수평으로 움직인다.
> 눈동자를 수평, 우측으로 움직이게 한 경우는 새로운 음을 만들어내고 있으며, 눈동자를 수평, 좌측으로 움직이게 한 경우는 과거의 음을 떠올리고 있다.

촉각적인 정보에 접근하는 경우, 눈동자는 아래쪽, 우측으로 움직인다.
> 눈동자를 아래쪽, 우측으로 움직이게 한 경우는 촉각신체감각에 접근하고 있다.

청각적 디지털(내적 대화)에 접근하는 경우, 눈동자는 아래쪽, 좌측으로 움직인다.
> 눈동자를 아래쪽, 좌측으로 움직이게 한 경우는, 청각적 디지털내적 자기 대화에 접근하고 있다.<그림 18 참조>

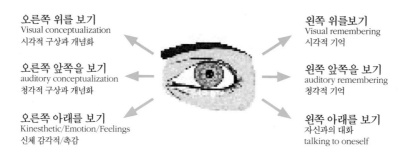

오른쪽 위를 보기
Visual conceptualization
시각적 구상과 개념화

왼쪽 위를보기
Visual remembering
시각적 기억

오른쪽 앞쪽을 보기
auditory conceptualization
청각적 구상과 개념화

왼쪽 앞쪽을 보기
auditory remembering
청각적 기억

오른쪽 아래를 보기
Kinesthetic/Emotion/Feelings
신체 감각적/촉감

왼쪽 아래를 보기
자신과의 대화
talking to oneself

오른 쪽 눈 위주의 눈동자 접근 단서(오른 손잡이 사람인 경우

〈그림 18〉 오른쪽 눈 위주의 눈동자 접근 단서

이 표준적인 패턴은 오른손잡이인 사람의 경우를 나타내고 있어서, 왼손잡이인 사람일 경우는 반대로 나타날 수 있다.

원래 인공 지능을 연구했었던 NLP의 창시자 중의 한 사람인 밴들러는 컴퓨터에 인간의 두뇌 프로그램을 입력하고서 뇌가 반응할 때의 여러 가지 신체 변화를 분석한 결과 이러한 눈의 움직임을 깨달았다고 한다. 이어서 NLP 초기 창시자들과 연구팀은 어떻게 사람들의 눈이 진행 중인 내적 경험에 대한 단서를 제공하는지에 호기심을 갖고 실험을 한 결과 눈의 움직임이 구체적인 감각과 조화된다는 것을 확인했다.

사람들이 이야기할 때 잘 지켜보면, 눈이 때때로 움직이는 것을 알 수 있다. 만약 잘 인식이 안 되면 사람들의 눈이 아무렇게나 되는 대로 움직인다고 생각할 것이다. 그러면 누군가에게 다가가서 "내 말 좀 들어 봐." 라고 한다면 그 사람의 눈이 정보를 듣기 위해 어떻게 움직이는지 볼 수 있을 것이다.

이제 눈동자 접근 단서를 통한 시선 이해하기를 위해 다음에 제시된 다이아그램 연습을 통해 눈이 우리가 경험하고 있는 것에 집중하려는 신경학적 욕구와 어떻게 조화되어 움직이는지를 알게 될 것이다. 아래의 그림판 위에 상대방에게 지난 주말에 가장 재미있게 했던 일에 관해 2분 정도 이야기하라고 하고, 그때의 눈의 움직임을 관찰하여 <그림 19>에 표시해 보자.

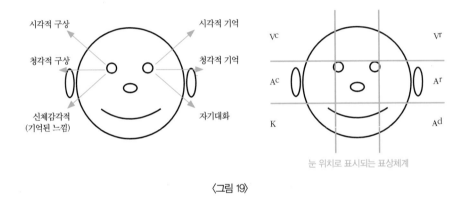

〈그림 19〉

그러나 이 눈동자가 움직여 가는 방향인 '시선 이해하기'는 이론적으로는 알기 쉽지만 실은 오해되기 쉬운 면도 많이 있다.

NLP를 처음 배웠을 때 이 주제에 대해 매우 흥미를 갖고 실제 관찰을 하고 실험을 했을 때 상대방의 시선을 이해하기 힘들 때가 참 많았다. 예를 들어 "축축한 양말을 신으면 어떤 기분이 들까요?" 라는 질문을 했을 때 신체 감각을 묻는 질문이기 때문에 반드시 눈이 아래로 움직인다고 생각했었다. 물론 마지막에는 그렇게 되는 경우가 많았지만, 시각적 우선 표상체계를 쓰는 사람들은 우선 젖은 양말 그 자체를 머릿속에 이미지로 떠올리므로 시선은 위로 향했고, 청각적 우선 표상체계를 쓰는 사람들은 물이 뚝뚝 떨어지는 소리를 떠올리므로 시선은 옆으로 먼저 향했다.

따라서 이 '시선 이해하기'로 알 수 있는 것은 VAK의 어디에 어떤 순서로 접근하는가 하는 것이며, 이것은 마치 개인이 머릿속에 지도를 그리는 법이라고 할 수 있었다. 그리고 사람에 따라 다르기 때문에 '이 질문을 하면 눈은 이쪽으로 움직인다' 라고 하는 것이 결코 아니었다.

단지 어려운 것은 사고는 보통 너무나 빠르게 움직인다는 것이다. 한 순간에 움직이기 때문에 판단하는 것도 어려웠다. 이 '시선 이해하기' 기술을 잘 사용하기 위해서는 관찰력을 기르는 것이 중요하다.

▜▛ 언어 패턴(Language Patterns)

NLP심리학에서 언어 분석의 기본 방법은 특정한 표상체계나 세부 감각 양식을 나타내는 술어predicates와 같은 언어 패턴과, 전체적인 사고에서 그것들이 어떻게 사용되고 있는지를 탐색하는 것이다. 술어들은 행동이나 성질을 나타내는 동사, 부사와 형용사와 같은 단어들이다. 이 언어 유형은 전형적으로 무의식 수준에서 선택되므로, 그것들을 만들어내는 무의식적 심층구조를 반영한다.

또, 일반적인 회화 속에서 아무 생각 없이 사용하고 있는 단어의 술어를 단서로 어떤 표상체계를 우선적으로 사용하는가를 추측할 수 있다. NLP심리학에서는 이것을 'VAK 술어선호'VAK Predicate Preference 라고 한다. 앞에서 우선 표상체계에 대한 설명으로서 이미 다루었기 때문에 VAK 감각 표상체계에 따른 술어들의 분류는 생략한다. 대신에 그러한 술어들을 사용하여 우리가 어떻게 언어를 표현하고 있는지 예를 제시해 보기로 한다.

VAK 감각 표상체계에 따른 술어들을 사용한 표현 사례

시각적인 술어	그 프로젝트로 명확한 비전을 그리고 있습니다/ 영화를 좋아하는 것처럼 보입니다/ 이 업계는 장래가 보이지 않습니다/ 확실히 흑백을 가리자/ 이 색채 배합이 보기 좋아요/ 그는 주목을 받는 것이 좋습니다/ 다채로운 아이디어/ 타인의 생각이 보인다
청각적인 술어	그 프로젝트에 대해서는 다른 사원의 의견을 들을 필요가 있습니다/ 그의 말에 귀를 기울였습니다/ 무엇이든 말하고 싶은 것을 서로 말하는 친구가 필요합니다/ 졸업식에서 담임선생님의 말씀은 마음에 울려 퍼졌습니다/ 지금 설명을 알아들으시겠습니까? / 몇 명인가 다른 사람에게 말을 걸어 보세요/ 그건 이미 들었습니다
신체 감각적인 술어	전 그 프로젝트에 대해 좋은 느낌을 가지고 있습니다/ A사의 사장은 매우 따뜻한 분입니다/ 이 찻집은 소파가 부드러워서 기분 좋네요/ 이 신제품의 영업에는 반응이 있다/ 제 의견에 대해서 파악하셨습니까? / 제게는 안 맞는 느낌이 드네요/ 좋은 기분이네요

VAK 감각 표상체계에 따른 술어들의 문장 표현 사례

- **시각적인 술어를 사용한 문장의 예**

  "내게 있어 등산의 즐거움은 산 정상에서 웅대한 경이를 바라보거나, 색채가 풍부한 고산식물을 카메라로 촬영하는 것입니다."

- **청각적인 술어를 사용한 문장의 예**

  "내게 있어 등산의 즐거움은 나무를 흔들리게 하는 바람 소리와 새의 지저귐, 시냇물이 졸졸 흐르는 소리 등 산 소리에 귀를 기울이는 것입니다."

■ **촉각적인 술어를 사용한 문장의 예**

"내게 있어 등산의 즐거움은 산 정상의 시원한 바람을 느끼거나, 산 중턱에 있는 천연 온천에 들어가서 편안히 휴식을 취하는 것입니다."

NLP심리학에서는 개인이 선호하는 'VAK 술어'를 응용한 다양한 테크닉과 연습활동을 활용하여 자신 속에 잠재되어 있는 능력을 끄집어내거나, 다른 사람의 성격을 이해해서 커뮤니케이션의 질을 높이는 효과가 있다.

힘든 상태를 바꿔주는 Tool
'앵커링'

▪▪ 앵커의 의미

앵커Anchor라는 단어의 사전적 의미를 보면 닻, 고정 장치, 마음의 의지할 힘이 되는 것, 뉴스 프로의 사회자 등 여러 가지 의미가 있다. 이러한 의미를 염두에 두고 NLP심리학 용어로 많이 쓰이는 '앵커'라는 용어를 이해해 보자.

사람의 마음에는 '어느 정보가 어느 감정을 일으킨다'라는 마치 컴퓨터의 단축 아이콘 같은 정보 변환과정이 존재한다. 예를 들면 개에 물린 경험이 있는 사람은 개에 관한 정보로 무섭다는 감정이 일어나고, 초콜릿을 좋아하는 사람은 초콜릿에 관한 정보로 기쁘다는 감정이 일어난다. 또 이 정보들은 대뇌의 시각, 청각, 촉각, 후각, 미각 등의 감각시스템을 경유해서 입력되기 때문에 개의 모습을 보거나, 개가 짖는 소리를 듣거나, 혹은 초콜릿의 냄새를 느끼는 등 다양한 '지각'이 어느 특정 감정을 일으키는 '계기'가 되어 있다.

NLP심리학에서는 특정한 내적 반응(정신 상태와 사고 패턴)을 환경적 또는 정신적 자극제와 연합시켜서 그 내적 반응에 재빨리, 때로는 암암리에 다시 접근할 수 있도록 하는 과정을 '앵커링'이라 부르며, 그 내적 반응을 자동적으로 일으키는 일정한 자극을 '앵커'라고 부른다. 앵커링은 파블로프Pavlov가 벨 소리와 개의 침 분비 사이의 상관관계를 알아보기 위해 사용한 '조건' 형성 기술과 유사한 과정인 것 같다. 벨 소리와 침을 흘리는 행위를 연합함으로써, 파블로프는 음식이 주어지지 않더라도 벨을 울리는 것만으로 개가 침을 흘리게 된다는 사실을 알아냈다. 그러나 행동주의 심리학자의 자극-반응 조건화 방식에서 자극은 항상 환경적인 단서이며 반응은 구체적인 행위이다. 파블로프의 고전적 조건화에 뿌리를 두고 의도, 신념, 원하는 결과와 결합하기 위해 한 계단 더 올라가서 NLP심리학에서는 이러한 종류의 연합적 조건화를 확대시켜 기억된 이미지나 신체 일부를 접촉하는 것도 앵커가 될 수 있다고 보았다.

NLP의 창시자인 밴들러Bandler와 그린더Grinder가 최면치료의 대가인 밀턴 에릭슨Milton Erickson을 모델링하고 나서 내담자의 주관적 경험을 외부 사건들에 연관짓는 데에 사용했으며 그 이미지가 정박해 있는 배와 유사하다는 생각에서 그 기술의 이름을 앵커로 했다고 한다. 닻이 배를 떠내려 가지 못하게 하는 것과 마찬가지로 앵커링도 구체적인 마음 상태를 정확한 신체 위치로 고정시킨다는 의미이다.

NLP심리학에서 '앵커錨'라는 은유는 의미심장하다. 배의 앵커錨는 선원들이 어떤 지역에 배를 정박시키고 다른 곳으로 흘러가지 않도록 하기 위해서 안정적인 곳에 고정시키는 것처럼 심리적인 '앵커'라는 신호는 특정한 구체적인 마음 상태를 정확한 신체 위치에 안정시키는 기준점과 같다. 이 비유를 확장시켜 보면 배는 경험이라는 바다에서 우리의 의식을 집중하는 지점이며, 앵커는 이 경험의 바다에서 특정 위치를 찾고 그곳에 주의 집중해서 흘러가지 않도록 하는 기준점의 역할을 하는 것이라고 볼 수 있다. 앵커는 현재와 의도하는 결과 사이의 격차를 좁히면서 행동, 감정과 감각을 확실하게 해준다.

■■ 앵커의 방법

사람은 의식적으로 자신에게 이러한 연합을 구축하고 다시 불러낼 수 있으며, 자아에게 힘을 주는 도구로서 앵커링을 할 수 있다. 앵커링은 창의력, 학습, 집중력, 그밖의 다른 중요한 자원과 관련된 정신 작용을 수립하고 다시 활성화시키는 데 매우 유용한 방법이 될 수 있다.

앵커를 생성하는 과정은 기본적으로 주어진 시간에 맞게 두 가지 경험을 연관시키는 것이다. 행동주의적 조건화에서 이러한 연관성은 반복을 통해서 더욱 강화된다. 반복은 또한 앵커를 강화시키는 데에도 사용된다. 예를 들어 당신은 어떤 사람에게 그가 매우 창의적이었던 때를 생생하게 다시 경험할 수 있는지 물어보고 그 경험을 생각하는 동안 그 사람의 어깨를 두드려줄 수 있다. 당신이 이러한 행동을 한두 번 되풀이하면 어깨를 두드리는 것은 창의적 상태와 상관관계를 갖게 된다. 결국 어깨를 두드리는 행위는 그 사람에게 자동적으로 창의적 상태를 상기

시키게 된다.

NLP심리학의 기본 스킬인 앵커링은 개인 각자가 마음 속의 '무의식 영역'에 가지고 있는 내적 자원을 이용해서 제한되어 있는 내적 상태를 자유롭고 창조적인 상태로 확장시키는 과정이며, NLP의 다양한 테크닉들의 기본적인 배경이 된다. 의식적인 앵커링의 확립을 성공시키기 위해서는 내적 자원을 앵커할 때의 '순도', '강도', '타이밍'이 필요하다. '순도'는 앵커링하고자 하는 반응이나 경험이 다른 부적절한 또는 상반된 생각, 감정, 반응에 의해 '오염되었는지' 여부와 관계가 있다. 강도는 어떤 특정 상태나 반응에 얼마나 완전히 도달하였는가와 관계가 있다. 최적의 앵커링 적시성은 앵커링하고자 하는 반응이나 상태의 최고 강도와의 관계 속에서 결정된다. 일반적으로 앵커링을 받아야 할 반응이 최고점의 2/3지점을 지날 때 자극을 시작해야 한다. 또 고유한 자극일수록 더 효과적이며 오래 지속되는 앵커의 역할을 한다는 것이다.

대부분의 사람들은 기억들, 장소들, 얼굴들, 그리고 시기들을 건드릴 수 있는 특별한 노래를 들었던 기억이 있을 것이다. 이것이 청각적 앵커의 실례이다. 시각적 정보를 위해 우리는 그림, 영화들을 앵커할 수 있고, 신체 감각적 정보를 위해 느낌이나 동작을 앵커할 수 있다. 우리 자신의 새로운 행동을 지지하기에 충분할 정도로 자원이 넘치는 느낌이 들 때까지 앵커를 반복할 수 있다.

앵커는 원치 않는 경험을 원하는 경험으로 바꾸기 위해서도 사용할 수 있다. 경험을 바꾸기 위해서 한 마음의 내적 상태가 또 하나의 마음 상태를 능가하여 활성화 할 수 있도록 의식적인 선택을 해야 한다. 앵커를 설정할 때 신체의 부분을 잡는 동안 마음의 상태를 유지해야 할 것이다. 반드시 경험이 절정에 오를 만큼 충분히 오래(보통 10~15초) 집중하고 있어야 한다. 앵커링은 원하는 행동을 실제로 수행하도록 하는 마음의 도구를 제공함으로써 격차를 메우는 데에 도움이 된다. 강하고 정확한 앵커는 합의된 계획을 시작하고 보다 유리한 의식 상태로 정화시키는 데에 없어서는 안 된다.

어떤 앵커들은 매우 강렬해서 그것들을 회상해 내기가 쉽다. 우리는 종종 극도로 행복하고 흥미진진하고 신성하고 기대에 찼고 또는 근심하고 실망했던 시기를 생각해낸다. 예를 들면 대부분 사람들은 특별한 명절, 특별한 날들, 스포츠 행사, 친구들과의 우연한 만남을 회상해 낼 수 있다. 우리가 필요로 하는 것이 무엇이든, NLP심리학에서는 구체적인 결과를 달성하기 위해 앵커를 사용한다. 보다 긍정적인 앵커를 사용하면 최고의 결과에 도달할 수 있다. 이렇게 될 때 우리는 보다 편안해지고 본연의 자연스런 자아를 경험하게 된다. 최근에 미국과 영국에서 지지적 신념, 의도, 행동들을 설치하는 앵커를 사용하는 매우 성공적인 NLP식 체중 조절 프로그램이 로버트 딜츠Robert Dilts에 의해 고안되어 전국 규모의 회사에서 인기를 얻고 있다.

■■■ 앵커링 연습

NLP심리학에는 의식적인 앵커링 확립을 실천하면 자신의 잠재능력을 자유자재로 이끌어내거나, 자신의 기존능력을 적재적소에서 발휘할 수 있도록 하는 간단하면서도 매우 전문적인 연습들이 준비되어 있다. 이제 몇 가지 우리 자신들의 앵커를 개발해 보자.

첫째, 자신이 보다 자신 있고 잘 체계화된 느낌과 같은 보다 즐기고 싶은 자원이 충만된 마음 상태에 대해 생각한다.

둘째, 자신이 이런 식의 행동을 과시했고 즐거워했던 단 한 번의 사건을 기억한다. 그 사건을 상상할 때 이미지를 만들고 자신에게 말하고, 실제 사건에 관련된 느낌을 느낀다. 그 사이에 반드시 자신의 내적 경험의 최상의 부분들을 소생시킨다. 특히 체계화된 느낌이 들고 유쾌하게 즐겼던 특별한 시간을 회상할 때, 어떻게 보고 들었는지를 의식적으로 기억해내는 데에 주목한다.

셋째, 앵커를 놓을 수 있는 신체 위치를 선택한다. 앵커를 놓는 몇가지 예는 오른손으로 왼쪽 손목잡기, 약지를 엄지까지 대는 것, 오른손을 가슴에 대기 등이다.

넷째, 자신의 앵커에 접촉하여 절정에 이를 때까지 잠시동안 경험의 질을 증진시키도록 한다. 10초~15초 동안 앵커를 유지한다.

이것이 바로 앵커링 과정이다. 마음 상태를 바꾸고 싶다면 앵커를 확실하게 실행한다. 마치 지금 일어나고 있는 것처럼 3차원으로 앵커하고 싶은 것에 확실히 집중한다. 끝날 때 앵커를 발사한다. 앵커를 강하게 하고 싶다면 다시 한 번 가서 똑 같은 신체 위치를 잡는다.

또 다른 유사한 경험을 기억할 때, 같은 양의 압박감을 적용한다. 자신감을 느꼈던 또 다른 때의 기억을 이야기해 본다. 다시 한 번 실제 기억된 사건에 집중하면서 10~15초 동안 앵커를 잡는다. 완전한 느낌이 들 때까지 여러 번 이 앵커 과정을 반복한다.

이제 다음의 앵커링 사례를 보고 실행해 보자. 매우 자신감을 느꼈던 여러 가지 경험을 기억해 낸다. 반드시 자신의 의도는 매우 긍정적이고 강해야 한다. 3~5가지의 다른 경험들을 가능한 한 많은 관심을 갖고 앵커할 때 원하는 결과를 달성할 수 있다.

원하는 결과–사람들과 자신감 있게 커뮤니케이션 하기

이것을 잘하기 위한 앵커–다음을 회상하는 동안에 나는 오른손 주먹을 가볍게 흔들며 '앗싸' 라고 조용히 자신에게 이야기한다.

① 내가 친구들과 함께 이야기할 때 느꼈던 자신감을 회상한다.

② 내 강의를 끝냈을 때 느꼈던 자신감을 회상한다.

③ 내가 취업 면접을 완벽하게 해냈을 때 느꼈던 자신감을 회상한다.

④ 내게 격려와 후원을 보내는 가족의 사랑에서 느꼈던 자신감을 회상한다.

⑤ 새로운 일을 시도하려 할 때 자신 있게 할 수 있다는 것을 알고 있다는 것은 얼마나 안심이 되는지를 깨닫는다.

제 5부

보다 효과적인
커뮤니케이션 기술

커뮤니케이션은 생각과 메시지를 적절하게 전달하는 행위이다. 모든 의사소통은 얼마나 정확하게 의사소통의 상징들이 전달되는지, 얼마나 정확하게 그 상징들이 의도된 의미를 전달하는지, 수신된 의미들이 얼마나 효과적으로 원하는 방향으로 행위에 영향을 미치는지와 관계가 있다.

많은 면에서 신경-언어학적인 프로그래밍은 기본적으로 의사소통에 대한 것이며, 의사소통의 모델로서 종종 서술되고 있다. NLP 방법들과 테크닉들, 예를 들면 메타 모델, 래포, 보조 맞추기와 유인하기(Pacing and Leading), 표상체계 조화시키기(matching Representational System), 술어(Predicates), 언어적 단서 확립하기(establishing Verbal Cues)들은 NLP를 효과적인 의사소통 촉진에 활용할 수 있는 가장 강력한 기술로 만들어주었다.

의사소통을 위한
전제와 원리

NLP심리학에서 강조하는 효과적인 의사소통을 위한 전제와 원리들
은 다음과 같다.

- 의사소통은 메시지를 보내고 사람들을 이해하는 능력을 의미한다.
- 지도는 영토가 아니다. 사람들은 자신의 현실 지도에 반응하며, 각
  개인은 자신의 개인적인 세상 모형을 가지고 있다. 누군가의 세상
  모형을 더 많이 알수록 더욱 더 많이 그 사람과 효과적인 의사소통
  을 할 수 있을 것이다.
- 자신의 의사소통 가치는 자신이 의도하거나 보낸 메시지가 아니라
  상대방에 의해 받아들여진 메시지이다.
- 자신의 세상 지도가 더 풍부할수록 더 많은 선택을 가지며, 더 쉽

게 타인들과 의사소통을 할 것이다.

- 의사소통= 단기 학습, 학습 = 장기 의사소통
- 피드백은 효과적인 의사소통에 필수적이다.
- 모든 행동과 반응의 이면에는 긍정적인 의도가 있다. 사람들의 어떤 의사소통 과정에도 포함되는 세 가지 기본 요소는 사람들, 메시지, 메시지가 보내지는 매체이다.<그림 20 참조>

〈그림 20〉 커뮤니케이션에 관련된 기본 요소들

가장 단순한 의사소통은 두 사람이 언어라는 매체를 통해 메시지를 주고받는 것이며, 가끔씩 언어 외에도 전달하려는 여러 메시지의 매체로서 도표, 제스처, 인쇄 매체를 이용하기도 한다.

'메시지' 요소는 의도된 메시지와 수신된 메시지 간의 구별이 필요하다. NLP심리학에서는 수신자청자에게 전달된 메시지의 의미는 발신자화자의 의도에 상관없이 개인이 받은 메시지라고 한다. 이 말은 발신자화자가 의도했던 메시지가 언제나 상대방이 받아들인 메시지는 아니라는 뜻이다.

본질적으로 효과적인 의사소통은 의도된 메시지와 수신된 메시지 사이에 일치를 최적화 하려는, 즉 발신자와 수신자 사이에 형성된 피드백 고리라고 할 수 있다.<그림 21 참조>

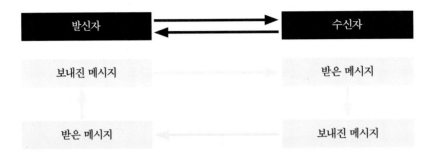

〈그림 21〉 수신자와 발신자 사이의 피드백 고리

또 메시지의 내용content은 순전히 언어적 관점과 관계가 있지만, 한편으로 비언어적인non-verbal 부분과 관계가 있는 메타 메시지를 읽고 관찰하는 의식을 발달시키는 것도 필수적인 의사소통 기술이다. 메타 메시지는 음조의 변화, 말의 억양과 같은 비언어적 단서로서 메시지 내용의 초점을 명확히 해주며, 발신자와 수신자의 지위나 상황 등도 포함된다. 예를 들면, "당신은 실수했어" 라는 말에서 만약 메타 메시지가 "나는 너에게 화가 났어" 보다는 "나는 당신이 더 잘 할 수 있도록 돕고 싶어" 라고 한다면 그 메시지는 확연히 달라진다.

"**당신**은 실수를 했어" 라는 말에서 당신에 초점을 둔 억양이라면, 협력자가 무언가 잘못했고 곤경에 빠져 있다는 증거로 해석될 수 있는 반면에 "당신은 **실수**를 했어"처럼 실수에 초점을 맞추면 사람보다는 일에 대해서 강조하거나 절차상의 잘못된 점을 올바로 고치려고 하는 의도가 있는 것으로 더 해석된다는 것이다.

세 번째 요소인 다양한 메시지 전달 매체는 각각 다른 특성들과 영향력을 가지고 있다. 의사소통의 통로, 상황, 주변의 문화적인 구조는 의사소통에 의미를 더해주는 가정이나 추측과 관련이 있다. 효과적인 의사소통은 이러한 다양한 요소들을 고려해야 한다.<그림 22 참조>

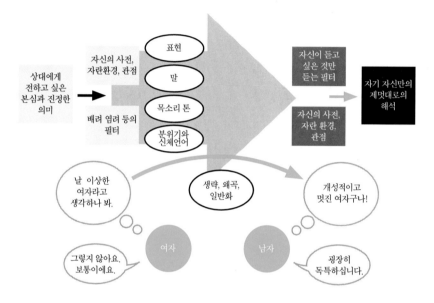

〈그림 22〉 일상의 커뮤니케이션 흐름

공감대
'래포(Rapport)' 구축 테크닉

■■ 래포의 중요성

래포Rapport 라는 말은 본래 프랑스어로 관계, 유사점, 공통점 등을 의미한다. 18세기 후반에 오스트리아 의사 메스멜이 최면적인 치료에서 치료자와 클라이언트 사이에 생기는 공감관계를 나타내기 위해 '래포'라는 말을 처음 사용했다. 그 후 정신분석학자 프로이트도 치료자와 클라이언트 사이에 생기는 신뢰관계를 래포라는 말을 이용해서 현재에는 정신의학과 심리학에 한정되지 않고 인간의 커뮤니케이션 전반에 있어서 '의사 소통이 꾀하는 친밀한 관계'를 나타내는 것으로서 사용되고 있다.

NLP심리학 혹은 상담이나 코칭에서는 인간관계에서 이해와 신뢰의 의미를 넘어서 마음이 통하는, 서로의 파장이 맞는 상태를 나타내는 말로 성공적인 커뮤니케이션으로 이끌어주는 필수요소로 규정해 놓고 있다. 상대방의 신뢰감이 있는 상태를 일컫는 래포를 정식으로 정의한다면 "공통의식 내지는 공감과 비슷하고, 하등의 협력관계가 구축되도록 신뢰감이 있는 상태" 라고 한다.

즉 단순히 신뢰하고 있다고 하는 것이 아니고, 감각 속에서 "이 사람은 신뢰할 수 있다."고 하는 암묵적인 이해와 같은 것이 자연스럽게 생겨나고 있는 것이다. 이것은 서로의 인격이 멋지기 때문에 신뢰한다거나 성격이 좋기 때문에 신뢰한다고 하는 것도 아니고, 자기 신뢰의 실마리를 생각해 내고 그 사람의 장場을 공유하며, 생각과 마음이 함께 하고 있다거나 이해하고 맞춰간다고 하는 상호 의존 관계와 같은 것을 오감의 모든 것으로 느껴서 얻는 상태를 의미한다.

사람은 누구나 두뇌 속에 지도를 가지고 있다고 했다. 이 지도가 어긋나 있는 사람들끼리는 상대방의 일을 아무리 생각한다 해도 서로 통하지 않을 것이다. 래포라는 것은 두 사람이 가지고 있는 지도끼리 가교가 걸쳐 있는 듯한 상태일 것이다. 그래서 서로의 커뮤니케이션이 잘 되어가는 것이고 그 결과로서 신뢰가 있는 상태가 유지되어 간다는 것이다. 그러나 래포를 배우는 마법의 약 같은 것은 없다. 직관적으로 배우는 것이다. 이 의미를 더 잘 이해하기 위해서 하나의 실험을 해보자.

- 자신이 래포를 갖고 있는 사람에 관해 잠시동안 생각한다. 자신이 의기투합하고 있다(파장이 같다)는 것을 알게 해주는 무슨 신호를 보내고 받고 있는가? 자신은 그 래포를 어떻게 만들어 내고 유지하고 있는가?
- 이제 그 반대를 생각해 본다. 잠시 동안 래포를 가지고 있지도 않

고 가지고 싶지도 않은 사람에 대해 생각한다. 자신이 그렇게 생각하게 하는 무슨 신호를 보내고 받고 있는가? 무엇이 그 사람과 래포를 만들어 내고 유지하는 데에 방해가 되는가?

- 첫 번째 사람과의 경험에 근거해서 자신은 강한 관계를 구축하게 해줄 수 있는 무엇인가를 두 번째 사람과의 행동에서 다르게 할 수도 있을까?

커뮤니케이션 이론의 고전으로 알려진 UCLA의 교수 메라비안Mehrabian의 연구는 커뮤니케이션에서 개인의 영향력은 세 요인 즉 어떤 모습이며, 어떤 소리를 내며, 무엇을 말하는지에 달려있다고 제시했다. 그의 분석에 의하면 말words이 차지하는 비율은 불과 7%밖에 되지 않으며 목소리음성: tonality가 차지하는 비율은 38%, 신체·생리적 표현physiology이 차지하는 비율을 55%라고 하면서 무려 93%가 바로 말이 아닌 쪽의 중요성을 인정하였다.

NLP심리학 또한 마음이나 생각·정서는 무의식 중에 신체·생리적으로 영향을 미치고 얼굴표정, 호흡, 피부반응, 몸의 움직임이나 제스처 등 신체언어body language라고 부르는 신체적 반응으로 표현되고 있다는 점에서 메라비안Mehrabian의 분석에 동조하고 있다. 즉 말을 할 때 그 말 자체와 함께 표정이나 목소리도 함께 커뮤니케이션에 참여한다. 불안할 때 대부분의 사람들은 목소리가 떨리거나 얼굴이 긴장하고 호흡이 짧아지며, 화가 나면 당연히 목소리가 커지며 얼굴이 붉어지고 호흡이 거칠어진다. 그래서 비록 말로는 괜찮다고 말하더라도 신체언어가 긴장을 하거나 화나는 표정으로 나타난다면 우리는 '말'보다는 신체 언어 쪽에 무게를 두면서 그 말을 믿지 않는 것처럼 커뮤니케이션을 할 때 신체언어의 중요성을 인식하고 있기 때문이다.

그러면 래포를 구축하기 위해서는 어떻게 하는 것이 좋을까? 지도가 오감을 통해서 만들어지는 이상, 우리 자신의 커뮤니케이션도 확실히 오감으로 느껴지는 것이 아니면 안 된다. 이것은 표정과 자세, 목소리와 말하는 방법에서 93%라는 메라비안의 법칙과도 통한다. 구체적으로는 자세와 손발의 위치, 시각, 청각, 촉각에 호소하는 것과 같은 묘사 방법, 호흡의 템포, 동작, 말하는 방식, 감정을 표출하는 방식 등 확실히 말하는 내용을 넘어선 폭넓은 커뮤니케이션 방법을 구할 수 있다. 물론 그것들을 전부 의식해서 상대방에게 전부 전하라는 것도 대체로 노력으로는 불가능하다. 그러나 NLP심리학에서는 이것을 다시 새롭게 자연스럽게 의식하지 않아도 실천하는 것이다. 그러기 위해서 상대의 지도를 의식한다고 하는 것이 최초의 출발점이 된다.<그림 23 참조>

〈그림 23〉

인간은 일반적으로 자신이 경험하고 있는 세계와 비슷한 모델을 공유하는 사람들과 무의식적으로 래포를 구축하며, 첫 대면과 첫 인상만으로 상대를 거의 이해하지 않는 상황에서도 의식적으로 래포를 구축해서 자신과 상대 사이에 공감관계가 생겨, 자신의 말과 행동이 상대에게 쉽게 받아들여질 때도 있다.

▦ 래포 구축을 위한 기본 테크닉

NLP심리학에서는 래포 형성 능력이 우수한 사람을 모델링해서 그 테크닉을 명확하게 기술해 놓고 있다. 기본적으로는 보조 맞추기pacing 와 유인하기leading의 2가지 스킬을 사용한다. 보조 맞추기 방법으로서는 조화시키기Matching, 반영하기Mirroring, 교차 반영하기Cross mirroring, 되묻기 하기Backtracking 등 구체적인 방법이 있으며, 래포 형성 과정을 다음 그림과 같이 요약해 놓고 있다.<그림 24 참조>

〈그림 24〉 래포(Rapport) 형성과정

… 상대방에게 조화되기와 반영하기

래포를 형성하는 한 측면은 1970년대 초 밀턴 에릭슨Milton Erickson 이 그의 임상 최면요법 연구에서 창조해낸 조화되기와 반영하기 기법으로서 자신이 말을 걸고 있는 사람에게 그 사람의 신체 언어에 조화되려고 노력하는 신체 언어에 관련되어 있다.

이것은 종종 잠재의식적으로 상대의 신체적 자세를 모방하는 것이다. 예를 들면 둘 다 앉아 있거나, 서 있고, 똑같이 기대 있고, 똑같은 옷을 입은 신혼부부들에게서 볼 수 있다. 식당이나 바에서 사람들을 관찰한다면 사람들이 어떻게 그들 집단 내의 다른 사람들과 조화되고 반영할 수 있는지를 알 수 있다.

일상의 의사소통에서 조화되기와 반영하기는 보통 미묘하게 무의식적으로 일어난다. 그것은 다른 사람에게 비슷한 신체 자세를 취하는 것, 즉 상대가 팔짱을 끼면 자신도 팔짱을 끼고, 상대가 고개를 끄떡이면 자신도 고개를 끄덕이는 등 비슷한 몸짓, 행동양식, 목소리의 톤과 속도를 사용하는 것을 의미하며, 이는 래포를 발달시키기에 효과적인 방법이다.

래포란 인격이나 성격 문제는 아니다. 우리가 상대의 일을 생각하며 말을 건다고 해도 상대 측에서 '무언가 위화감이 있다.'고 느낀다면 말은 좀처럼 상대의 두뇌에 호소할 수 없다. 상대와 커뮤니케이션할 때는 자기 머릿속의 지도와 상대 머릿속의 지도를 조정하는 듯한 작업이 필요하게 된다. 이것을 '조화되기Matching' 라고 부른다.

동시에 동작을 맞춘다고 하는 것도 효과적인데, 이것을 NLP심리학에서는 반영하기Mirroring/Crossover Mirroring라고 한다. 예를 들면 상대방이 "그렇겠네요." 하고 고개를 끄덕이면 매우 천천히 리듬을 가지고 나서 "그렇습니다."와 같이 대답한다. 목소리의 톤을 맞추며 함께 끄덕여도 좋고, 무엇이든 손 동작을 맞춰서 움직여도 좋다. 파장 내지 주파수가 서로 맞다고 하는 것으로 자연스럽게 사람을 편안하게 하며 서글서글한 인상과 유연한 분위기를 느껴서 긴장을 풀고 대화가 쉽게 풀어지는 환경이 될 수 있다.<그림 25 참조>

〈그림 25〉

… 보조 맞추기와 유인하기

조화되기Matching의 기반은 상대의 속도에 보조를 맞추는 것Pacing이다. 즉 우리들은 오감으로 이해한 것을 처리하기 때문에 상대의 신체 사용 방법을 모델링하는 일에서 상대의 상태를 알 수 있다는 것이다. 오감으로 느끼는 것을 맞추어 가는 것, 즉 같은 상태, 같은 방향, 같은 자세, 같은 어감 등이 상대의 잠재 의식에 "맞아, 맞아." 라고 작동시켜서 안심시켜 줄 수 있다거나, 자신이 이해받고 있다는 신뢰감을 쌓아가게 된다. 보조 맞추기는 아무래도 표면적인 것만으로는 생각하기 어렵다. 그렇지만 노골적으로 한다면 위화감을 주기도 하고, 흉내를 내는 것만으로 커뮤니케이션이 깊이 있게 이루어지지 않는다.

메라비안Mehrabian의 법칙에 의하면 커뮤니케이션의 55%를 점유할 정도로 중요한 것은 표정과 태도이다. 표정에 대해서는 대부분 말하지 않아도 보조 맞추기Pacing를 행하고 있다고 생각한다. 예를 들면 맞은 편의 사람이 심각한 얼굴로 말하고 있는데 이쪽에서 실실 웃고 있다면 "신뢰할 수 없어." 라고 불만스럽게 생각하는 것은 당연한 이치이다. 그래도 의외로 의식되고 있지 않는 것은 태도이다. 상대와 맞대면해서 말할 때 상대방이 팔짱을 끼고 있으면, 이쪽도 자연스럽게 팔짱을 낀다. 이것은 손만이 아니라 자세와 발의 위치 등도 똑같다. 차이는 확실히 무의식 하에서 인식되고 있는 것 같다.

보조 맞추기를 할 요소들을 살펴보면 표정과 자세, 수족의 위치, 동작과 수족의 움직임, 호흡, 목소리의 어조, 말의 내용과 감정, 선호 표상체계 같은 것들이 될 것이다. 호흡은 특히 의식하지 않고 가장 알아차리기 어려운 테크닉이다. 말하는 방법은 어렵지만 전혀 모르는 사이에 상대가 마음을 여는 것 같은 보조 맞추기가 된다. 호흡은 어떤 식으로 상대에게 맞추어 가는 것이 좋을까? 먼저 호흡의 장소라고 하는 지표가 있다. 예를 들면 상대방이 가슴 위쪽으로 호흡하고 있는지, 가슴 전체로 하고 있는지, 배로 호흡하고 있는지를 본다. 또 호흡의 깊이와 리듬도 고려하는 데 얕은 호흡, 깊은 심호흡, 평탄한 호흡, 가쁜 호흡 등이 있다. 잘 관찰해서 활용하면 효과적인 보조 맞추기가 되어 신속한 래포 형성을 조장해 줄 것이다.

보조 맞추기는 흔히 상담하고 있을 때나 우울한 사람과 함께 있을 때 매우 도움이 된다. 상대가 계속 나아갈 준비가 되면 다음 화제를 토의하면서 상대방 말의 속도에 조화되기 위해 보조 맞추기를 사용한다. 속상하게 하는 일이 있다고 상상해 보자. 그것에 관해 합리적으로 생각할 수 있기 전에 가끔 친구나 동료와 함께 이야기를 나누며 가슴 속을 털어 놓아야 한다. 보조 맞추기는 비슷한 면에서 효과가 있다. 자신의 협의사항을 토의하기 전에 상대에게 가장 중요한 것을 말하도록 허용할 필요가 있다.

예를 들어 나이가 지긋한 사람에게 말을 할 때는 자신의 협의사항을 토의하기 전에 그 사람의 대화 속도에 보조를 맞춘다. 당신 자신은 관계 없다고 생각하지만 그 사람에게는 매우 중요한 것을 토의하도록 허용한 다는 뜻이다. 그리고 나면 그 사람은 주의를 기울여 당신이 말하는 것을 듣게 될 것이다. 만약 사람들에게 더 빨리 말하도록 재촉하기 위해 이야기를 중단시킨다면 필시 반대의 결과를 얻게 될 것이다.

목소리도 역시 보조 맞추기의 중요한 요소이다. 대부분의 사람들은 자신의 발성 버릇을 의식하고 있지 않다. 그러니까 모르면 모른 대로 상대의 속도에 맞추어 가는 일은 많이 있지만 반대로 말하자면 장場의 분위기를 유도할 수 있다고 하는 것도 된다. 상대에게 목소리를 맞추어 간다는 것을 커뮤니케이션에 응용해 본다. 목소리에도 크기, 음색, 속도, 높이 등 몇 가지 지표가 있다.

특히 상대가 큰 소리로 빨리 말할 때, 이 쪽도 똑같이 하는 것으로 감정이 동조하면 이해되고 있다고 하는 감각을 만들어 준다. 화가 나서 항의를 하는 손님에게는 그 손님의 어조, 목소리 톤, 무엇보다도 감정의 영향에 맞추어서 항의를 전하는 것이 더욱 더 상대방에게 자신들의 분노 상태를 이해시켰다고 느끼게 하는 것이다.

요약하면, 보조 맞추기란 커뮤니케이션을 행하는 상대에 대해 자신이 보조를 맞춘다는 테크닉이다. 이것은 상대의 세계에 관한 모델 즉 상대가 표현하고 있는 말과 행동을 주의 깊게 관찰하면서 자신이 유연하게 맞춰간다는 것이다.

유인하기란 커뮤니케이션을 행하는 상대에 대해 먼저 보조 맞추기를 행하고, 다음 단계로서 자신의 말과 행동을 목적에 맞게 조금씩 변화시켜 나가서 최종적으로는 상대를 자신이 바라는 상태로 유도해가는 방법이다.

언어를 사용해서 상대에게 조화해 가는 사례를 들어본다.

A씨의 시각적 언어에 B씨가 매칭한 예:

A씨: 우리 집의 거실은 매우 넓고 밝은 공간으로 흰색을 기조로 한 모던한 인테리어를 하는 것이 꿈입니다.

B씨: A씨가 꿈에 그리는 거실 이미지가 떠오릅니다.

A씨의 청각적인 말에 B씨가 매칭한 예:

A씨: 우리 집 거실은 가족이 모여서 이야기하기 위한 공간으로 꾸며져 있습니다.

B씨: A씨 집의 거실은 가족들이 말하는 목소리가 끊이지 않는 곳 같네요.

A씨의 신체감각적인 말에 B씨가 매칭한 예:

A씨: 우리 집 거실은 벽과 바닥에 천연 나무를 사용하고 있기 때문에 온기가 있는 질감과 나무 향기를 즐길 수 있습니다.

B씨: A씨 집의 거실은 편안히 쉴 수 있어서 기분이 좋을 것 같네요.

또 비언어적인 매칭의 예로는 반영하기Mirroring라는 테크닉이 있다.

- 행동의 반영(상대 행동의 일부를 마치 거울에 비춘 것처럼 정확히 매칭하는 것)
- 호흡의 반영(상대 호흡의 깊이, 속도, 리듬 등을 정확히 매칭하는 것)

- 목소리의 반영(상대가 말하는 목소리의 높이, 음색, 울림, 음량, 속도, 억양 등을 정확히 매칭하는 것)
- 교차 반영(상대의 무의식적인 행동패턴과 유사한 요소를 사용해서 간접적으로 매칭하는 것)

··· 되묻기(Backtracking)

그 외에 조화시키는 방법으로 되묻기Backtracking라는 테크닉이 있는데, 상대의 말 전부 혹은 일부를 그대로 돌려주는 방법으로 간단히 말하면 반복이다. 이것은 상대가 말하고 있는 내용에 동의하는 것이 아니라 "당신의 이야기를 듣고 있습니다." 라는 수용하는 자세를 보이기 위해 사용한다. 예를 들면 부하 직원이 심각하게 "제가 맡은 일에서 문제가 있습니다." 라고 말한다면 우리는 똑 같은 표정과 목소리 톤으로 "그래? 맡은 일에서 문제가 있다고?" 라고 되묻기 해줄 수 있다.

이렇게 되묻기 해주는 것도 효과적으로 상대가 느끼고 있는 것의 폭을 넓혀줄 수 있다. 그래서 표현이 상대에 대해서 위화감이 있는 것이라면 상대는 "그렇지 않고요." 라고 바꾸어 말할 수 있기 때문에 생각을 깊게 할 수도 있게 된다. 되묻기의 효과는 반복하는 것으로 언어가 본인의 사고 속에 들어가며, 말 그대로 인정 받는 것이기 때문에 보조 맞추기의 효과로 안심되는 느낌이 들게 한다.

A씨의 말을 B씨가 그대로 되묻기한 예:
A씨: 당신 회사의 제품에 불량품이 섞여 있기 때문에 교환해주실 수 있습니까?
B씨: 저희 제품에 불량품이 섞여 있어서 교환을 원하시는군요. 매우 죄송합니다.
A씨의 말을 B씨가 요약해서 돌려준 예:

A씨: 지난 달의 3일 연휴는 금강산에 다녀왔습니다. 그리고 이번 달의 이틀 연휴는 설악산에 다녀왔습니다. 어느 쪽이든 대자연에 둘러싸인 절경이었어요.

B씨: 지난 달도 이번 달도 연휴는 산에 가셨군요.

A씨의 말을 B씨가 키워드를 사용해서 돌려준 예:

A씨: 지난 달부터 원유가가 오르고 있기 때문에 운송업을 하고 있는 김 사장은 큰 위기감을 안고 있습니다.

B씨: 원유가 상승은 운송업을 하고 있는 사람에게 큰 영향을 주는군요.

이번에는 좋은 되묻기와 나쁜 되묻기의 예를 비교해 보자.

원래의 표현	좋은 되묻기	나쁜 되묻기
최근에 어쩐지 몸 상태가 별로네.	그렇습니까? 몸 상태가 별로세요? 어디가 신경 쓰이세요?	그런 식으로 안 보이는구만. 원기있게 보이네요.
오늘은 날씨가 좋군요.	그렇군요. 좋은 날씨네요. 어디론가 가고 싶게 되네요.	그런 것보다도 예를 든 건 어찌되었어요?

VAK 우선 표상체계와
커뮤니케이션 갭

VAK 우선 표상체계는 커뮤니케이션에 있어서 어떤 문제를 일으키는 것일까?

사람들이 가장 자주 경험하는 커뮤니케이션 갭이나 커뮤니케이션의 고민은 시각 우선인 상사가 신체 감각 우선인 부하를 능숙하게 코칭 등으로 교육할 수 없는 케이스이다. 이것은 양자의 특징을 보면 분명해진다. 상사는 머릿속에 보이는 정보를 빨리 말해서 상대에게 전하는 편이나 부하직원은 그 정보를 받아 맛보고 몸으로 느껴보기 때문에 아무리 해도 스피드가 생기지 않는다. 그래서 부하는 어리둥절해서 "이 분이 무슨 말씀을 하셨을까?" 하고 의문을 갖고 될 수 있는 한 확신하지 못해서 피하려고만 한다. 그런 경우에 상사는 쓸데 없는 감정이 생겨서 "그 녀석은 머리가 나빠." 또는 "부적격자야." 라고 하는 이름표를 간단히 붙여 버린다. 그러나 부하를 코칭하는 상사의 입장이라면 사람마다 인식의 지도가 다름을 이해하고 상대에게 상대의 언어로 전달한다면 래포 형성과 유연성에 대처하며 인간 관계에도 좋은 영향을 줄 것이다.

비슷한 관점을 가졌다 하더라도 다른 언어 스타일을 말하기 때문에 커뮤니케이션 하는 데에 고군 분투하는 팀장(A)과 부원(B)간의 논쟁 사례를 들어본다.

A: 난 자네의 가격 평가에 관한 관점을 볼 수가 없네.(시각적)
B: 저, 계속 그것에 관해 이야기 할 수 있을까요?(청각적)

A: 내겐 완전히 분명한데. 꼭 흑백처럼. (시각적)
B: 팀장님이 토의하고자 하신다면 이걸 중심으로 더 하모니가 이루어질 겁니다.
  (청각적)

A: 그냥 더 자세히 봐요. 반드시 더 좋은 관점을 갖게 될 것이네. (시각적)
B: 팀장님은 전혀 제 말은 안 들으시네요. 그럼, 이야기 끝이네요. (청각적)

팀장인 A는 시각적 언어에, 팀원인 B는 청각적 언어에 빠져 있다는 것을 인식할 수 있다. 그들은 단절되어 있고 진전이 없다.

아마도 커뮤니케이션 전문가인 제 3자로서 이 논쟁을 변화시키도록 도울 수 있는 방법을 제시해 본다. A에게는 시각적 언어로, B에게는 청각적 언어로 그 상황을 다음과 같이 요약해 준다.

"A팀장은 상황에 대해 명확한 이미지를 가지고 있는 것처럼 보입니다.(시각적) 그리고 B씨는 이야기할 몇 가지 중요한 문제들이 여전히 있다는 것이지요.(청각적) (동의하여 두 사람 모두 고개를 끄덕인다)"

그리고 나서 전문가는 두 논쟁 당사자에게 중립적인 제 3체제인 신체 감각적 언어로 바꾼다.

"두 사람 다 여기서 움직여 의제에서 벗어나고 싶어해요. 그래서 내 사무실에서 한 시간 동안 발부리에 걸린 장애물을 이것저것 숙고하고 검토해 보고, 새로 만들어서 마지막 단계로 넘기는 건 어떻습니까?"

효과적인
커뮤니케이션을 위한
7가지 원리

오랫동안 사람들은 효과적으로 커뮤니케이션 하는 법을 아는 것이 중요하다는 것을 깨달았다. 자신의 경험에 관한 상세한 사항을 다른 사람들에게 전달한다는 것은 많은 의식적 자각이 필요하다. 원하는 결과는 발신자와 수신자가 충분히 서로를 존경한다는 것이다. 무도武道처럼 커뮤니케이션은 존경으로 시작하고 존경으로 끝난다. 필자는 일본의 무도 합기도에서 개작된 지침인 효과적인 커뮤니케이션을 위한 7가지 원리를 소개하고자 한다. 합기도는 실제로 상대자 대신에 잠재적 투사를 파트너로서 지각한다. 다른 협조적인 모험에서처럼 파트너들은 목적을 달성하도록 도와준다. 이 점에 비추어 볼 때 상대방은 친절하고 올바르게 대접받아야 한다. 어떤 자연적인 커뮤니케이션 상황에서도 똑같이 해당된다.

- **긍정적인 의도를 전한다** | 자신의 커뮤니케이션이 중요하고 잘 받아들여질 거라는 것을 확신하는 것처럼 행동한다. 자신이 좋은 뜻으로 하며, 긍정적인 근거 위에서 의도를 가졌다는 것을 안다.

- **상대방의 마음을 안다** | 주어진 상황의 맥락에서 상대방이 원하는 것이 무엇인가? 그 사람은 무엇을 표현하고 있는가? 나 자신은 어떻게 직관적으로 상대방의 심신Mindbody 접근 단서Accessing Cues를 읽을 수 있는가?

- **상대방의 현재의 생활 지위를 존경한다** | 다른 사람을 존경한다는 것은 우리 자신도 또한 존경을 받는다는 것을 보장해 준다. 이것은 인과응보의 원리와 비슷하다. 자신이 커뮤니케이션하고 있는 현재 그대로를 정확히 주의 깊게 고려하여 친절의 기운을 더한다. 곧 자신이 보답을 받게 될 것이다.

- **상대방의 입장에 들어가 본다** | 상대방의 상황에 공감을 갖게 되는 것을 말한다. 이 입장을 한층 더 이해하기 위해서 자신이 그 사람의 상황을 실제로 경험하고 있다고 간단히 상상해 본다. 이렇게 해보는 것은 커뮤니케이션을 계속해야 할 많은 의식적·무의식적 정보를 제공해 준다.

- **정확히 자신이 원하는 것을 자신 있게 요구한다** | 종종 우리는 우리의 커뮤니케이션이 명확히 받아들여졌는지 안 받아들여졌는지 알지 못하고 상황을 떠나버린다. 어떤 중요한 커뮤니케이션에서도 상대방에게 우리 자신의 말을 이해했는지 어쨌는지를 물어야 한다. 만약 그렇다면 그 사람에게 질문이 있는지 물어보는 것이 시간과 좌절을 절약하는 신속한 체크법이다.

- **성공할 때까지 계속한다** | 이 단계가 성공을 확신해 주며, 이 단계

가 없으면 앞 단계들이 허사가 된다. 이것으로 우리의 커뮤니케이션은 최적의 결과를 얻게 될 것이라고 확신할 것이다. 끝까지 하는 것은 어떤 행위든 자연적으로 분출시키는 것이다. 반드시 끝까지 하고 더욱 철저히 커뮤니케이션을 한다. 가끔 간단한 메일, 카드나 전화는 상대방에게 우리들의 세심함을 알려주기에 충분하다.

• **최고의 결과를 받은 것에 감사함을 느낀다** | 우리는 이미 해결책이 있음을 느낄 수 있다고 상상한다. 이미 우리 자신의 심신 안에서 일어나고 있다고 느낀다. 우리는 즐겁게 심상을 만들거나 자신에게 긍정적인 말을 해 줄 수 있다. 해결책에 도달해서 마음의 안도감을 느낀다. 우리 자신의 긍정적인 노력에 보답을 받을 만한 자격이 있다고 느끼는 것은 좋은 것이다.

chapter 5**::**

타인의 반응
읽는 법

　'커뮤니케이션' 하면 지금까지는 주로 언어의 문제만을 생각하지만, 커뮤니케이션은 그것만으로는 안 된다. 언제나 언어 이상의 것이 상대에게 전달되고 있다. 메라비안Albert Mehrabian의 법칙에 의하면, 실제 대화하는 커뮤니케이션에서 결정적인 영향력을 가진 요소로서 언어에 의한 부분은 7%뿐이고, 말하는 방법과 목소리 톤에 의한 부분이 38%, 태도와 표정에 의한 부분이 55%라고 한다. 즉 언어의 중요도는 7%뿐이고, 나머지 93%는 비언어적 커뮤니케이션에 의한다는 것이다.

　커뮤니케이션은 단지 말하고 있는 것만 전하고 있는 것이 아니라 의식하지 않고 말하지 않는 것까지도 포함해서 모든 자신의 상태가 전달된다는 것이다. 예를 들면 매우 설득력이 있는 말을 하더라도 언뜻 보기에 설득력이 느껴지지 않으면 상대의 마음은 움직이지 않는다. 우리 자신이 전달하는 내용과 일치감이 있는 상태에 있는 것이 선결 조건이다.

NLP심리학에서는 효과적인 커뮤니케이션을 위해서 상대방의 신체 언어를 제대로 식별하고 알아차리는 민감성을 강조한다. 상대의 목소리, 신체 반응에 대해서 빨리 알아차리는 능력을 칼리브레이션calibra-tion 표정 읽기, 무의식적·비언어적 반응 읽기이라고 한다. 의사 소통을 잘 하는 사람이라면 다른 사람의 내적 반응을 미리 판단하거나 착각하지 않고, 진행되는 상황 속에서 그러한 신체 반응을 읽을 줄 알 것이다.

우리는 일상적인 커뮤니케이션 중에서 자신의 심경을 얼굴 표정과 몸짓을 사용해서 무의식적으로 표현하고 있다. 예를 들면 기쁠 때에 미소 짓거나, 괴로울 때에 미간에 주름살을 짓는다. 그 외에 다른 사람의 얼굴 표정과 몸짓을 보고 그 사람이 어떤 심경인지를 짐작하는 일도 있다. 예를 들어 울고 있는 사람이 있다면 슬퍼서 우는 건지 혹은 감동해서 우는 건지 그때 상황에 의해 거의 검토할 수 있다.

이런 부류의 관찰을 통한 감각적 인지 능력은 모든 종류의 커뮤니케이션에서 중요한 기술이며, 다른 사람의 감정을 읽는 연습을 통해 이러한 기술을 갈고 닦을 수 있다. 예를 들면 친구나 동료에게 만족스러운 것에 대해 생각해 보라고 하자. 당신의 파트너가 생각하고 있을 때 그의 표정, 눈의 움직임, 자세 변화를 살펴보자. 그런 다음 당신의 파트너에게 불만족스러운 것을 생각하라고 하고, 다시 주의 깊게 관찰하자. 당신의 파트너가 두 가지 생각을 하는 동안 보이는 무언의 반응에서 차이를 발견할 수 있을 것이다. 마지막으로 당신의 파트너에게 두 가지 생각 중 하나를 생각하되 당신에게 무엇을 생각했는지 말하지 말라고 요청하자. 그리고 당신의 파트너가 생각하는 동안 당신이 관찰한 파트너의 몸짓을 통해 "그의 마음을 읽고", 파트너가 어떤 생각을 했는지 맞춰보자.

당신은 아마 스스로의 정확성에 놀라게 될 것이다.

그러나 NLP심리학에서는 커뮤니케이션을 할 때 "상대의 마음을 짐작하지 않는다." 라는 기본 자세가 있다. 그에 따라 미소 짓는 사람을 보고 '저 사람은 즐거워하고 있구나.'라고 짐작하거나, 혹은 우는 사람을 보고 '저 사람은 슬퍼하고 있구나.'라고 짐작하지 않는다. 또한 대화내용과 상대의 말 사용에서도 심경을 짐작하는 일은 없다.

뛰어난 커뮤니케이션은 상대의 말과 행동에 대해 "선입관을 갖지 않는다." 라는 점에서 시작한다. 그리고 상대가 무의식적으로 행하고 있는 외부 반응을 예민하게 관찰해서 그 반응들로부터 보여지는 일정한 패턴에 의미를 붙이거나 해석을 하는 일 없이, 상대의 특정한 내적인 사고와 반응과 결합한다. 이같은 커뮤니케이션의 기본 테크닉을 NLP에서는 '무의식적, 비 언어적 반응 읽기calibration'라고 부른다.

커뮤니케이션에서 상대의 무의식적인 외적반응을 찾아내기 위한 관찰대상은 다음과 같다.

무의식적인 외부반응의 예

자세	좌고(머리 높이), 몸의 중심, 머리의 기울임
동작	몸짓, 손짓
호흡	위치(흉식호흡, 복식호흡), 깊이, 속도, 리듬
얼굴	피부 당김, 피부색(얼굴 전체, 얼굴의 일부분), 피부 주름과 검버섯
안구	시선, 움직임, 동공
(아랫)입술	크기, 두께, 형태, 선, 색, 당김, 질감, 수분, 움직임,
입 주변	근육 긴장과 이완
귓볼	근육 긴장과 이완, 색

극미한 근육	눈 주변, 입매, 턱, 기타
말하는 목소리	음량, 높이, 속도, 억양, 리듬, 말하는 공백(길이, 규칙성)

'무의식적, 비 언어적 반응 읽기calibration'의 테크닉을 향상시키기 위해서는 우선 먼저 감각의 예민성을 길러야 한다. 그 테크닉이 숙달되면 커뮤니케이션을 행하는 상대와의 대화 내용과 동시에 의식할 수 있다. 이 같은 고도의 능력은 멀티 태스킹복수 일을 동시에 처리하는 것이라 부르며, 이 능력이 완전히 몸에 익으면 우뇌와 좌뇌의 전체적인 관계가 생겨서 우리들의 내적 세계는 몇 배나 확장되어 풍부하게 밸런스를 맞추게 될 것이다.

그리고 또 한편으로 NLP심리학이 커뮤니케이션 분야에서 매우 효과적인 테크닉이라는 인정을 받고 있는 것도 비언어적 커뮤니케이션의 중요성을 인식하고, 커뮤니케이션에 대한 관찰력을 기르기 위해서 상대의 심리 상태를 언어 이외의 표시에서 분별하는 지표를 정리한 칼리브레이션 효과가 있기 때문일 것이다. 메라비안의 법칙에서 한걸음 더 나아가 커뮤니케이션을 성공시키는 방법으로서 상대방의 어디에 주목해야 할 것인가를 알게 해준다. 더구나 중요한 것은 말하는 측에 있는 우리 자신도 칼리브레이션에 의해서 상대방에게 영향을 주고 있다는 것이다. 그 것은 동작과 표정에 의해서 상대방을 움직인다고 하는 일이 아니고, 오히려 자신의 생각과 동작과 목소리 등 비언어적인 것이 일치해 있는 상태가 중요하다. 즉 눈에 보이는 동작이 전달하고 있는 것은 바야흐로 우리 자신이 진실로 그 문제를 어떻게 느끼고 파악하고 있는가를 정확히 전달하기에, 우선 자기답게 "I'm OK"의 일관된 동작을 하는 것이다.

그것이 바로 상대방의 머릿속 지도를 알기 위한 유연성과 칼리브레이션의 관찰력을 발휘할 수 있는 길임을 우리에게 시사해 주고 있다.

말속의 문제점을 알아내는
메타 모델(Meta Model)

NLP심리학의 공동 창시자 그린더Grinder와 밴들러Bandler는 게쉬탈트 심리 치료가 프리츠 펄스Fritz Pearls와 가족치료 요법가 버지니어 새티어Virginia Satir가 행했던 '클라이언트에 대한 효과적인 질문법'에 주목해서 실제 행동에 언어학 지식을 적용한다고 하는 연구를 추진하여 메타모델 테크닉을 고안해냈다. 이것은 1975년 NLP심리학 최초의 저서 <마법의 구조 제 1권>에 자세히 기술되어 있다.

이 메타 모델의 이론적 배경은 언어학자 노암 촘스키Noam Chomsky가 '변형 생성 문법'이라고 하는 개념에서 인간의 마음 부분을 심층구조 Deep Structure 내적 이미지, 소리, 감정과 신경 체제에 저장되는 다른 지각적 표현, 언어라고 하는 표면에 나타난 부분을 표층구조Surface Structure 우선적인 지각 경험을 묘사하거나 나타내기 위해 선택하는 단어, 표시, 상징들로 가정하고 있는 것에 두고 있다.

메타 모델은 본래 치료 환경에서 사람들의 말 속에서 문제 패턴을 식별하고 반응하는 수단이다. 사람은 자기 마음 속에 있는 것을 타인에게 말하지만 말로는 모두 표현할 수는 없고 그 개략을 말하는 것이다. NLP심리학에서는 표층구조와 심층구조라고 하는 개념을 받아들여 커뮤니케이션에 있어서의 유효성을 찾아냈다. 그 사람의 표층구조를 관찰하면 심층구조를 추측할 수 있으며, 그 사람의 표층구조를 변화 시킬 수 있으면 심층구조도 변화시킬 수 있다는 것이다. 더 나아가 마음 속에 있는 심층구조를 언어표층 구조로 옮기는 과정에 대해서 삭제Deletion, 일반화Generalization, 왜곡Distortion 이라는 3가지 일이 일상 회화에서 무의식적으로 행하고 있음을 지적한다. 말하는 사람의 '의미가 불분명한 단어'에 대해서 듣는 사람이 일정한 질문을 해서 명확화하기도 하고 참뜻을 이해하기도 해서 마음 속의 심층구조에 있는 제한과 한계를 확장시킬 수 있다.<그림 26 참조>

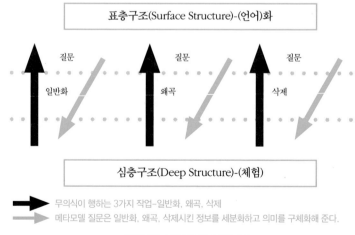

〈그림 26〉 심층구조와 표층구조

메타 모델 테크닉을 다이아그램으로 나타내면 삭제, 일반화, 왜곡이라는 3가지 범주가 있으며, 그 안에 12개의 질문 패턴이 포함되어 있다.<그림 27 참조>

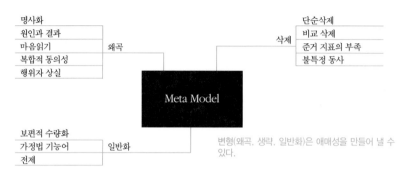

〈그림 27〉 메타 모델의 범주

세 가지 범주에 대해 정리한 것을 살펴보기로 한다.

삭제(Deletion)

자신의 경험을 어떤 세부적인 것도 빠뜨리지 않고 묘사하는 일은 불가능하기 때문에 대화 중에 언제나 삭제를 하고 있다. 말하는 사람이 중요 정보를 삭제한 경우 듣는 사람은 삭제된 정보를 회복시키기 위한 질문을 한다.

단순 삭제(Simple Deletions)

A씨: 난 망설이고 있어요.(중요 정보를 삭제시키고 있다.)

B씨: 구체적으로 무엇을 망설이고 있습니까?(삭제시키고 있는 중요정보를 되살린다.)

불특정 명사(Unspecified Noun)

A씨: 저는 우유부단하다고 말할 수 없습니다. (명사가 특정하게 없다.)

B씨: 구체적으로 누가 우유부단하다고 말하고 있다는 겁니까? (삭제시킨 명사를 특정화시킨다.)

불특정 동사(Unspecified Verb)

A씨: 이 서류들을 철수에게 보내주세요. (행동과 행위가 특정하게 없다.)

B씨: 구체적으로 어떻게 보내주라는 겁니까? (행동과 행위가 특정하다.)

비교(Comparison)

A씨: 당신은 일 처리가 늦어요. (비교 대상이 특정하게 없다.)

B씨: 구체적으로 누구와 비교해서 늦다는 겁니까? (비교 대상이 특정하다.)

명사화(Nominalization)

A씨: 내게는 자유가 없어요. (자유라는 과정을 명사화해서 구체적인 정보를 삭제했다.)

B씨: 구체적으로 무엇을 하는 자유가 없다는 겁니까? (명사화시킨 과정을 진행중인 과정으로 돌아간다.)

일반화(Generalization)

일상 회화 중에서 아무 생각 없이 사용한 보편적 혹은 절대적인 말로, 오해와 편견이 생기는 일이 있다. 말하는 쪽이 말을 일반화한 경우, 듣는 쪽은 말하는 사람의 한정된 의식을 확장시키기 위한 질문을 한다.

가능성의 서법조동사(Modal Operator of Possibility)

A씨: 난 할 수 없어요. (행동의 한계를 설정하고 있다.)

B씨: 무엇이 할 수 없게 막고 있습니까? (한계의 이유를 명확화한다.)

필요성의 서법조동사(Modal Operator of Necessity)

A씨: 차는 여사원이 접대하는 것이다. (행동의 규제를 설정하고 있다.)

B씨: 만약 여사원이 차를 접대하지 않으면 어떻게 됩니까? (규제의 바탕이 되어 있는 결과를 명확화한다.)

보편적 수량사 (Universal Quantifier)

    A씨: 그녀는 언제나 다른 사람에게 의지합니다. (몇 번의 사건을 모든 케이스로 일
        반화하고 있다.)

    B씨: 그녀가 다른 사람에게 의지하지 않은 적은 한 번도 없는 겁니까? (일반화를
        부정하는 케이스를 명확화한다.)

전제(Presupposition)

    A씨: 자식이 성실하게 공부하면 합격할 수 있을 거라고 생각합니다. (전제로 하고
        있는 것의 근거가 숨겨져 있다.)

    B씨: 어떻게 자식이 성실히 공부하지 않는다는 걸 압니까? (숨겨진 전제를 명확히
        한다.)

왜곡(distortion)

인식 부족과 비논리성에 의해 잘못된 의미를 형성한 말을 의식적 혹은
무의식적으로 사용한 적이 있다. 말하는 쪽이 말을 왜곡한 경우 듣는 쪽
은 말하는 쪽이 왜곡한 의미를 변경시키기 위한 질문을 한다.

인과관계(cause and effect)

    A씨: 그와 이야기하면 짜증이 납니다. (잘못된 인과관계 패턴이 형성되어 있다.)

    B씨: 구체적으로 어떻게 그가 당신을 짜증나게 하는 겁니까? (잘못된 인과관계를
        명확히 한다.)

    A씨: 그녀와 이야기하면 고민이 가벼워집니다 (잘못된 인과관계 패턴이 형성되어
        있다.)

    B씨: 구체적으로 어떻게 그녀가 당신의 고만을 가볍게 하는 겁니까? (잘못된 인과
        관계를 명확화한다.)

마음 읽기 (Mind Reading)

    A씨: 오늘 사장은 기분이 안 좋아. (다른 사람의 마음을 안다는 잘못된 확신이 있다.)

B씨: 오늘 사장이 기분이 나쁘다는 걸 어떻게 아는 겁니까? (잘못된 확신을 변경시킨다.)

A씨: 그는 내 기분을 알아주지 않아. (다른 사람이 자기 마음을 아는 게 당연하다는 잘못된 확신이 있다.)

B씨: 그가 당신 기분을 모른다는 걸 어떻게 아는 겁니까? (잘못된 확신을 변경시킨다.)

복합적 동의성(complex equivalence)

A씨: 그는 지각했으니까, 의욕이 없어. (2개의 문장이 같은 것을 의미하는 것처럼 연결하고 있다.)

B씨: 그가 지각했다는 게, 어떻게 의욕이 없다는 것을 의미하는 겁니까? (관계성 확인.)

행위자 상실(Lost performative)

A씨: 그건 곤란합니다.(누구의 판단인지, 어떻게 그 판단이 나온건지가 생략되어 있다.)

B씨: 그건 누구에게 곤란한 겁니까? (판단을 내린 사람과 그 기준을 명확화한다.)

애매한 예술적 표현
밀턴 모델
(Milton Model)

NLP심리학에서는 최면요법의 대가 밀턴 에릭슨Milton Erikcson이 최면유도를 행할 때에 의도적으로 사용하고 있던 특유의 언어표현에 주목해서 그 독자적인 언어패턴을 언어학의 관점에서 분석하고, 모델화하여 언어 패턴을 만들고 그의 이름을 따서 밀턴 모델이라 했다.

에릭슨은 최면 유도를 행할 때, 의도적으로 추상적이며 애매한 말을 사용했다. 이 방법으로 클라이언트의 상상력imagination을 최대한으로 넓히고, 심신의 긴장을 풀어 이완시키고 트랜스 상태로 유도할 수 있었다. 그리고 심층의식무의식의 영역과 접촉하여, 클라이언트 자신이 무의식적으로 문제를 해결하거나, 숨겨져 있던 자원resource을 발견할 수 있게 했다. 추상적이고 애매한 말을 사용하면 상대가 체험하고 있는 마음의 세계를 방해하지 않고 확장해가는 것도 가능하며, 상대를 깊게 편안하게 이완된 상태로 이끌어낼 수 있다. 밀턴 모델과 메타 모델은 둘 다 NLP심리학 초기에 체계화된 기초적인 커뮤니케이션 테크닉이며, 다음과 같은 대조적인 목적을 가지고 있다.

밀턴 모델	메타 모델
· 추상적이고 애매한 말을 사용	· 구체적이고 한정적인 말을 사용
· 보다 일반적인 언어가 된다	· 보다 구체적인 언어가 된다
· 표층에서 심층구조로 이동	· 심층에서 표층구조로 이동
· 전반적 이해를 찾는다	· 정확한 사례를 찾는다
· 무의식적 자원으로의 접근이 목적	· 경험의 의식적인 자각이 목적
· 상대의 마음 세계를 확장한다	· 상대의 마음 세계를 한정한다
· 상대를 트랜스 상태로 한다	· 상대를 트랜스 상태에서 깨운다
· 내담자를 내적으로 집중시킨다	· 내담자를 외적으로 집중시킨다.
· chunk up	· chunk down

　밀턴 모델 테크닉을 사용하면 말하는 쪽의 메시지는 듣는 쪽의 심층의식(무의식 영역)에 직접적으로 전해진다. 따라서 일상적인 대화에서 말하는 사람은 듣는 사람의 사고와 행동에 무의식적으로 변화와 영향을 줄 수 있다. 이 같은 커뮤니케이션 테크닉은 비즈니스와 교육 등 모든 장면에서 효과적으로 활용할 수 있다.

NLP 밀턴 모델 패턴

패턴들	삭제, 일반화 왜곡에 도전하려고 사용할 수 있는 애매한 말들의 사례

의도적으로 정보를 삭제하는 패턴	· 단순 삭제: 너는 들을 준비가 되어 있구나. · 불특정동사: 네 형편 닿는 대로 이것을 이해하면······. · 불특정참조지표: 네게 중요했던 사람들일 거야. · 비교: 너는 점점 더 호기심을 느낄 거야. · 판단: 네가 좀 힘든 시기를 겪었다는 것을 기억해. · 명사화: 너는 새로운 통찰력을 얻고 새로운 우정을 쌓아가고 있어.
의미에 관한 삭제 패턴	· 인과관계: 심호흡 한 번에 훨씬 더 편안해져요. · 마음 읽기: 나는 네가 점점 더 흥미로워한다는 걸 알아. · 복합적 동의성: 이것이 네가 필요한 모든 도움을 얻고 있다는 뜻이로구나.
듣는 사람의 모델을 제한하는 일반화 패턴	· 보편적 수량사: 매번 너는 이렇게 느끼지. 네가 필요로 하는 모든 기능은 네가 배우기에는 쉬워. · 가능성 서법조동사: 너는 더 성공적이 될 수 있어. 새로운 방법을 발견할 수 있어. · 필요성 서법조동사(Modal Operators): 너는 이것을 가야 하는 방향으로 가지고 가야 한다.

여타의 밀턴 모델의 관점들

부가 의문문	동의를 요청하기 위해 진술 끝에 붙이는 것으로 매우 효과적이다. "이거 쉽지, 그렇지?"
간접 의문문이나 종속절	네가 잠깐 동안에 릴랙스해서 자신을 편안하게 하는 법을 배울 것인지 어쩐지 궁금하다. 재미있는 것은 언제 네가 매우 쉽게 배웠냐?
이중 구속 (double bind)	사람들에게 제한 있는 선택을 준다. 너는 청색으로 주문할래, 초록으로 주문할래?

밀턴 모델과 메타 모델간의 차이를 이해하기 위해서는 판매원과 고객이라는 역할놀이(Role play)를 해보는 것도 도움이 될 것이다. 예를 들어 판매원은 팔고 있는 것에 대한 상세한 정보를 주지 않고 물건을 팔려고 설득하는 역할이며, 고객은 판매원에게서 더 많은 구체적 정보를 얻어내려고 하는 역할이라고 상상한다. 판매원은 밀턴 모델 스타일로 예술적으로 애매하게 해야 할 것이고, 고객은 판매원의 일반화되고 애매한 말에서 상세한 것을 끌어내기 위해 애매함에 도전할 것이다.

밀턴 모델에 익숙해지면 대부분의 사람들은 애매함의 기술에 숙달되었다는 것을 인식하게 된다. 그래서 우리를 매우 쉽게 내면으로 가도록 할 수 있는 것이 아닐까? "우린 해낼 수 있어", "사태가 점차 좋아질 뿐이야", "이렇게 되어서는 안 되지", "언젠가 우리도 자유다" 등 이런 말들은 정치가들, 팝 스타들, 점쟁이들과 카피라이터들의 말에서 익숙하다. 매일 아침 신문에 게재된 오늘의 운세나 최신 필수품 광고 페이지에서도 익숙하다. 이런 것들이 우리를 편안하게 이완상태로 만들어주며, 매우 일반화된 말에 동의할 수밖에 없다.

애매한 언어의 힘은 사람들과 관계하는 것이나, 잘 알지 못하는 사람들과 래포를 가지기가 더 쉽다고 한다. 밀턴 모델은 자연적인 호기심을 일으켜 주며, 명확하게 사고하고 보다 능력을 부여하는 행동 방식을 찾는 데에 도움을 준다.

정보를 걸러내는 필터
메타 프로그램(Meta Program)

▪▪ 메타 프로그램이란?

'메타 프로그램meta program'이라는 말은 'Programming and Metaprogramming in the Human Biocomputer(1968)'라는 책에서 과학자 존 C. 릴리John C. Lilly가 사용한 용어이다. 그는 인간의 신경계가 생체 컴퓨터Biocomputer라는 생각에서 출발하여 인간의 유전자 내에 먹기, 잠자기, 고통 느끼기와 같은 '프로그램'을 가진 채 태어나기 때문에 이러한 내부적 프로그램을 초월하여 새로운 정보를 받아들이고 사고를 확장시키는 일은 각 개인의 '메타프로그램'이나 학습 능력에 달려 있다고 했다.

원래 메타Meta라는 말은 그리스어에서 유래한 '~보다 상위의' '~을 초월한' 이라는 의미를 가지며, 프로그램이란 개개인의 사고와 행동 패턴을 생겨나게 하는 것을 의미한다. 하나의 물컵을 보는 방법도 "물이 반 컵밖에 없다, 또는 반이나 있다." 처럼 다르게 반응하는 원인을 찾는 과정에서 메타 프로그램의 개념을 생각해냈다고 한다.

1956년 조지 밀러George Miller는 매초 우리의 감각을 자극하는 수백만 비트의 데이터 중에서 인간은 단지 한 번에 5~9개 사이의 정보를 다룰 수 있을 뿐이라는 연구 결과를 발표했다. 이것은 인간이 매 순간 엄청난 양의 정보를 걸러낸다는 뜻이다. 메타 프로그램은 주의를 기울이고 정보를 처리하는 방식과 의사소통하는 방식으로 정보를 걸러내는 무의식적 필터를 말한다.

이러한 메타 프로그램은 사람마다 가지고 있는 고유의 심리적 인식 패턴으로서 우리들 각자가 세상을 지각하는 방식에 관한 선호 경향과 비슷한 것으로 인식되기도 한다. 이것은 옳고 그름이 없으며 있는 그대로, 상황마다 다르며, 조직 내에서는 직업형태의 선호를 설명하고 특정과업에서 어떤 이들이 왜 뛰어날 수 있는지에 관한 통찰력을 제공해준다.

MBTI, DISC 같은 성격 도구들은 사람들의 의사소통, 학습 의사결정 유형, 선호와 특성들을 살피는 데에 유용하게 쓰이고 있다. 메타 프로그램도 NLP심리학에서 일종의 '성격 이론personality theory'으로 다루어질 때도 있다. 그러나 메타 프로그램은 인지적 패턴이나 경향을 나타내는 특성이지, 고정적이고 불변하는 정체성의 특성은 아니다. 메타 프로그램 패턴의 목적은 특정 상황에서 일반적인 경향을 설명해 주는 것이다. 메타 프로그램을 활용하면 "왜 그 사람이 그런 행동을 할까?" 라는 의문에 대한 몇 가지 답을 얻을 수 있다. 사람들이 자신의 메타 프로그램을 이해하게 되면 자기 인식을 발달시킬 수 있다. 일단 한 개인의 메타 프로그램이 어떠한지를 알면 그가 말하는 것에 주목하여 그 사람을 간파할 수 있다. 만약 누군가가 책더미를 옮기는 중에 떨어뜨렸다면 어떤 사람들은 급히 달려 와서 도울 것이고, 또 어떤 사람들은 지나쳐 갈 것이다. 두 유형의 사람들은 상황에 따른 자신의 메타 프로그램에 따라 똑 같은 메시지, 이야기와 농담에 다르게 반응한다. 또 어떤 사람들은 왜 대국적인 전체상에 관해 생각하기를 좋아하고, 또 어떤 사람들은 세부적인 것에까지 파고들기를 선호할까? 어떤 사람들은 모든 아이디어에 대해 결함을 찾지만, 왜 어떤 사람들은 효과가 있는 요인에만 집중할까? NLP심리학은 '메타 프로그램Meta Program'이라는 용어로 이러한 차이를 설명하고 있다.

우리가 누군가와 래포를 형성하고 싶다면 최소한 비슷한 옷을 입고 행동을 하고 비슷한 어휘를 사용하여 말을 할 수 있다. 그 사람들의 메타 프로그램을 이해하기 시작하면 그 사람과 똑 같은 단어와 어구들을 사용할 수 있다. 사람들의 메타 프로그램은 매우 무의식적이기 때문에 그들의 메타 프로그램에 조화시킴으로써 우리가 말하는 것은 그 사람의 의식적 마음과 동시에 무의식적 마음과도 의사 소통을 할 수 있게 되며, 보다 효과적인 커뮤니케이션의 이점을 경험할 수 있다. 그래서 우리는 사람들의 언어와 행동을 통해 타인들의 지각 필터 즉 체계적·습관적인 메타 프로그램을 알아차리고, 사람들의 행동 패턴을 인식하며 '문제 영역'이나 문제 영역의 요소를 어떻게 접근해야 할지에 대한 다양한 방법을 활용할 수 있다.

어렸을 때 사람들은 부모, 교사, 양육된 환경으로부터 메타 프로그램을 몸에 익힌다. 나이가 들어가면서 삶의 경험들이 이렇게 배웠던 프로그램들을 변화시킬 수 있다. 너무 자기 중심적이라고 꾸지람을 받으며 자랐다면 공정성을 연습하고 감정을 억제하는 것을 배울 수 있다. 이 것은 후에 직업 선택과 학습 스타일에도 영향을 미칠 수 있다.

메타 프로그램은 상황특수적이어서 그 패턴들은 상황마다 다르다. 사람들의 행동을 정리함 같은 것에 넣는 식으로 분류하지는 않지만, 광 범위한 상황에 걸쳐 사람들이 규칙적으로 사용하는 패턴을 식별할 수 는 있다. NLP심리학의 메타 프로그램은 사람들이 생각하는 방식, 동 기부여, 의사소통 스타일, 상호 인간관계와 작업스타일, 사고 유형, 의 사결정, 학습과 변화 스타일을 이해하는 급진적인 새로운 접근이다. NLP 메타 프로그램은 아마도 NLP 분야가 인간의 차이를 이해하는 데 가장 큰 공헌을 한 분야일 것이다. 인간의 차이를 이해하고 식별할 수만 있다면 세상 모델이 자신과 매우 다른 사람들을 존경하고 지지할 수 있을 것이다.

레슬리 밴들러Leslie Cameron Bandler는 사고를 하고, 주의를 집중할 곳을 결정하게 하는 대략 60여 가지의 메타 프로그램을 식별해 냈고, 그녀의 제자 베일리Rodger Bailey와 비슷한 언어 패턴을 사용하는 사람 들이 비슷한 행동 패턴을 나타낸다는 것을 밝혀냈다. 예를 들어 기업가 적인 색깔을 가진 사람들은 다른 분야에서 일한다 해도 외향적이고 설 득을 잘하며, 자신에 대한 신념이 강한 패턴을 가지고 있다는 것을 입증 해냈다.

NLP 창시자들 또한 비슷한 언어 패턴을 사용하는 사람들이 다른 언 어 패턴을 사용하는 사람들보다 더 빨리, 더 깊은 래포를 발달시킨다는 것을 알아내고, 메타 프로그램이 언어적으로 래포를 형성하는 강력한 방법임을 주장했다.

메타프로그램

패턴	분류 유형				
문제에 대한 접근방식	긍정적인 것으로 다가가기(목적 지향)	부정적인 것을 회피하기(문제 회피)			
시간 범위	a. 단기간-장기간	b. 과거-현재-미래			
정보의 크기	a. 큰 덩어리-일반화	b. 작은 덩어리-구체화			
통제의 소재	a. 내적, 자기 참조적, 사전주도적	b. 외적, 타인 참조적, 반응적			
비교의 양식	a. 일치(유사성)- 합의	b. 불일치(차별성)- 대결			
문제 해결에 대한 접근방법	과업(성취)		b. 인간 관계 (힘, 제휴)		
	1) 선택-목표	2) 절차-운용	1) 자신-나의, 나, 나를	2) 타인-너, 그의, 그들의	3) 환경-우리, 회사, 시장
사고 방식	a. 비전	b. 행동	c. 논리	d. 정서	

메타 프로그램은 <그림 28>에 표시되는 것처럼 슬라이딩 스케일 Sliding Scale에 따라서 움직이는, 상황에 따라 조금씩 순응적인 것이며, 양자 택일의 선택은 아니다.

사람들은 상황이 달라지면 다른 경향을 보일 수 있다는 것이다. 어느 쪽 척도에 더 동의하는지를 나타내 줄 뿐이다.

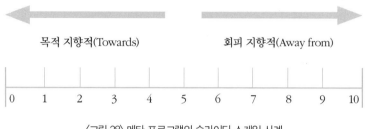

〈그림 28〉 메타 프로그램의 슬라이딩 스케일 사례

메타 프로그램 패턴은 질문과 인지 학습을 통해 활성화될 수 있으며, 자기평가의 결과로 드러난다. 자기평가란 어떤 상황이나 전후 관계에서 그 사람의 선호도를 이끌어내는 다양한 선택 문제를 사용한다. 관련 인지 패턴과 행동 단서를 찾는 방법은 다양한 상태, 표현체계, 지도, 행동, 세부사항을 비교·분석 하는 '대조 분석contrastive analysis'을 사용하는 식으로 개인의 메타 프로그램 패턴을 파악할 수 있다.

문제 접근 방식에 따른 메타 프로그램 패턴

… 목적지향과 문제 회피

이것은 한 개인의 동기유발 에너지의 방향을 나타낸다고 볼 수 있다. 목표 중심적인가 문제 중심적인가?

문제나 목표에 접근할 때 긍정적인 어떤 것에 다가갈 수도 있고 또는 부정적인 어떤 것으로부터 멀어질 수도 있으며, 또는 전자와 후자가 함께 나타날 수 있다. 긍정적인 것에 다가간다는 것은 원하는 비전, 성과, 꿈을 이루려는 노력, 기업가 정신, '능동성proactivity'을 기르는 일이다.

부정적인 것을 피하는 일은 잠재적인 실수나 문제를 회피하고 계획·의사 결정·문제 해결 시 보다 신중하고 보수적이며 '반응적reactive'인 접근을 하는 것이다. "앞으로 나아가기"만을 하는 사람은 순진하고 잠재적으로 위험한 결정만을 할 수 있는 반면에 "문제를 회피하기만" 하는 사람은 지나치게 수동적이고 "편협해" 보일 수 있다. 따라서 위의 두 가지를 혼합할 때 바람직한 결정을 내리고, 계획을 세울 수 있다.

문제 회피형(Away from)	목적 지향형(Towards)
잘못되어 갈지도 모르거나 잘못되어 가고 있는 것에 초점을 맞추어 문제를 해결하기 위해 동기가 유발된다.	목표를 달성하기 위해 동기가 유발되며 문제를 인식하는 데 힘이 든다.
원치 않는 것이나 좋아하지 않는 것을 회피(피하고 제거하고 관계하지 않는다).	원하고 좋아하는 것을 향해 움직인다.
종종 목표를 정해서 명확히 말하기 힘들어 하며, 목표에 관해서도 혼란스럽거나 임시적이다.	종종 부정적 결과를 최소화하거나 작동하지 않고 있거나 잘못되어 가고 있는 것에도 부주의한 경우가 있다.
부정적 결과들로 쉽게 미칠 지경이다.	인센티브와 회유에 가장 잘 반응한다.
원하지 않는 것을 남에게 이야기한다.	그들이 원하는 것을 이야기한다.
불의의 사태에 대해 긴급 계획을 세운다.	목적과 목표를 설정한다.
위협 때문에 벌을 피하기 위해 동기가 유발된다.	성공에 의해 동기가 유발된다.
사정이 나빠질 거라고 믿는다.	문제를 소홀히 하거나 과소평가한다.
부정적 언어를 사용한다.	긍정적 언어를 사용한다.
사람들을 위협한다.	사람들을 회유한다.

피해져야 할 상황, 배제되어야 할 것, 사라져야 할 문제에 관해 이야기한다.	목적, 우선사항, 갖기, 성취하기, 달성하기에 대해 말한다.
잘못을 찾는 것에 탁월하여 품질관리, 증거해석 같은 직업에서 일은 잘한다.	목표달성에 관해 가장 잘 근무한다.
언어적 표현: 피하다. 차단하다. 문제인식하기. 가지고 있지 않다. 못하게 하다. 문제를 피하면서 부정적인 것에서 피하기.	언어적 표현: 얻다. 달성하다. 쟁취하다. 성취하다. 완수하다. 목표로 삼다. 목표 추구적이고 긍정적인 것을 향하기.
대처방안: "이 일을 끝내면 남은 일은 하지 않고 돌아가도 좋습니다." "목표를 달성하지 못한다면 계속 야근을 해야 됩니다."	대처방안: "이 일이 성공하면 영업 성적이 탑(top)이 됩니다." "다음 주에 20% 더 목표를 상향 조정하여 나아갑시다."

▪▪ 시간 범위에 관한 메타 프로그램

… 단기 또는 장기인가, 과거 현재 미래인가?

목표나 문제 상황은 다양한 시간 범위, 즉 장기간, 중기간, 단기간으로 구분하여 검토해볼 수 있다. 문제나 목표가 검토되는 시간 범위는 문제나 목표에 대한 해석과 접근방법에 큰 영향을 미친다. 예컨대 단기간의 성공에 집착하다 보면 장기간의 생태학에서 문제를 일으킬 수 있다("전투에서는 이길 수 있을지 몰라도, 전쟁에서는 지게 된다"). 반면 단기간과 중기간에서의 필요와 과제를 고려하지 않는다면 장기간의 목표를 달성하기 어렵게 된다.

과거, 현재, 미래와 성과의 문제를 연관시켜 생각할 수 있다. 때때로 사람은 최근에 일어난 머릿속에 생생한 성공적이었던 상황이나 문제를 회피했던 상황을 다시 반복하려는 경향이 있다. 반면 또 어떤 때는 아주 먼 미래의 성과나 문제를 달성하거나 회피하려고 하기도 한다. 한편 해결책을 미래에서 보다는 과거에서 찾으려는 사람도 있다.

▦ 정보의 크기(Chunk Size) 에 따른 메타 프로그램 패턴

… **전체형**(Big chunk, Global)**과 상세형**(Small Chunk, Detail)

이 메타 프로그램 패턴은 개인이 생각하고 의사소통하고 학습 등을 할 때 선호하는 정보 양의 크기를 나타낸다. 개인이 일의 대상으로 삼을 수 있는 그림의 크기가 어떠한가? 개인이나 단체가 문제나 문제 영역을 분석하는 데 사용하는 구체성이나 일반성의 수준과 관계가 있다. 상황은 자세한 분석의 수준(미시적 정보의 묶음)으로도, 총괄적인 전체상을 파악하는 일반적인 수준(거시적 정보의 묶음)으로도 분석될 수 있다. 그러나 세부적 사항에만 초점을 맞추다 보면 나무는 볼 수 있지만 '숲'은 볼 수 없게 되고, 반대로 일반적인 것에만 초점을 맞추면 숲만 보고 '나무'는 지나치게 된다.

큰 정보를 선호하는 사람들은 전체적으로 말하기를 좋아한다. 큰 그림을 보고 싶어하고 세부적인 것에 관심이 덜하다. 일반화와 개념으로 말하며 어떤 세부사항들은 생략해 버린다. 작은 정보를 선호하는 사람들은 매우 자세하게 이야기하여 전체적인 목적을 보지 못한다.

예를 들어 최근에 보았던 영화에 관해 큰 정보를 선호하는 사람에게 묻는다면, 그들은 "내가 지난 번에 본 것보다 더 좋은 스릴러였어."와 같은 말을 들을 것이다. 작은 정보를 선호하는 사람들은 이야기와 각 부분들과 각 인물들의 모든 상세한 것들을 몇 시간 동안 얘기하느라 상대방 귀에 못이 박힐 정도일 것이다. 그들은 더 순서 있게 이야기하는 반면 큰 정보 선호자들은 주제 주변을 자유자재로 넘나든다. 작은 정보 선호자들은 총체적 사고를 요하는 직업에 대처하기 어려울 것이며, 큰 정보 선호자들은 많은 세부적 분석이나 서술을 요하는 직업에서 스트레스를 받을 것이다.

어떤 사람들은 대량의 정보를 받아들이는 데 편안하며, 전체적 또는 일반적인 학습을 하는 사람들이다. 그 사람들은 세부적인 것들을 참지 못하고 먼저 전체적 그림을 보고 싶어한다. 그들은 개략이나 요약으로 생각을 나타내는 편이고, 종종 추상적 개념도 사용한다. 멋대로의 순서처럼 보이는 것에 정보를 줄 수도 있다. 또 다른 어떤 사람들은 구체적 세부사항에 더 편안해한다. 이 사람들은 구체적 부분들이 함께 어떻게 어울리는지를 알지 못하고서 전체적 아이디어를 파악하기 어렵다는 것을 알 것이다. 보통 정보를 순서대로 정리하는 것이 이들에게는 중요하다. 전체적 구조는 그들에게는 너무 애매하다. 매우 상세한 정보를 원하거나 또는 큰 일반화에 편안해하는 이 두 가지 패턴의 양끝에 있는 몇몇 소수의 사람이 있다. 대부분의 사람들은 양극단 사이에 존재한다.

이 메타 프로그램 패턴은 교육에서 매우 중요하다. 세부사항을 필요로 하는 학생들은 일반적이고 큰 정보 방식으로 제시하는 교사들에게서 배우기 어렵다는 것을 알게 될 것이다. 유사하게도 한 전체적 이해를 하는 학생은 지루해지게 되고 많은 세부사항이 제시되면 동기 유발이 상실되고, 혼란스러울 수 있다. 그 사람들은 큰 그림을 원한다. 이 두 가지 패턴들 사이의 차이는 몇몇 의사소통 문제를 발생시키고 있는 상황을 설명해주는 데에 도움이 된다. 이런 시나리오를 상상해 보십시오.

큰 정보로 일반적 이해를 하는 패턴의 사람이 구체적이고 상세형 패턴을 가진 사람에게 일을 설명하고 있다. 구체적인 사람은 행해져야 할 일에 대해 명확한 생각을 갖지 못하기 때문에 구체적 사람은 계속 질문한다. 그 사람들은 구체적 지시법이 필요하다. 전체적인 사람은 자신들이 상세히 설명해야 하는 이유에 좌절하고 놀란다. 또는 역으로 일어날 수 있다. 조바심이 나서 가만있지 못하는 큰 정보로 전체적 이해를 하는 사람에게 고통을 주는 세부 사항들처럼 보이는 상황을 구체적이고 상세형 사람이 설명하고 있다. 주의력 부족을 느끼면서 구체적 사람은 훨씬 더 자세한 사항으로 들어간다. 결국 큰 정보로 전체적 이해를 하는 사람은 스위치를 꺼버렸기 때문에 중요한 요점을 놓쳐버릴 수 있다. 이러한 일들은 관리자들, 감독자들 그리고 그들이 대처하는 사람들 간에 직장 혹은 일상 생활에서 얼마든지 일어날 수 있는 일이다. 두 가지 해결책을 생각해 볼 수 있다. 첫 번째 해결책은 상대방에게 보조 맞추기를 한다. 자신이 선택한 방법으로가 아니라 다른 사람이 이해하는 방법으로 정보를 내놓는다. 두 번째 해결책은 그들 사이를 중개해 줄 누군가와 함께 하는 것인데 아이디어를 가진 사람은 상대방이 편안해 하는 형태로 그것들을 표현한다.

상세 정보로 구체화하기	큰 전체적 정보로 일반화하기
세부사항과 순서를 선호하고, 개략적인 것을 못 본다.	전체적인 큰 그림을 선호. 단기간 동안 세부사항을 다룰 수 있다.
현미경렌즈를 사용한다고 생각될 수 있다.	광범한 각도의 관점을 사용하는 것으로 생각할 수 있다.
세부사항에 관심 있다.	일반원리를 선호한다.

구체적 사실에 근거해서 결정을 내리기 전에 먼저 세부사항을 원한다.	적절한 곳에 부분들을 놓기 전에 먼저 전체적인 그림을 필요로 한다.
더 많은 정보를 다룰 때 처리할 시간이 필요하다.	세부적인 것에 흥미가 없다.
각 요소들의 관점에서 과업을 지각하는 경향.	핵심 포인트에 집중한다.
과업을 더 작게 더 구체적이고 명확한 단계로 분해하는 경향.	추상적 사례를 활용한다. 단계별 절차를 지각하고 끝까지 따르는 것에 어려움이 있다.
세부사항에 사로잡혀 있기 때문에 과업의 전체 목적을 종종 놓칠 수 있다.	대략적으로 빨리 처리한다.
무엇을 언제 어디서 어떻게 어떤 순서로 시작할지, 자세히 알고 싶고, 각 단계는 전체과업 달성에 도움이 되어야 한다.	일반론적으로 말하며, 프로젝트나 과업의 전체적 방향에 집중하고, 과업의 부분들이 어떻게 함께 어울리는지를 이해하는 것이 더 쉽다.
일단 그들은 그 부분들이 어떻게 작용하는지 그리고 작용할지 어떨지를 알기만 하면 그때 더 큰 그림을 고려할 것이다.	전체적인 개념이나 아이디어로 보통 확신하고 요약하는 경향이 있다.
표현방식: 세부사항, 순서,정확 꼼꼼하기	표현방식: 개요, 큰 그림, 무질서 일반적인 진술
대처방안:"내년3,4분기까지 성장률은 15%일 것이다" 직장상사가 상세형이면 "업무의 세부 사항을 모두 말씀드리면 ~~~이 됩니다." 라고 보고한다.	대처방안:"이게 전체적으로 무슨 뜻일까?" 직장 상사가 전체상을 보는 사람이면, "업무의 개략을 간결하게 정리하면 ~~~~이 됩니다." 라고 보고한다.

■■ 통제의 소재(Locus of Control)

… 외적 통제 또는 내적 통제

통제의 소재locus of control는 사람들이 그들의 기준을 어디에서 찾는가? 즉, 어떻게 개인이 판단을 내리는가, 외부적 자료로부터인가 또는 자신의 내면적 기준을 사용해서 판단을 내리는가를 알아보는 메타프로그램 패턴이다.

내적 참조Internal reference는 사람들이 자신의 내부 감정, 표현 체계, 기준을 행동으로 하는 주요한 원천으로 사용하며, 외적 참조external reference는 특정 행동이나 결정과 관련된 통제의 소재나 성공의 증거가 개인의 외부에 존재함을 가리킨다. 예를 들면 내적 참조를 이용하여 직업을 선택할 경우에는 자신의 필요, 욕구를 파악하고 자신의 필요와 흥미를 가장 잘 만족하는 직업을 선택하겠지만, 외적 참조를 이용하여 직업을 선택할 경우에는 타인 때문에 또는 그 직장을 선택할 수밖에 없었기 때문에 직업을 선택하는 것이다. 그러므로 자신이 "원하는" 일을 한다는 것은 내적 참조를 사용하는 반면 자신이 "해야 하는 일"이나 남이 "시킨" 일을 한다는 것은 외적 참조를 사용하는 일이다. 성공적인 증거나 증거의 과정은 내적 및 외적 참조를 모두 활용하여 이루어진다.

내적 참조를 가진 사람들은 본능적이고 직관적으로 그들이 일을 잘했는지 어떤지를 안다. 외적 참조를 가진 사람들은 그들에게 이야기해 줄 다른 누군가가 필요하다. 성공적 기업가들은 극도로 내적 참조적이라고 한다. 그 사람들은 좋은 결정을 했을 때나 나쁜 결정을 했을 때를 안다. 조직에 있는 많은 사람은 외적 참조적이고, 그들의 일의 기준에 대한 피드백을 줄 관리 구조가 필요하다. 내적인 사람은 내면화된 자신의 기준을 가지고 있을 것이고 외부 기준으로 가기보다는 오히려 무엇을 해야 할지를 결정하고 여러 행위의 과정들을 비교하기 위해 그 기준들을 사용한다. 내적인 사람들은 자신의 내면 안에서 자신의 동기부여를 찾는다. 내적 참조를 가진 사람들은 성취 증거로서 자신의 내적 감정, 이미지와 목소리를 사용한다. 내적인 사람들은 관리를 받아들이는 데 어려움이 많다. 그들은 좋은 기업가가 될 것이고, 자영업에 끌린다. 그들은 감독을 거의 필요로 하지 않는다.

외적 참조를 가진 사람들은 주위의 다른 사람들이 가지는 것에 더 달려 있을 것이다. 그러나 내적 참조를 가진 사람은 외부의 사람들과 사건에 영향을 받지 않는다. "당신이 일을 잘했다는 것을 어떻게 알죠?" 라는 질문에 대한 대답에서 "그냥요."와 같은 말을 할 것이다. 내적인 사람들은 정보를 받아들이지만 자신의 기준에서 스스로 판단한 것을 주장한다. 심하게 내적인 사람은 좋은 것이라 할지라도 자신들을 대신하여 다른 누군가가 결정한 것에 저항할 것이다. 외적인 사람들은 타인들에게 기준과 방향을 주기를 좋아한다. 그 사람들은 동기가 유발되기 위해 타인들로부터 피드백이 필요하다. 누군가가 잘했다고 말해줄 때 일이 잘 끝난 것을 안다. 그들을 안내할 사람이 아무도 없다면 때때로 결정하는 데 어려움이 있는 것 같다.

외적 참조를 가진 사람들은 성취증거로 외부원천에 의존한다. 예를 들어 타인들이 말하고 행하는 것에 의존한다. '더 많은 명령들'과 같은 외적 요인에 의존할 것이다. 내적 사람들은 자신의 질 높은 기준을 활용하여 스스로 결정한다. 타인들의 견해와 지시를 받아들이는 데 어려움이 있다. "난 결정했어요." "내가 했어요." "난 알았어요." "기분이 좋습니다."와 같은 말을 사용한다. 외적 사람들은 질적 기준에 도달했는지를 알기 위해 외부정보를 사용한다. 타인의 견해와 지시를 필요로 한다. "내 친구가 나를 지지했어요." "사장이 내게 동의했어요." "다른 사람들이 내게 말했어요."에 관해 이야기한다. 외적 참조를 가진 사람들은 관리되고 감독 받는 것이 필요하다. 피드백과 가이던스가 필요하며 그렇지 않으면 그들이 정확하게 일을 끝냈는지 어쨌는지를 확신하지 못한다. "당신이 잘했다는 것을 어떻게 알지요?" 라고 물음으로써 이러한 메타 프로그램을 확인할 수 있다.

내적인 사람들은 자신들이 결정한다. 외적 사람들은 다른 누군가나 외부 정보가 그렇게 말해왔기 때문에 자신들이 알고 있다고 말을 한다. 내적 사람들은 그것이 원하는 것이라고 결정한다면 자신의 상품이나 서비스에 관해 확실할 뿐이다. 그래서 "당신만이 이런 결정을 내릴 수 있어." 라고 그들에게 말할 수도 있다. 외적 사람들은 결정을 내리기 전에 피드백을 얻을 필요가 있다. "이 상품을 사기 전에 친구들에게 물어보라고 제안한다." 라고 그들에게 말할 수 있다.

내적-자기 참조-능동적, 사전 행동적	외적-타인 참조-반응적, 수동적
자신의 내적 기준에 근거하여 결정한다.	그들이 얼마나 잘하고 있는가를 알기 위해 외부의 피드백이 필요하다.
자신의 내부에 기준을 갖고 있다.	외부적 입력에 의존한다.
자신의 기준, 평가, 판단에 의존하려 한다. 정당성의 권위의 근원, 증거는 그들 내면에서 나온다.	자신의 견해를 발달시키기 위해 외부 피드백과 기준을 사용한다. 정당성을 외부 즉 외부의 인정에서 찾는다.
자부심이 강하며 고집이 세고, 아마 오만할 수도 있다.	타인의 의견에 흔들린다.

타인으로부터 받은 피드백을 무시하는 경향도 있다.	타인에게서 피드백 받을 필요가 있다. 자신의 일에 대해 어떻게 생각하는지를 타인들에게 물어야 한다.
자신만만할 수도 있다.	자신감이 부족하다.
리더십 자질을 가지고 있다.	추종자의 자질을 갖고 있다.
자신이 생각한 것이 적합하다는 데 기초하여 일을 평가한다.	타인의 평가와 판단에 의존한다. 무엇을 해야 하는지 타인들에게 물어보고서 알아낸다.
일을 잘했다는 것을 아는 자신의 느낌을 사용한다.	권위의 근원 증거는 외부자료에서 나온다.
자신의 주관적 기준에 근거해서 일을 잘했을 때 결정한다.	타인에게서 지시를 필요로 한다. 타인이 그들에게 이야기하는 것에 의존한다.
자신의 동기유발을 제공한다.	다른 사람의 반응에 주로 기초해서 결론을 끌어내는 경향이 있다.
자신의 경험을 통하여 이미 알고 있는 것들에 마음이 끌리면 확신한다.	해야 할 일과 그것을 하는 방법에 관해 타인에게 결정하게 한다. 타인들의 신념에 부합한다.
표현방식: 마음속으로 안다. 자신의 감정 사용, 통제는 자신이 하며 자신의 결정을 내리는 것에 만족하고 끝낸다. 조치를 취하다. 통제하다. 책임지기 좋아하고, 해결책을 찾고 더 빠른 속도로 움직인다.	표현방식: 타인, 사실 숫자에 의존. 통제는 타인이 하며 피드백을 필요로 한다. 다른 사람들이 솔선하기를 기다린다. 지시를 기다리고 느린 속도로 일에 관해 생각한다.

대처방안: 개인감정에 관한 단어의 어구를 사용하기. "당신이 결정해요. 결정은 당신에게 달렸어요.", "내가 추천하고 싶은 식당으로 안내해 볼까?" 조치에 관한 단어나 어구 사용 "이제 이런 식으로 하면 됩니다."	대처방안: 타인들에 관한 단어의 어구사용. "내 사장은 내가 그것을 할 줄 모른다고 해", "다른 사람들은 이게 효과 있다는 걸 알았어.", "당신이 추천하는 식당으로 갈까요?" 선택을 가진 단어와 어구 사용 "부장이 무슨 말을 하는지 기다려봅시다."

■■ 비교 양식에 따른 메타 프로그램

⋯ 일치와 불일치

이 메타 프로그램 패턴은 개인이 새로운 정보를 대할 때 자료를 어떻게 다루고 비교하는지, 개인이 변화에 어떻게 반응하는지를 나타낸다.

목표를 달성하거나 문제를 회피하는 것과 관련하여 생각해 볼 때, 성공은 현재 상태가 목표 상태와 일치matching하거나 불일치mismatching하는 것으로 평가된다. 두 상태를 일치시키는 것은 이미 달성된 것이 무엇인지에 중점을 두는 반면, 두 상태를 불일치시키는 것은 다양성과 혁신을 불어넣을 수 있다. 그러나 두 상태가 너무 일치하게 되면 그 사람은 불성실하다거나 타인의 의견에 쉽게 휩쓸려가는 사람으로 비춰질 수 있다. 한편 두 상태를 너무 불일치 시키게 되면 그 사람은 지나치게 비판적이고 까다로운 사람으로 비춰질 수 있다.

일치형 사람들은 '무엇이 빠져 있는가'와 반대되는 '무엇이 있는가'를 찾는 경향을 나타낸다. 공통성과 일이 함께 어떻게 적합한지에 초점이 있다. 강한 일치형 성향을 가진 사람들은 매우 성급하게 일반화하고 가정을 형성하는 위험성이 있다. 또한 조직의 변화에 대처하기 어렵고 장기적인 꾸준한 고용을 선호한다. 20~25년 동안 기쁘게 똑 같은 직장에 머물 수도 있다.

불일치형 사람들은 '빠져 있는 것을 분류하면서 모든 것의 차이를 찾고 일이 어떻게 작동하지 않는지 또는 함께 적합하지 않는지에 초점을 둘 것이다. 그들은 박식하면서도 상세하고 장황할 수 있고, 9~18개월 지나면 직장에서 가만있지 못하게 된다. 이런 선호를 가진 사람은 너무 빈번하지는 않지만 점진적이기만 하면 변화를 꺼리지 않는다. 그들은 전형적으로 다른 것을 찾기 전에 5~7년 동안 똑 같은 일에 남아 있다.

처음으로 누군가와 만날 때 짝으로 분류되는 사람은 비슷한 사람들, 비슷한 상황 또는 상대방이 그들과 어떻게 비슷한지에 대해 생각할지 모른다. 안 어울리는 짝으로 분류되는 사람은 알고 있는 타인들과 자신을 비교해서 이 사람과 이 상황에 관해 무엇이 다른지를 확인할 수 있다. 어떤 전문직들은 특별한 방식으로 생각하도록 사람들을 훈련한다. 예를 들어 많은 다른 분야의 기업에서 보다는 정보공학과 금융과 관련된 전문직들에서 어울리지 않는 사고 패턴을 더 이해할 수 있다. 옳은 것도 틀린 것도 없다.

어떤 직업들이 어울리지 않을 능력에 달려있듯이 또 어떤 직업들은 어울릴 수 있는 능력에 의존한다. 직업이 불균형을 찾아내는 회계업에 있는 사람들이 하듯이 결함을 찾아내도록 훈련된 어떤 소프트웨어 엔지니어는 적합하지 않는 것을 찾으면서 어울리지 않는 것에 대해 노련해질 수 있다. 중요한 것은 이 기술들이 어떻게 적절하게 사용되는가 이다. 적절하게 사용되어 문제만 일으키지 않으면 그것들은 훌륭하다. 대화패턴이 '예, 그러나' 패턴은 불일치의 사례이다.

일치형	불일치형
이미 알고 있는 것에 조화되는 것을 찾는다. 사람들은 그들이 세상과 똑 같이 있기를 바란다.	사람들은 그들의 지식과 다른 것 또는 조화되지 않는 것을 인식한다. 그들은 끊임없이 맹렬하게 변화하고 싶어한다.
무엇이 빠져 있는가와 반대로 무엇이 있는가를 찾는다.	불일치, 일이 어떻게 함께 들어맞지 않는지, 조화되지 않는지를 알아차린다.
공통으로 가진 것, 일이 함께 어떻게 어울리는지의 면에서 일을 본다.	어떻게 일이 완전히 다른지를 강조한다.
조화하고 싶어한다.	빠뜨린 것을 찾는다.
협동적 접근	아니오 에서 예로 이동
충돌과 논쟁을 피한다.	이해하기 위해서 자료를 순서대로 맞춰 놓지 않는다.
'예'로 시작	갈등과 논쟁을 포용한다.
비슷한 것을 인식한다. 변화에 참을성이 낮다. 안전성을 중시한다. 꾸준한 진보를 하고 싶어한다. 점진적 변화를 선호한다.	
표현방식:여러 가지 일과 사람에 대해서 매치하는 경향이 있다.처음 사람을 만나면 취미나 기호 등 자신과 유사점 찾는다.	표현방식:여러 가지 일과 사람에 대해서 '아니오'라고 말하는 사람. 처음 사람을 만나면 자신과 다른 특수성을 찾는다.
대처 방안: 뭔가를 부탁할 때 일치형 사람들에게는 "~해 주시겠습니까?"라고 제안한다.	대처 방안: 뭔가를 부탁할 때 "~해 주시면 안될까요?"라고 제안한다.

… 과업지향인가 관계 지향인가,
과업 지향이라면 선택지향인가 절차 지향인가?

문제와 목표는 일task의 달성과 관련하여 또는 '힘'과 '제휴'와 같은 인간 관계의 맥락에서 인식된다. 일이나 인간 관계를 강조하는 일은 문화와 성gender의 차이를 이해하는 데 중요하다. 예를 들어 보통 남자는 업무 지향적인 반면 여자는 인간 관계에 더 큰 비중을 둔다고 생각되어 왔다. 과업과 관계에 관해 균형된 중심을 잡는 문제는 집단과 팀의 활동에 관해 중요한 문제이다. 과업 성취에 있어서 목적과 절차나 선택권이 강조될 것이다. 이 자체가 문제 해결이나 계획에 대한 접근방법에 큰 차이를 가져온다. 절차 지향적 전략은 "책에 쓰인 대로 하는 것"을 강조하는 반면에 선택 지향적 전략은 가능한 한 다양한 변화를 찾는 것을 의미한다. 인간 관계에 관련된 문제는 자신의 관점, 타인의 관점, 더 큰 시스템회사, 시장 등의 관점 등을 강조하는 방법으로 접근할 수 있다.

선택 지향적	절차 지향적
표현방식: 새로운 방법 시도, 선택제공 다양성과 다른 가능성 선호계획을 시작하지만 언제나 끝맺음을 하지 못함.	표현방식: 정해진 규칙에 따르기, 정해진 방법, 규칙, 절차에 따르기. 정확한 지시를 좋아하고 속도 제한 따르기
대처방안: 선택에 관한 단어와 어구를 사용 "좋아하는 색깔은 어느 것이든 주문할 수 있어요."	대처방안: 명확한 절차를 가진 단어와 어구 사용 "1 ~ 10 단계를 정확히 따라야 합니다."

··· 사고 방식(Thinking Style)

문제에 접근하는 전략은 비전, 행동, 논리, 감정의 다양한 전략들 간의 결합을 강조한다. 이러한 인지 전략 중 특히 하나만을 강조하는 것은 개인이나 단체 수준에서 일반적인 사고 방식thinking style을 형성할 수 있다. 비전, 행동, 논리, 감정은 특정 인지 전략의 요소들 즉 시각화, 움직임, 언어화, 감정을 보다 일반적으로 표현한 것이다. 이 사고 방식은 NLP심리학의 개념 중 우선 표상체계의 개념과 유사한 것으로 생각할 수 있다.

■■ 여타의 메타 프로그램 패턴 종합

메타 프로그램 패턴	분류 유형	
①동기(motivation)에 따른 메타 프로그램	필연형(Necessity) –필연적인 것에서 동기 부여하는 유형. 절차 지향적이며 대개 규범집(Rulebook)대로 하는 편. 공무원이나 대기업 회사원, 자동차와 기계 등을 조작하는 직업 기술자와 사무직을 선호.	가능형(Possibility)–가능한 것에서 동기 부여하는 유형. 결과 지향적이며 미지의 꿈을 추구. 기업가와 창작자, 위험 부담을 안고도 미지의 꿈을 향해 가는 일을 선호.

②행동(Action)에 따른 메타프로그램	능동형 (Proactive) - 주도권을 갖고 미래의 일을 예측하며 행동. "이번 일을 향해서 일은 잘 되어 가고 있지?" 라는 식으로 묻는다.	수동형 (Reactive) -타인의 제안과 지시를 기다려 그것을 받아들여 행동. "배운 것을 꼼꼼하게 이해할 수 있죠?" 라는 식으로 묻는다.
③수단(Means)에 따른 메타프로그램	평행형 -두 가지 이상의 일을 동시에 할 수 있는 유형. "이 일과 저 일 둘 다 부탁합니다." 식으로 의뢰.	연속형 - 한 가지 일만 하고, 동시에 두 가지 이상의 일을 하는 데 어려움이 있는 유형. "이 일을 끝내면 저 일도 부탁합니다." 식으로 의뢰.
④상태(State)에 따른 메타 프로그램	결합형 - 자신의 체험을 자신의 오감으로 생생하게 느끼는 유형.	분리형-자신의 체험을 남의 일처럼 객관적으로 보는 사람.
⑤친화성 (Relationship)에 따른 메타 프로그램	자기 중심형– 자기 중심으로 사물을 생각하는 유형.	타인 중심형– 타인 중심으로 사물을 생각하는 유형.
⑥ 태도(Attitude)에 관한 메타 프로그램	외향형(Extrovert)– 의식과 관심이 외부의 여러 가지 사물과 사람에게 향해 있는 사교적인 유형.	내향형(Introvert) – 의식과 관심이 주관적 경험과 마음의 움직임에 향해 있는 내성적 유형.
⑦ 지각(Perception)에 관한 메타 프로그램	직관형(Intuition) –눈에 보이지 않는 과정과 상황을 읽어내서 그 의미와 나아가는 방향을 느낌(영감, 육감)으로 지각하는 유형.	감각형(Sensibility) –눈에 보이는 것을 오감을 사용하여 현실적이고 구체적으로 있는 그대로에 지각하는 유형.

⑧ 판단(Judging) 에 관한 메타 프로그램	사고형(Thinking) – 분석과 추론을 통해서 합리적 · 체계적으로 현실을 이해하는 지성적인 유형.	감정형(Feeling) – 개인의 좋고 싫음에 근거해서 가치를 판단하기도 하고, 자신의 견해를 가지는 감성적 유형.

* ⑥ ⑦ ⑧은 Jung 심리학의 유형론에 근거한 것이다.

▪️ 메타 프로그램의 특징

메타 프로그램의 특징은 개인의 기준에 대한 서열과 집중의 논리적 수준Hierarchy of Criteria and Logical Level of focus이라고 할 수 있다. 기준의 위계는 목표나 문제에 대해서 무엇을 먼저 적용할 것인가에 대한 순서를 말하며, 그것이 행동에 동기를 부여해준다. 자신의 기준 위계에서 '성공'을 가장 높은 위계에 두는 사람은 '협력'을 가장 높은 가치로 평가하는 사람보다 업무 지향적이며, '힘'을 높은 위계에 두는 사람은 '조화'에 중점을 두는 사람보다 능동적이거나 내적 참조를 활용하는 경향이 있다. 중심적인 논리적 수준이란 문제를 해결하거나 원하는 상태로 가는 방향을 계획할 때 개인이나 집단이 주의를 기울이는 곳과 관계가 있다. '환경-어디, 언제, 행동-무엇, 능력-어떻게, 신념과 가치-왜, 정체성-누구, 시스템-다른 누가 그리고 누구를 위해서'에 강조를 둘 수가 있다. 중심적인 논리 수준은 다른 메타 프로그램이 적용되는 행동의 범위를 결정한다. 환경에서 무엇인가를 피하는 것은 정체성 수준에서 뭔가가 되기를 피하려는 것과는 다르다. 불일치mismatching 행동은 신념과 가치에 불일치하는 것과는 다르다. 한 수준에서 내적 참조를 가지거나 피하고 불일치할 수 있지만 다른 수준에서 외적 참조를 가지거나 접근하여 일치할 수도 있다. 중심적·논리적 수준을 고려하는 일은 기본적 메타 프로그램 패턴의 파악과 관련된 차이나 모순을 분류하는 데 도움이 된다. 예를 들어 한 수준에서는 '접근'하는 것이지만 다른 수준에서는 '회피'하는 것이 될 수도 있다.

다양한 문제 해결 방식과 접근법은 다양한 비율의 메타 프로그램 패턴군들과 그 순서가 특색이다. 어떤 사람은 80%를 인간 관계에, 20%를 업무에 관련시킬 수도 있고, 70%를 장기간의 목표에, 30%를 단기간의 목표에 강조점을 둘 수도 있다. 또 어떤 사람은 90%를 업무에 할애하고 주로 단기 결과에 집중할 수도 있다.

메타 프로그램군을 다르게 묶으면 하나의 문제 공간에서 여러 영역을 명확히 다룰 수 있다. 이런 점에서 메타 프로그램에 대한 옳고 그름은 없다. 오히려 문제 해결을 효과적으로 할 수 있는가는 문제에 대처하거나 목표 달성에 필요한 공간을 다루는 데 메타 프로그램 패턴들을 적용할 수 있는 능력과 관계가 있다. 디즈니 아이디어 구체화 전략Disney Imagineering Strategy의 다양한 단계몽상가, 현실가, 비판가는 메타 프로그램 패턴을 묶음으로써 잘 보여줄 수 있다.

사고 방식	몽상가	현실가	비평가
중심 논리적 수준	무엇	어떻게	왜
표상적 선호	시각	행동	논리
접근방향	목표 추구형	목표 추구형	문제 회피형
시간 범위	장기간	단기간	장기간/단기간

시간 지향성	미래	현재	과거/미래
통제의 참조체제	내부적-자신	외부적-환경	외부적-타인
비교의 양식	일치	일치	불일치

위의 표에 정리되었듯이 다양한 메타 프로그램 패턴군이 결합하여 다양한 사고 방식을 형성한다.

여러 종류의 활동에는 여러 부류의 태도나 접근법이 필요하다. 작은 정보 단위와 세부사항에 초점을 두는 능력을 필요로 하는 활동도 있으며, 큰 그림을 봐야 하는 능력이 필요한 경우도 있다. 다양한 사고 방식과 접근법은 일의 종류에 따라 다른 의미를 지니게 된다. 예컨대 아이디어를 짜낼 때에는 숲을 보고 장기적인 면에서 사고해야 한다. 계획이나 절차를 세울 때는 단기적인 행동에 중점을 두는 것이 좋다. 분석적인 작업의 경우 업무의 세부사항을 논리적으로 고려해보는 것이 적합하다. 따라서 집단 과정을 관리하는 일은 다양한 메타 프로그램의 패턴을 따라가고 이끌며 집단 구성원에게 '빠진 부분'을 채우고 문제나 해결 영역에 대한 시각을 넓히도록 하는 일이 될 것이다. 그래서 적합한 최상의 메타 프로그램은 상황마다 달라진다는 것을 염두에 두어야 할 것이다.

개인의 메타 프로그램은 그 사람이 사용하는 주요 단어나 구의 형태인 언어를 통해 파악할 수 있다. 예를 들면 어떤 과목 수업을 듣는 동안 한 학생이 "이 과목을 배우는 데 내 에너지를 쏟기 싫습니다. 왜냐하면 곧 지치게 될 것이고, 시간을 낭비하고 싶지 않기 때문입니다." 라고 했다고 하자. 이 말을 통해 학생의 마음 속에서 작용하고 있는 메타 프로그램 패턴에 대해서 많은 것을 알 수 있다.

학생의 말은 학생이 '감정' 지향적이며, 인지되는 부정적인 것들(예: '노력', '시간 낭비')을 회피하는 데 중점을 두고 있음을 보여준다.

'나'라는 단어를 사용하는 것도 강한 자기 참조적 특성을 보여준다 ("나는 ~하다고 느낀다, "나는 ~하고 싶지 않다."). 또한 단기간의 미래 ("곧 지칠텐데")와 일반적인 것들(학생은 과목의 특정 부분이 아닌 '이 과목'이라고 말했다)에 중점을 두고 있음을 파악할 수 있다.

메타 프로그램을 이끌어내는 능력을 가졌다는 것은 의사소통이나 상호작용에 미치는 메타 프로그램의 영향력을 보다 잘 인지할 수 있다는 점에서 의미를 지닌다. 사람들은 상대방이 다른 인지 능력과 함께 메타 프로그램 패턴을 지니고 있기를 원한다. 다른 패턴처럼 메타 프로그램 패턴은 힘의 원천이 될 수도, 문제의 원천이 될 수도 있다.

메타 프로그램이 NLP '성격 이론personality theory'의 일종으로 다루어질 때도 있다. 그러나 메타 프로그램은 인지 전략의 패턴이나 경향을 나타내는 특징들이지, 정체성의 고정적이고 불변하는 특성이라고 할 수 없다. 메타 프로그램 패턴군들은 판단을 배제한 채 개인과 문화의 차이를 이해하고 설명하는 데 있어 매우 효과적인 수단이다. 메타 프로그램 패턴의 목적은 특정 상황에서 일반적인 경향을 설명하는 것이지만 패턴은 언제나 유동적이고 진화하며, 상황에 따라 변할 수 있으므로 우리는 우리들의 메타 프로그램을 발달시킬 수 있다.

제 6부

내적 상태 조절을 위한
테크닉

위대한 심리학자 윌리엄 제임스(William James)가 "우리 세대의 가장 위대한 혁명은 인간이 마음의 내적 태도를 변화시켜서 외부적인 삶의 측면을 바꿀 수 있다는 것을 발견한 것이다." 라고 말했던 것처럼 내적 상태를 관리하는 법은 인간의 모든 능력 분야에서 성공에 가장 필수적인 중요한 기술인 것 같다.

경기를 앞둔 운동선수는 신체적 준비와 마찬가지로 내적 상태를 준비한다. 많은 신체적 에너지와 격렬한 움직임이 요구되는 운동경기라 할지라도 고요하고 편안하며 집중된 내적 상태를 유지하는 것이 얼마나 중요한지를 우리는 알고 있다. NLP심리학에서 볼 때, 내적 상태는 정신적 및 생리적 특성의 통합체이기 때문에 내적 상태를 스스로 통제하는 다양한 전략을 배우게 된다면 직업에서도, 개인적인 생활에서도 보다 큰 성과를 거둘 수 있을 것이다.

내 마음을 다스리는
감정 조절법

일상 대화에서 누군가가 어떠한 상태 즉 공황 상태, 무료한 상태, 더 없는 행복 상태에 있다고 묘사하는 것은 흔히 있는 일이다. 콜린스Collins영어사전에 의하면 상태state를 '한 개인의 상태condition'라고 설명되어 있다. NLP심리학에서는 상태란 한 개인의 내면에서 일어나는 신경학적 몸과 마음 모두 과정의 형태gestalt로서 개인에게 진행 중인 정신적· 신체적 상태들을 의미한다.

상태를 이해하는 가장 좋은 방법은 경험하는 것이다. 지금 기분이 어떤가? 잠시 책을 내려놓고 잠시 마음과 몸속, 내면을 주목한다. 지금 현재 무슨 상태에 있다고 말할 것인가? 다음에 무엇이 나올까에 관해 생각할 때는 아마도 호기심 상태에 있었을 것이다. 또는 이 새로운 개념들과 씨름하면서 혼돈 상태에 빠질 수도 있었을 것이다. 또는 NLP심리학을 배우면서 삶이 더 풍요로워질 것이면서 흥분 상태에 빠져 있을지도 모른다.

이렇듯 우리는 삶에서 다양한 상황에 부딪히고 다양한 경험을 하면서 끊임없이 여러 가지 상태를 겪고 있다. 이러한 상태 변화는 우리들이 의지대로 조절할 수 있는 능력 밖의 일이다. 그러나 우리가 우리에게 일어난 일에 통제 당하기보다는 오히려 우리의 상태를 선택할 수 있다면 어떻게 될까? 우리가 자신의 상태를 선택하고 관리하는 방법을 NLP심리학을 통해 배울 수 있다.

사람의 내적 상태는 기분에 영향을 미치고 행동 방식과 수행 능력을 결정하기 때문에 어떤 상황에서건 중요하다. 자신감을 느끼면 대담하게 행동하고, 걱정이 될 때는 겁을 낸다. 부정적이고 자원이 없는 상태이면 강하고, 자원이 풍부한 기분일 때는 성취하기 쉬운 일들에도 발버둥을 친다. 우리는 여전히 동일한 사람이지만 행동의 차이를 만드는 것은 바로 우리의 상태인 것이다.

그러나 우리는 대부분의 시간 동안 자신이 무슨 상태인지 모르고 살고 있다. 주기적으로 할 수 있는 가장 소중한 한 가지는 자신에게 기분이 어떠한지, 무슨 상태에 있는지 자문하는 것이다. 자신이 무슨 상태에 있는지를 아는 것이 상태를 변화시키거나 향상시키는 첫 단계이다.

눈을 감고 잠시 동안 내면으로 들어가 주목해보자. 호흡은 어떤가? 빠른가, 느린가? 깊은가 얕은가? 신체가 긴장해 있는가, 이완되어 편안한가? 어디가 불편한가? 정신적으로는 어떤가? 지쳐 있는가, 밝은가? 마음 속에 가진 것이 무엇인가? 일단 이런 식으로 몇 번 실습을 해보면 실제로 우리의 내적 상태에 무엇이 진행되는지를 아는 능력이 발달될 것이다.

인체의 신경계가 만들어내는 우리의 내적 상태는 크게 주목 상태, 정서 상태, 의식 상태 등 세 가지로 나눌 수 있다.

- 주목 상태는 우리 주변 세계와 상호 작용하는 방식에 반영되며, 영향을 미친다. 기본적인 주목 상태는 각성arousal과 활동activation, 노력effort이다.

- 정서 상태Emotional States는 기본적으로 스트레스와 편안한 휴식relaxation의 순환이다. 스트레스는 공포, 불안, 분노 등의 감정으로 나타나며, 편안한 휴식은 만족감, 마음의 평화, 자신감과 같은 감정으로 나타난다. 정서 상태가 자각의 내용을 나타낸다면, 주목 상태는 자각의 과정을 가리킨다. 주목 상태는 인지적 활동이며, 정서상태는 감정과 관련이 있다.

- 의식 상태States of Consciousness는 의식적으로 알고 있는 것을 결정하는 지각 여과기Perceptual Filters들로서 의식 내용에 대한 필터로 작용하며, 구체적인 인지 과정과 관계가 있고, 주목 상태와 정서 상태에 막대한 영향을 미친다.

세부 감각 양식을 변화시키는 테크닉

■■ 세부 감각 양식과 각 요소들

주요한 표상체계인 시각, 청각, 신체 감각에도 실제로 광경과 소리와 느낌을 재구성할 때는 여러 가지 요소를 수반한다. 예를 들면, 시각이라면 그 이미지를 묘사할 때 자신의 눈으로 보고 있는 것인지^{실제 체험}, 자신을 다른 곳에서 보고 있는 것인지^{분리 체험}, 크기가 큰지 작은지, 색깔인지 흑백인지, 밝은지 어두운지, 멀리 있는지 가까이 있는지, 위치는 위인지 아래인지 등 실로 많은 요소가 있다.

마찬가지로 청각과 신체 감각도 역시 소리와 체감에 관해 여러 가지의 요소를 생각하게 한다. 감각 양식에 따라 이렇게 세분화시킨 요소를 세부 감각 양식Submodality이라 부른다. 다시 말하면 감각 양식Modality

이란 오감을 통해서 받아들이는 정보 그 자체이지만, 우리가 그 정보를 빨갛다든가 무섭다든가, 부드럽다 등 식별 가능한 것으로 바꾸어서 두뇌 속 지도에 그려두고 있다. 이 식별 가능한 정보가 세부 감각 양식이 되는 것이고, 우리 두뇌의 가장 기초적인 작동 기호라고도 말할 수 있는 것이다. 실제로 어떤 경험을 생각해내서 묘사한다 해도 세부 감각 양식이 없다면 불가능하다. 세부 감각 양식 안에 있는 요소를 변화시키는 것에 따라서 우리들의 경험 자체를 받아들이는 방법을 크게 변화시켜 줄 수가 있는 것이다.

세부 감각 양식의 개념에 대한 이해를 더 깊이 하기 위해서 미술의 예를 들어보자. 인상파 화가들의 그림들은 르네상스 이전의 그림들과는 매우 다르다. 많은 역사학자들과 미술 비평가들은 종교, 과학적 발달, 사회에서의 인간의 위치에 있어서의 변화가 예술에서의 공존하는 변화 때문이라고 한다. 어쨌든 우리는 빛에 있어서 섬세한 차이들을 쉽게 인식할 수 있다.

똑 같은 우선 표상체계를 나타내는 사람들도 한 가지 일에 관해 매우 다르게 행동하는 것을 보면 그들의 세부감각 양식의 차이 때문임을 추측할 수 있다. 예를 들어 학교에서 성공적인 결과를 이미지로 떠올리고 있는 두 사람은 어떻게 그런 다른 반응을 가질까? 한 사람은 낙천적이고, 다른 한 사람은 짓눌린 압박감을 느꼈다. 그림이 더 밝고 커진다면 감정도 더 강해진다는 것이고 색깔, 크기, 느낌 상태, 목소리 톤에서 변화를 만들어 내는 것이 또 다른 효과적인 세부감각 양식 바꾸기라는 연구 결과들을 제시했다. 그래서 NLP 창시자들과 초기 개발자들은 사람들이 세부 감각 양식을 바꾸면 개인적인 경험에서 즉각적인 변화가 일어난다는 것을 알아낸 것이다. 수많은 실험 후에 건강, 기업 결정, 중독

에서의 해방을 포함하여 많은 영역에서 사람들이 실질적인 변화를 하게
하는 데에 세부 감각 양식을 활용할 수 있다고 결정했다.

시각의 세부 감각 양식

수	떠오르는 이미지가 하나인가, 둘 이상인가?
동시 발생	전부가 동시에 보이는가?
위치	어느 위치에 이미지가 보이는가?
거리	그 이미지와의 거리는 어느 정도인가?
크기	그 이미지가 실물크기인가, 더 큰가, 더 작은가?
경계	그 이미지는 도처에 보이는 것인가, 정해진 곳에만 있는가?
경계의 종류	정해진 위치에만 보이는 경우 다른 부분과의 경계는 분명한가, 희미한가?
색	그 이미지는 색깔인가, 흑백인가?
색의 종류	색깔의 경우 그 색은 선명한가, 옅은가?
밝기	그 이미지의 밝고 어두움은 어느 정도일까?
초점, 거리	그 이미지는 초점이 맞아 있는가? 가까운가 먼가?
초점의 차이	특히 분명히 초점이 맞는 부분이 있는가?
움직임과 속도	그 이미지는 동화상인가 정지화상인가? 빠른가 느린가?
실제체험인가, 분리체험인가	스스로 그 이미지를 보고 있는 것인가(실제 체험), 다른 지점에서 자신을 보고 있는가(분리 체험)?

청각의 세부 감각 양식

말	타인의 말소리인가,자신의 말소리인가(내적/외적)?
수	들리는 소리는 하나인가 여럿인가?
위치	그 소리는 어디서 들리는가? 위,아래, 좌,우, 자기 내면

음량	그 음량은 어느 정도인가? 볼륨을 하나 올려 주세요.
템포	그 소리의 템포는 빠른가, 느린가?
리듬	그 소리는 리듬이 있는가? 모두 상황에 맞춘 것인가?
고저	그 소리는 높은가, 낮은가?
음색	그 음색은 얼마나 확실히 들리는가?
거리	가까운가, 멀리서 나오는 소리인가?
음원	스테레오인가, 모노인가?
지속성	지속적인가, 끊어지는가?
억양	억양이 있는가, 없는가?

신체 감각의 세부 감각 양식

위치	신체의 어떤 부위로 그 감각을 느끼는가?
움직임	그 감각은 이동하는가, 정지하고 있는가? 움직인다면 빠른가, 느린가?
강도	그 움직임의 강도는 어느 정도인가? 강한가, 약한가?
온도	따뜻한 느낌인가, 차가운 느낌인가?
습도	그것은 축축한 느낌인가, 건조한 느낌인가?
감촉	부드러운가, 딱딱한가? 까칠까칠한가, 매끈매끈한가?
중량	무거운 느낌인가, 가벼운 느낌인가?
압력	압력이 강한가, 약한가?
개수	하나인가, 여러 개인가? 여러 개이면 동시적인가, 순차적인가?
범위	넓은가, 좁은가?
긴장도	긴장하는가, 편안한가?
리듬	움직임에 리듬이 있는가, 없는가?

■■ 세부 감각 양식을 통한 내적 상태 바꾸기

이제 위에 분류된 세부 감각 양식을 활용하면 의도적으로 자신과 상대의 두뇌 지도에 변화를 일으켜서 내적 상태를 바꿀 수 있다.

예를 들면 현재 갖고 있는 문제를 머릿속에서 영상화해 보고, 그 세부 감각들을 어둡게도 하고, 작게도 하고 멀리 하기도 해서 의도적으로 그 문제에 대한 심리적 또는 신체적 반응을 즉시 변화시킬 수 있다. 가지고 있는 자기 상황 속의 요소에 있는 세부 감각 양식을 의도적으로 바꾼다고 하는 세부 감각 양식 테크닉을 개발해서 불안하고 슬픈 상태를 안심하고 안정된 상태로 바꾸기도 하고, 직업과 학습에서 자신이 바라는 높은 성과를 발휘할 수 있는 내적 상태로 변화시키는 일을 가능하게 할 수 있다.

구체적인 사례를 제시해 보고자 한다. 어떤 사람이 찾아와서 "아무리 해도 장래가 보이지 않아요." 라고 말하는 경우이다. '보이지 않아요' 라는 술어에서 그는 시각적 우선 표상체계를 쓰며, 보다 명확한 이미지를 떠올릴 수 없다는 뜻이다.

"그것은 어떤 느낌입니까? 안개가 자욱이 낀 것 같아요, 아니면 깜깜한 암흑과 같아요?" 라고 질문해 본다.

"아무리 해도 장래가 보이지 않아요. 깜깜한 암흑 속 같아요." (상당히 절망적인 느낌을 표현하는 듯했다.) 라고 대답한다.

"조금 밝게 해볼 수 있습니까? 전구를 한 개 켠다면 어떨까요?" (시각을 강하게 쓰는 사람이라면 곧 머릿속에서 이미지를 떠올릴 수 있다.)

"아… 조금 보여요. 뭔가 시시한 일을 하고 있는 저 자신이 보여요."

"그러면 그 방의 전구를 100와트짜리 3개로 늘려서 더 밝게 해볼까요?"

"뭔가 표정이 보입니다…"

이런 식으로 구체적으로 그 장소와 상황을 변화시키면 보는 방법과 느낌이 달라질 수 있고, 얽힌 실타래를 풀듯이 고민스런 문제를 해결해 갈 수 있다. 청각이나 신체 감각을 우선 표상체계로 사용하는 사람도 기본적으로 세부감각 양식을 활용하여 내적 상태를 변화시키는 테크닉은 동일하다. 자신의 내적 상태를 잘 관리하기 위한 하나의 테크닉으로서 세부 감각 양식을 아래에 제시된 대로 자주 반복적으로 훈련해 보면 곧 익숙해질 것이다.

세부 감각 양식 훈련하기

시각을 사용해 보기	1	자신이 '깊이 이해하고 싶은 사람'과 대화를 하는 자신의 이미지를 머릿속에 그려본다.
	2	그 이미지는 뚜렷한가? 어렴풋한가?
	3	그 이미지는 흑백인가? 그렇다면 색을 입혀 보세요.
	4	그 장소를 좀 더 밝게 해본다. 조명을 배로 해서 이미지를 선명하게 한다.
	5	상대의 표정을 분명하게 했는가? 어떤 표정을 띠고 있는가?
	6	당신 자신은 어떤 표정인가? 웃고 있는가?
청각을 사용해 보기	7	그러면 상대가 무슨 말을 하고 있는지 잘 들어본다.
	8	볼륨은 잘 들리는가? 조금 조절해서 소리를 크게 해본다.
	9	무언가 다른 소리가 들리는가? 전화소리, 주변의 말소리…귀를 기울여본다.
	10	당신 자신은 무슨 말을 하고 있는가? 속도를 천천히 해서 잘 들어본다.

	11	당신의 호흡은 어떤 느낌인가? 차분한가, 두근거리는가?
신체감각을 사용해 보기	12	손을 꽉 쥐고서 그 감각을 느껴본다.
	13	상대와 서로 이해했을 때 따뜻함을 느끼는가? 그렇지 않으면 왠지 차가운가? 질감은 있는가?
	14	온도를 조절해 본다. 당신 자신에게 가장 쾌적한 온도로 해서 서로 이해하는 분위기를 충분히 느껴본다.

입장 바꿔 생각하기

:: 다른 관점 이해하기

우리는 "역지사지易地思之니, 입장 바꿔 생각하라느니." 라는 말을 많이 하기도 하고 듣기도 한다. 하지만 그저 막연하게 그러려니 하고 생각해 볼 뿐이며, 구체적인 방법을 써서 행해 보지는 않았을 것이다.

다른 사람들이 우리의 관점에서 상황을 보지 못하고 자신의 아집에 틀어박혀 있는 것을 볼 때가 있다. 그들은 자신들의 세계관에 갇혀 있는 것처럼 보인다. 우리 모두가 자신들의 현실 지도에 몰두해 있기 때문에 어떤 상황에서, 어느 정도는, 때때로 이런 식으로 행동하고 있는 것이 사실인 것 같다.

그러나 우리가 세상을 보는 관점을 확대시켜 어떤 상황에 대해 여러 관점을 취해 보면 다른 경험을 해 볼 수 있다. 우리가 다른 사람의 세상 지도를 이해할 수 있을 때 더 쉽게 래포를 형성하고 유지하며, 커뮤니케 이션을 더 잘 할 수 있고, 상대에게 공감적 이해를 해주어 갈등을 해결 하고 협상도 효과적으로 할 수 있다.

성공한 사람들은 여러 방법들로 세상을 보는 유연성을 즐긴다고 한 다. 그들은 스스로 새로운 아이디어를 탐구하면서 다수의 관점을 취해 본다고 한다. NLP심리학의 '지각적 입장' 테크닉은 입장 바꿔 생각하기 개념이다. 이러한 입장은 다수의 관점에서 더 많은 정보를 얻을 수 있게 해주고, 우리 자신의 관점을 유연하게 변화시킬 수 있으므로 우리의 삶 에 지혜를 더해준다.

■■ 지각적 입장의 세 가지 기본 관점

'지각적 입장'이란 본질적으로 개인이 상황이나 관계를 인식하는 특 정한 관점이며, 개인이 특정 경험을 지각하는 것을 받아들일 수 있는 세 가지 기본 입장, 제1(자아), 제2(타인), 제3(관찰자)의 입장에 대한 이론을 체계화한 것으로서 의사소통의 연결고리 내에서 참여자들이 의 견의 일치를 보지 못할 때라도 그들이 상호작용하는 관계 내에서 자신 들의 입장을 변환하게 되면 그들의 관계는 향상되고 향후 협력 가능성 이 높아지게 된다.

제 1차 입장은 '일인칭' 관점과 관련하여, 우리 자신의 눈을 통해서 사물을 경험하는 것이고, 제 2차 입장은 '상대방의 입장'에 처한 것처럼 사물을 경험하는 것이며, 제 3차 입장은 '관찰자'의 관점에서 뒤로 물러나 우리 자신과 상대방간의 관계를 인식하는 것을 말한다. 끝으로 제 4차 입장은 총체적인 시스템에 대한 인식 또는 이상 세 가지 입장의 종합에서 파생된 '관계의 장' 즉 '우리'라는 의식을 설명하는 용어로서 나중에 추가된 개념이다.

- 제 1차 입장은 자신의 물리적 공간에서 자신의 습관적인 자세로 서 있는 바로 자신이다. 제 1차 입장에서는 완전히 주관적으로 몰입하게 되면Associated 자신의 감정과 생각을 나타낼 때 '나', '나 자신' 등의 단어를 사용하여 자신의 관점에서 커뮤니케이션을 하게 된다. 주관적으로 몰입된 자아 속에서 자신의 주변과 자신 내면에서 일어나는 모든 것을 보고, 듣고, 느끼고, 맛보고, 냄새 맡게 된다. 자신이 진정 제 1차 입장에 있다면 자신의 눈, 귀 등을 통해서 세상을 바라보고, 자신 그 자체가 될 것이다. 제 1차 입장에 몰입하면 자신의 몸과 세상의 지도에 완전히 몰입이 될 것이다.
- 제 2차 입장은 상호작용 속에서 타인의 관점을 가정하고 있다. 상호작용을 하는 사람이 한 사람 이상이면 '제 2차 입장'이 여럿이 될 수 있다. 이러한 일시적인 정보 수집적 입장을 취하게 되면 타인의 입장으로 변환하여, 마치 자신이 그 사람인 것처럼 그의 신체적인 자세와 세상을 보는 관점을 취한다. 그 사람의 관점에서 의사소통의 연결고리가 어떠한지를 보고, 듣고, 느끼고, 맛보고, 냄새 맡는다. 즉 "그 사람의 입장에서 걷고", "책상의 다른 쪽에 앉는" 것 등이다.

제 2차 입장에서는 타인의 눈, 생각, 감정, 신념을 통하여 세상을 경험할 것이며, 자기 자신으로부터 분리되어 타인 속으로 몰입할 것이다. '이인칭' 언어를 사용하여 자신을 '당신'으로 택하게 된다. 일시적으로 다른 사람의 입장을 가정하는 것은 자신의 의사소통 연결고리 중 자기가 얼마나 유능한지를 평가하는 훌륭한 방법이다. 타인의 입장으로 들어간 후에는 자신의 의사소통에 도움이 되는 정보를 획득하여 자신으로 완벽하고 확실하게 되돌아오는 것이 매우 중요하다.

- 제 3차 입장, 즉 '관찰자' 입장에서 개인은 커뮤니케이션에 참여자가 아니라 마치 목격자인 것처럼 정보를 수집하기 위해 일시적으로 커뮤니케이션 영역 밖에 서 있게 된다. 이 입장에 있는 사람의 자세는 균형적이고 편안한 상태이며, 관심은 있지만 중립적인 관찰자의 입장에서 의사소통의 연결고리가 어떠한지 보고, 듣고, 느끼고, 맛보고, 냄새 맡게 된다. 그리고 관찰하고 있는 사람을 지칭할 때 '그녀' 혹은 '그'와 같이 '삼인칭' 언어를 사용하게 된다. 이 입장을 통해서 우리는 의사소통의 연결고리 내에서 행동의 균형에 대한 귀중한 정보를 얻을 수 있다. 이 관점을 통해 수집한 정보는 제 2차 입장에서 수집된 정보와 더불어 자기 자신의 제 1차 입장에도 적용될 수 있고 의사소통의 연결고리 내에서 자신의 상황, 상호작용, 관계의 질을 향상시키는 데 도움이 된다.

- 제 4차 입장은 다른 세 관점을 통합하여 '총체적인 시스템이라는 것'에 대한 의식을 창출한다. 이는 시스템이나 관계 자체와 동일시를 의미하며, '우리'일인칭 복수와 같은 언어에서 나타나듯이, 한 집합체의 일부가 되는 경험을 일으켜준다. 제 4차 입장은 '집단 의식' 또는 '단체 정신'을 창출하는 데에 필수적이다.

한 상황에 대한 이해를 넓히고 싶을 때, 특별한 방법으로 상대방과 관찰자의 입장을 재빨리 시도해보거나, 완전한 지각적 입장을 실행하면서 그러한 다른 입장들을 활용할 수 있다. 마치 누군가의 신발을 신고 서 있는 것처럼 다른 방식으로 상황이나 사건을 경험해 보는 것이다.

이제 실제로 지각적 입장을 연습해 보기로 하자. 다른 누군가와 함께 했던 불쾌한 경험, 아마도 말다툼이나 누군가가 기분 상하게 했던 때를 떠올려 본다. 마치 지금 현재 일어나고 있는 것처럼 그 일을 기억해낸다.

이제 그 상황을 하늘에 떠다니면서 당신 자신과 상대방을 내려다보고, 상대방을 바라보면서, 그 두 사람의 자세, 목소리 톤, 움직이는 방식, 제스처에 주목하고, 최근과 과거에 두 사람의 경험에 관해 곰곰이 생각해 본다. 될 수 있는 한 완전히 두 사람의 생리 현상도 관심 있게 살피면서 그들 속으로 내려와 떠다녀본다고 상상한다. 상대방의 눈으로 당신을 바라보면서 그 사건을 상대방의 관점에서 충분히 재 경험했을 때, 옆으로 비켜나와 떠돌며 반복해서 자신을 그리고 상대방을 보면서 그 사건을 바라본다.

이제 다시 한 번 마치 일어나고 있는 것처럼 자신의 입장으로 돌아가 그 경험이 어떻게 다른지 인식해 본다. 이렇게 다수의 관점을 가져본다는 것은 결정을 내리거나, 충돌 상태에 있거나 협상 장면에 있어서, 그리고 당신 자신의 개인적 이력을 정리하는 데에 있어서 지혜로움의 근거가 된다. 다수의 관점에서 얻은 더 많은 정보를 가지면 자신의 관점을 변화시킬 수 있으므로 매우 강력한 기술이다.

이 연습을 보다 쉽게 이해하기 위해 우리 주변의 일을 예로 들어본다. 시어머니와 모든 문제에 대해 맹렬하게 의견이 달라 고부간에 공공연히 갈등 상황을 드러내는 한 여성이 시어머니가 집에 오신다는 연락을 받았다. 오늘 그녀는 고부관계에 책략을 갖추고 접근하기로 결정하고, 4가지 지각적 입장에 근거하여 자신의 고부관계를 탐색해 보았다.

- 1차 입장-시어머니가 오신다는 사실에 관해 내 기분이 어떠한가? 나의 어떠한 신념과 가치관이 시어머니와 나의 관계를 지각하는 방식에 근거가 되는가?
- 2차 입장-이러한 관계에 대해 시어머니는 어떻게 느끼실까? 시어머니는 무슨 말씀을 하고 무엇을 믿고 계실까?
- 3차 입장 -관련되지 않은 제 3자인 관찰자는 무엇을 경험할까? 그들은 무슨 생각을 하고 있을까? 나 자신이 관련되지 않은 관찰자라면 어떨까?
- 4차 입장 - 높은 곳에서, 전체적인 입장에서 보면 모든 사람들(나 자신, 시어머니, 그리고 관련되지 않은 관찰자들)은 이 상황을 어떻게 경험할까? 이러한 지각들을 통합하면 무슨 일이 일어날까? 나의 시어머니는 좋은 분이 아닐까?

대체로 위와 같은 연습을 하고 나면 그 결과로 행동의 융통성이 주어지고 세상을 보는 관점이 확대될 것이다. 혹시 그녀는 시어머니께 보다 온정적인 접근을 취하는 것이 가능했었을 것이라고 생각할 수도 있지 않을까? 이제 입장 바꿔 생각하는 기술인 자신, 상대방, 그리고 관찰자 사이를 쉽게 이동할 수 있는 능력을 발달시키기 위해 혼자서, 또는 파트너와 함께 연습할 수 있는 구체적인 연습 지침을 제시한다.

지각적 입장 연습하기	
1	자신과 다른 상대방이 관련된 곤란한 상황을 하나 인식한다. 이 과정을 처음으로 할 때는 가볍거나 적당히 강렬한 상황을 선택한다.
2	자신의 마음 속에서 그 상황을 재연해보고⋯⋯지금은 그 상황에 대해 어떻게 지각하고 대응하는지 주목해본다. ("잠시 숨을 돌리기 위해 중지")
3	가급적이면 1,2,3차 입장을 나타내는 세 군데의 위치를 따로 정해 놓고 그 정해진 위치 속으로 들어가서 연습하도록 한다. 이제 그 상황에서 1차 입장인 자신으로 들어가 본다. 실제 자신의 눈으로 두루 살피면서 자신이 그 상황에 있는 것이다. 밑을 내려다보면 자신의 발을 볼 수 있고, 눈을 들어 앞을 쳐다보면 맞은 편의 상대방을 볼 수 있다. ("잠시 숨을 돌리기 위해 중지")자신의 피부에 느껴지는 공기와, 신체적인 감각을 느껴본다. ("잠시 숨을 돌리기 위해 중지") 그리고 이때의 자신의 감정을 느껴본다. (여기서 당신이 완전히 느껴졌다고 할 때까지 "잠시 숨을 돌리기 위해 중지")
4	다음에는 관찰자 입장인 3차 입장의 위치로 옮겨간다. 여기서 당신은 한쪽에는 당신 자신, 다른 쪽에는 상대방을 볼 수 있다. ("잠시 숨을 돌리기 위해 중지")이 입장에서 당신은 두 사람 사이의 관계 형태를 보고 서로 어떻게 반응하고 있는지를 관찰할 수 있다. (여기서 완전히 느껴질 때까지 "잠시 숨을 돌리기 위해 중지")
5	이제 상대방의 입장인 2차 입장으로 옮겨간다. 상대방의 눈으로 살펴보면서 상대방의 몸 안에 들어가 있다. 당신이 내려다 보면 상대방의 발이 보이고 상대방의 눈을 통해 앞을 쳐다보면 맞은 편에 있는 당신 자신을 볼 수 있다. ("잠시 숨을 돌리기 위해 중지") 상대방이 되어 당신의 피부에 느껴지는 공기와 다른 어떤 신체적 감각이라도 느껴본다. ("잠시 숨을 돌리기 위해 중지") 그리고 상대방의 감정을 느껴본다. 당신에 관해서 상대방이 무슨 느낌이 드는지를 느껴본다. (여기서 완전히 느껴질 때까지 "잠시 숨을 돌리기 위해 중지")

6	관찰자의 입장으로 되돌아와서 두 사람 사이의 관계 형태를 다시 한 번 인식한다. ("잠시 숨을 돌리기 위해 중지")
7	이제 1차 입장인 자신으로 되돌아와서 당신 자신의 눈으로 살펴보고 자신의 느낌을 느끼면서 다시 한 번 온몸으로 충분히 자기 자신을 느껴본다. (완전히 느껴질 때까지 "잠시 숨을 돌리기 위해 중지")
8	현재로 돌아가서, 여러 입장들을 진행할 때 그 상황에 관해 당신이 알게 된 것에 주목하고, 메모해 본다. 다른 사람과 함께 이 연습을 했다면 경험했던 것을 이야기를 나누면서 새로운 것을 찾아본다.

전형적으로 이 연습은 명확한 한계를 알게 하고, 자신과 상대방에 대한 존중, 더 자원이 풍부하고, 더 많은 선택, 더 많은 지혜와 이해력을 가져온다. 여러 지각적 입장을 취해보면, 현재 경험하는 것에서 나와서 다른 관점에서 사물이나 상황을 봄으로써 정보를 얻을 수 있으며, 자신의 말과 행동이 타인들에게 어떻게 영향을 미치며, 그들이 당신과 당신의 행위에 관해 어떻게 느끼고 있을지를 확인할 수 있다. 이러한 깨달음은 필요한 행동 변화를 만들어 주고 원하는 결과를 달성하게 해주며, 인간관계에서 서로의 파장에 잘 적응하여 래포 형성에 도움이 될 것이다.

<그림 29>는 일반적으로 활용하는 세 가지 지각적 입장을 다시 요약 정리한 것이다.

지각적 입장은 다른 관점이 도움이 될 통상적인 상황은 물론이고, 긴장하고, 분노하고, 놀란 상황에도 적용될 수 있다. 예를 들면, 두 사람의 동료 갑과 을은 사무실을 함께 쓰고 있다. 갑은 매우 깨끗한 것을 좋아하고 정돈되고 부지런하다. 을은 창의적이지만 무질서하고 단정치 못하다. 갑이 사무실 안으로 들어가서 을의 서류들이 두 사람의 책상 위에 넘쳐나고 있고 바닥에 가득히 덮여 있는 것을 보았을 때 기분이 어떠

할지 상상한다.

을이 사무실을 떠났다가 돌아왔을 때 책상 위에는 갑이 깔끔한 성격 때문에 모든 서류들을 깨끗이 치워버려서 아무 것도 찾을 수 없다는 것을 알고 기분이 어떨지 상상한다.

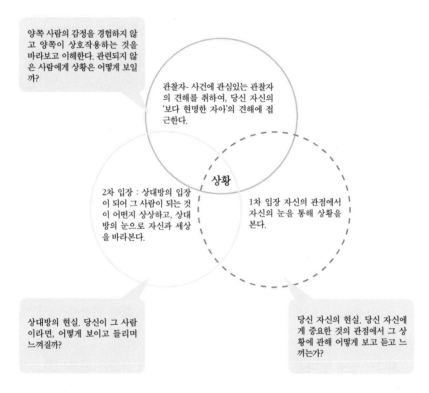

양쪽 사람의 감정을 경험하지 않고 양쪽이 상호작용하는 것을 바라보고 이해한다. 관련되지 않은 사람에게 상황은 어떻게 보일까?

관찰자- 사건에 관심있는 관찰자의 견해를 취하여, 당신 자신의 '보다 현명한 자아'의 견해에 접근한다.

상황

2차 입장 : 상대방의 입장이 되어 그 사람이 되는 것이 어떤지 상상하고, 상대방의 눈으로 자신과 세상을 바라본다.

1차 입장 자신의 관점에서 자신의 눈을 통해 상황을 본다.

상대방의 현실. 당신이 그 사람이라면, 어떻게 보이고 들리며 느껴질까?

당신 자신의 현실. 당신 자신에게 중요한 것의 관점에서 그 상황에 관해 어떻게 보고 듣고 느끼는가?

〈그림 29〉 지각적 입장의 정리

주관적 몰입 &
객관적 관조

우리가 심상의 이미지 속에서 우리 자신을 시각화할 때, 자신이 만든 영화에서 자신을 바라보는 것 같으면 이것은 객관적으로 관조disassociated한 것이다. 또는 자신의 눈으로 보면서 그 이미지 속에 실제로 존재할 수 있는데, 이것은 바로 주관적으로 몰입associated한 것이다. 객관적으로 관조를 하는가 또는 주관적인 몰입을 하는가는 우리가 만드는 심상 이미지들의 결과로서 감정을 경험할 때 매우 중요한 세부 감각 양식이 될 수 있다.

가끔 우리는 몰입하거나 관조하는 것이 어렵다고 생각한다. 우리가 몰입할 때는 보통 감정이 고조된다. 예를 들어 심각한 손실이나 정신적 쇼크를 받은 사람은 몰입하기가 어렵다는 것을 알게 될 것이다.

주관적으로 몰입되거나 객관적으로 관조되고 있는 느낌을 파악하기 위해 다음의 예를 들어본다. 자신이 자동차 앞 좌석에 앉아 있다는 이미지를 떠올린다. 우리가 관조된다면 TV에 나온 자신을 보고 있거나 사진 속에 있는 자신을 보는 것과 비슷하게 자동차 안에 있는 자신의 사진을 보는 것이다. 이제 자신이 자동차 밖으로 걸어 나와서 거리를 걷고 있다고 상상한다. 방향을 바꾸어서 자동차를 뒤돌아보고 앞 좌석에 앉아 있는 자신을 볼 수 있다. 자신이 영화를 보고 있다고 가정하고 바로 자신이 스크린에 나타난 자동차 앞에 있는 사람이라고 보는 것이다.

우리가 몰입하고 싶다면 자동차 문을 열고 앉아 있다고 상상한다. 이제 자신의 눈으로 본다. 계기판이 자신의 눈앞에 있다. 계기판의 질감과 색깔을 볼 수 있고, 자동차 앞 유리를 볼 수 있다.

이상과 같이 객관적으로 관조된 경험은 '주관적으로 몰입이 된' 경험과 가장 편리하게 대조된다. '주관적 몰입이 된' 상태란 자신의 눈을 통해 보고, 신체와 감정을 느끼고, 듣고, 그때 일어난 것을 냄새 맡고 맛을 보는 것과 같이, 일어난 것을 마치 다시 체험하듯이 상황이나 사건을 경험하는 것이다. 그런 반면 '객관적으로 관조된' 경험은 자기 행동을 영화나 비디오로 보는 것처럼 외부 관찰자 관점에서 스스로를 보는 것을 의미한다. 특정 기억이나 경험에서 객관적 관조를 하는 것은 경험이 사람의 내적 상태에 미치는 충격에 상당한 영향력을 미칠 수 있다. 예를 들면, 놀이 공원에서 롤러 코스터를 타는 것이 어떠한지 상상하거나 회상해보라. 처음에는 '주관적 몰입' 관점에서 경험한다. 마치 지금 실제로 타고 있는 것처럼 차와 트랙을 보라. 트랙을 따라서 속도가 붙으면 공기가 세차게 불고 중력의 변화를 느끼고 가파른 경사를 내려갈 때 사람들의 비명소리를 듣는다.

이제는 '객관적 관조' 관점에서 같은 롤러 코스터 타기를 다시 경험해

본다. 떨어져서 사람들의 억제된 소리를 듣고 관찰자 입장에서 고요함과 안정성을 느끼면서 멀리서 스스로를 봐라. 경험 '내용'은 같다고 할지라도, 깨닫는 것과 대응하는 법은 아마도 상당히 다르다.

객관적 관조의 개념은 밀턴 에릭슨Milton Erickson의 최면 치료에서 나왔으며, 어렵거나 고통스러운 사람들의 상황을 효과적으로 극복하도록 돕는 데 종종 적용된다. 한 사람이 '두 입장'이나 '세 입장' 관조도 경험할 수 있다. '두 입장' 관조는 마치 영화를 보고 있는 것처럼 영화관에 앉아서 특정 사건에서의 자신을 보는 것이다. NLP 테크닉에서 전형적으로 가장 많이 사용되는 '세 입장' 관조에서는 의식의 한 점point은 영화 프로젝트를 작동하고 있는 사람의 관점이 되므로 '스스로를 보는 자신 보기'가 될 것이다. 언어적으로 객관적 관조 상태는 '그' '그녀' '그 사람' 등의 '3인칭' 언어이며, 또한 '그 경험', '저기서', '더 젊은 자아'와 같은 시간이나 장소에 거리를 전제하는 언어적 패턴에 의해 촉진된다.

때때로 관조는 단지 '감각으로부터 분리된' 것으로 보인다. 관조 과정 동안의 주의 집중은 부정적 감정에서 회피하거나away from 다른 지각적 입장이나 새로운 관점을 추구해toward 가는 것일 수 있다. 효과적인 선택을 하고 특정 결과나 바라는 상태의 환경을 결정하고 과거의 사건을 다시 편성하며 동기를 유발하고 미래의 성과를 계획하기 위해서 경험을 객관적으로 관조하는 능력이 필요하다.

우리 자신의 경험으로부터 관조하는 능력은 자기 성찰과 스스로를 모델링할 기회를 제공한다. 경험을 여러 면에서 객관적으로 관조할 수 있는 것은 많은 NLP 과정의 중요한 구성 요소이다. 예를 들어, 관조는 '3차 입장'의 핵심 요소이며 시간을 지각하는 방식인 '시간을 통해서 through time'라는 시간선 테크닉의 필수적 특성이다.

고통을 없애주는
분리 과정 기법

NLP심리학에는 고통스럽고 스트레스를 주며, 트라우마적인 경험을 다루기 위한 강력한 방법으로서 객관적 관조 기법을 활용한 분리 과정V-K Dissociation Process 기법이 있다. 이름이 의미하듯이 분리과정은 시각적 경험V을 신체감각 표상체계K로부터 분리하는 것을 말한다. 예를 들어 사람은 불쾌한 느낌을 만드는 시각적 자극으로부터 불쾌한 정서적 반응을 분리시킬 수 있다. 이는 느낌을 수반하지 않은 채 보고 들었던 것을 재생하게 한다. 시각적 표상체계도 완전히 바꾸고 자신을 동떨어진 관찰자 관점으로 보고 있다고 상상하면 된다. 세부 감각 양식의 사용은 또한 분리된 상태를 만들어내는 데 중요한 영향을 미친다. 마치 자신이 등장한 영화 속에서 자기 스스로를 보는 것은 시각-촉각 분리의 중요한 조건이다. 특정 사건이나 경험을 더 작게, 또는 더 떨어져서, 혹은 무색이나 주위에 경계를 놓은 시각 이미지를 만드는 것 또한 분리 경험을 증대시킬 것이다.

시각-촉각 분리 과정은 '둘' 혹은 '세' 위치 분리의 형태로 실행할 수 있다. '두 위치' 분리에서는 두 개의 다른 위치, 즉 물리적 위치와 완전히 시각적으로 자신을 내려다보면서 떠있는 위치에서 주의력을 분리한다. 극단적으로 고통스럽거나 트라우마적인 경험에 대한 분리 과정은 '3위치'분리로 확장되며, 으레 '영화 스크린'으로 묘사된다. 사람은 영화 스크린으로 스스로를 보는 자기 자신을 보고 있는 것을 떠올린다. 그 다음에 그는 고통스런 과거 사건의 이미지나 스냅샷을 투영해서 그것들이 고정된 '스냅샷'이며 틀 속에 있다는 것을 확실히 한다.

때때로 사람들은 어떤 감정에서도 확실하게 완전한 분리를 확신하기 위해 영화 스크린을 더 멀리 떨어진 곳으로 옮기거나, 상象을 흑백으로 하거나, 사진의 크기와 밝기를 변화시킨다. 분리는 또한 과거 상황이나 사건에서 행위와 반응을 서술하기 위해 '3인칭' 언어 사용을 조장하여, 스스로와 자신의 행동을 '그', '그녀', '그의', '그녀의', '저 사람', '더 젊은 나' 등의 단어를 사용하여 서술한다.

일단 효과적인 분리가 달성되면 그 다음에는 고통스럽거나 트라우마적인 사건과 관련된 기억들을 다루거나 재구성하는 것도 가능하다. 시각-촉각 분리는 또한 재구성Reframing의 형태를 사용하는데, 이는 부정적 감각의 긍정적 의도를 만족시키기 위한 다른 선택을 찾아내는 탐구이다. 표준적인 NLP 분리 테크닉의 단계들을 설명하자면 다음과 같다.<그림 30 참조>

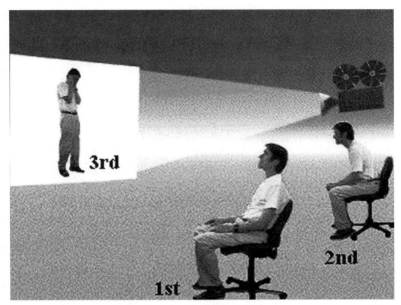

〈그림 30〉 V-K 분리기법(출처 NLP백과사전)

시각-촉각 분리 테크닉 연습 단계

1	극장에 앉아 있다고 상상한다(첫 번째 위치).
2	자신 앞에 마치 영화배우를 보고 있는 것처럼 자신의 삶의 다양한 사건과 경험을 투사할 수 있는 빈 영화 스크린을 쳐다보며 시각화한다.(3번째 위치).
3	마치 자신이 극장의 영사실에 가고 있는 것처럼, 자신의 위와 뒤의 다른 위치로 물리적으로 몸을 움직여서 이동하고 있다고 상상한다.(두 번째 위치). 물리적으로 위치를 바꿔서 '두 번째 장소' 위치로 이동하는 것은 유용할 수 있다. 자기 자신이 영화 스크린을 보면서(세 번째 위치) 극장의 좌석 중 하나에 앉아 있는 것을 본다(첫 번째 위치). 당신의 눈이 약 20도 위로 보아야 한다. 당신의 호흡은 가슴 부위에서 얕을 것이다. 얼굴 근육에는 긴장이 거의 없거나 아예 없는 채이다. 이 상태를 앵커한다.

4	영화 스크린 속의 동결된 이미지와 틀 속에 있다는 것을 확인하며, 고통스럽고 문제적이며 또는 스트레스를 주는 경험의 스냅샷을 비춰본다. 필요하다면 어떤 부정적 감정으로부터 완전히 떼어내질 수 있다고 확신하기 위해 사진을 더 멀리 이동시키던지, 흑백으로 하던지, 크기나 밝기를 변화시킨다. 앵커와 '그를', '거기서', '더 젊은 나', '그 경험' 등 관조된 '3인칭' 언어와 결합된 언어 패턴을 사용함으로써 세 번째 장소 분리를 확실히 유지하도록 하면서, 영화 스크린에 걱정이 만든 경험을 계속 시각화한다. 　　a. 이 관점에서, 어떤 긍정적 의도(s), 부차적 이득(s), 그리고 다른 선택이 　　나 자원을 확인할 수 있는가? 　　b. 새로운 선택과 자원을 앵커한다.
5	영사실 부스(두 번째 위치)의 위치에서 극장의 좌석(첫 번째 위치)으로 다시 연상한다.
6	스크린에 투영된(세 번째 위치) 사건 속으로 자원들이 전이되는 것을 상상하고, 새로운 선택 환경을 점검한다. 새로운 선택과 자원을 위해 필요하다면 앵커를 사용한다.
7	새로운 자원과 선택을 이전의 경험으로 가져오면서 4 b 단계에서 세운 자원 앵커를 사용하여, 영화 스크린에서 보고 있던(세 번째 위치) 과거 사건으로 자기 스스로를 다시 돌려 놓는다.
8	불안 상태에 자극제가 될 수 있는 미래의 상황들을 떠올려서 이러한 변화들을 가지고 미래에 가보고 자신의 새로운 선택과 풍부한 자원을 가진 생리현상이 나타나는 것을 확인한다.

제한된 신념을 바꿔주는
틀 바꾸기

■■ 틀 바꾸기(Reframing)의 의미

NLP심리학에서 '틀Frame'이라는 단어는 한 사건이나 경험의 한계나 제한을 설명하고 정의하는 데에 사용된다. 틀이란 우리가 내적 표상에 근거하여 세상 지각을 여과filter하는 또 하나의 방법이다. 일종의 정신적 형판이다. 여타의 필터들처럼 틀이란 일반적으로 의식적 자각 밖에서 작용한다. 우리는 주로 우리가 지니고 있는 신념에서 나오는 습관적·자동적 사고 방식을 가지고 있다. 틀을 변화시키면 그와 함께 의미도 변화하며, 소위 틀 바꾸기Reframing는 제한 신념에서 벗어나도록 돕는 쉽고도 강력한 방법이다. 무언가 '틀 바꾸기reframing'를 한다는 것은 그 이전에 인식되었던 것들을 다른 틀이나 상황 속에 넣고 그 의미를 완전히 바꾼다는 것을 의미한다.

NLP심리학의 전제 중에는 "인간의 모든 행동은 어떠한 경우에도 그 상황에서 가능한 최선의 선택을 한다."는 말이 있다. 그 말에 빗대어 생각해 보면 누구나 실패하고 싶어서 실패하는 것은 아니라는 것이다. 예를 들면 매일 아침 회사에 지각하는 사람이라도 늦잠을 즐기는 좋은 기분이 아침에 출근을 해야 하는 것을 이겨버리기 때문에 그렇게 하게 된다. 어떤 의미에서 그것은 그 사람만의 환경에 적응한 긍정적인 반응이었다고 할 수도 있다. 그렇다고 한다면 "아침에 정해진 시간대로 회사에 출근하는 것이 자신에게 좋은 일이다." 라고 하는 새로운 틀Frame을 부여한다면 그 쪽으로 행동을 바꿀 수 있다. 이것은 거짓말 같지만 상습적으로 지각하는 사람은 '혼나는 것'에는 이미 익숙해져 있어서 반대로 일찍 나오는 일을 칭찬 받게 된다면 '다음에도 칭찬을 받도록 하자' 고 습관을 바꾸는 일이 종종 있다.

이렇게 "체험적으로 만들어진 틀에 대해서 다른 틀을 나타내는 행동으로 바꿔주는 것"도 '틀 바꾸기' 라고 한다.

본래 사람들은 세상을 이해하려 하며, 만나는 모든 것마다 그리고 경험하는 것마다 의미가 있다고 생각한다. 처음에 우리가 사용하는 틀들은 유동적이지만 자라면서, 나이 들어감에 따라 고착화되기 시작한다. 대부분 성인이 되면 습관적 사고 방식을 발달시키고, 세상과 우리의 처지에 관한 신념에서 생기는 관점과 견해들인 몇 가지 틀들은 목표를 달성하고 삶을 충만하게 사는 데 도움이 된다. 그렇지만 언제나 그런 것은 아니다. 때때로 각자가 발달시킨 틀들은 우리 자신을 제한하고 원하는 것을 갖지 못하게 하기도 한다.

우리나라에 만연되어 있는 고질적인 병폐에서 예를 하나 들어본다면, 사회적으로 통용되는 일류 대학 교육을 받은 사람만이 성공할 수 있다고 믿고 있다. 사실 그런 사회적 통념을 전적으로 믿지는 않지만 사실로 받아들여지고 있고, 그것 때문에 자신이나 주위 사람을 제한시키는 틀을 은연중에 가지고 있는 경우가 있다.

그러나 그 어떤 것도 본질적으로 좋은 것도 나쁜 것도 없고, 긍정적인 것도 부정적인 것도 없다. 사건이나 경험은 무엇이 됐든 저절로 의미를 갖지는 않으며, 단지 우리가 그것들에게 부여하는 의미만을 가질 뿐이다. 그 의미는 대부분 우리가 지각하는 틀에 의해 결정된다. 그러므로 틀을 바꾸면 의미도 바뀌며, 우리가 느끼고 행동하는 방식인 우리의 반응도 바뀐다. 이것이 바로 '틀 바꾸기Reframing' 라는 것이며, 경직된 사고 방식의 족쇄를 풀고 자유로워지며, 보다 많은 선택을 가지기 위해 활용할 수 있는 중요한 테크닉이다. 다시 말하면 사고Thinking에 의해 우리는 희로애락과 고통을 만들어 내고, 의미 또한 사고가 만들어 내는 것이므로 그 사고에 가치를 부여하는 그러한 틀을 다른 틀로 바꾼다는 것이 틀 바꾸기다.

틀 바꾸기의 개념을 이해하는 데에 가장 재미있는 예화는 고사성어로 잘 알려진 '새옹지마塞翁之馬'에서도 찾아볼 수 있다.

옛날 중국 북방의 요새要塞 근처에 점을 잘 치는 한 노옹老翁이 살고 있었는데 어느 날, 이 노옹의 말馬이 오랑캐 땅으로 달아났다. 마을 사람들이 이를 위로하자 노옹은 조금도 애석한 기색 없이 태연하게 말했다.

"누가 아오? 이 일이 복이 될는지."

몇 달이 지난 어느 날, 그 말이 오랑캐의 준마駿馬를 데리고 돌아왔다. 마을 사람들이 이를 치하하자 노옹은 조금도 기쁜 기색 없이 태연하게 말했다.

"누가 아오? 이 일이 화가 될는지."

그런데 어느 날, 말 타기를 좋아하는 노옹의 아들이 그 오랑캐의 준마를 타다가 떨어져 다리가 부러졌다. 마을 사람들이 이를 위로하자 노옹은 조금도 슬픈 기색 없이 태연하게 말했다.

"누가 아오? 이 일이 복이 될는지."

그로부터 1년이 지난 어느 날, 오랑캐가 대거 침입해 오자 마을 장정들은 이를 맞아 싸우다가 모두 전사戰死했다. 그러나 노옹의 아들만은 절름발이여서 종군할 수가 없었기 때문에 무사했다고 한다.

일반 사람들이 위로하거나 축하하는 일에도 그 노옹처럼 그 일에 의미를 두지 않고 그 사람들과는 또 다른 관점에서 사건을 보고 있는 것이 틀 바꾸기의 개념을 의미하는 일종의 심법훈련心法訓練인 셈이다. 어떤 것을 보다 지혜롭게 다루기 위해, 그에 대한 사고를 유연하게 하는 것이다.

사물이나 사건을 보는 관점은 한가지가 아니기 때문에 틀 바꾸기Re-framing는 사건, 행동, 경험, 생각 등을 하나의 틀에서 다른 틀로 바꾸어서 새로 배운 것과 행동을 이전보다도 넓은 범위에서 선택하는 기회를 부여해 주는 것이다. 간단한 작업은 아니겠지만, 우리는 생활 속에서도 얼마든지 적용해 볼 수 있다. 예를 들면 실연당해서 상심해 있는 사람에게 "잘 됐어. 이것으로 좀더 멋진 사람과 만날 기회가 다시 돌아올 수 있어." 라고 말하는 것은 간단하다. 그래도 그것으로 상대가 간단히 틀을 바꿀 것이라고는 생각하지 않는다. 그러나 틀 바꾸기는 상대에게 '사물을 보는 방법은 한 가지만이 아니다'라고 가르쳐 주며 '선택하는 선택지가 여러 개가 있다'라는 것을 알게 해주는 것만으로도 상대의 세계는 조금씩 더 넓어져 가고 있다.<그림 31 참조>

마음속의 이미지를
밝은 것으로 하자.

리프레이밍이란?
● 틀을 바꾸면 의미가 변한다.
● 의미가 바뀌면, 반응과 행동이 변화한다.
● 리프레이밍에 의해 보다 넓고 자유로운 선택지가 부여된다.
● 모든 인생사에 '플러스의 의미'가 있다는 것을 안다.

〈그림 31〉 틀 바꾸기

'틀 바꾸기'에서 중요한 것은 무엇보다도 플러스 발상을 하는 것이다. 이것은 우리가 가지고 있는 틀보다 더 기분 좋은 틀이 보이지 않으면 변화하려고 하지 않으려 하는 것이 당연하다. 그러므로 유연하게 발상하고, 평소에 가능성이 있는 방향을 보는 능력이 필요하다.

■■ 상황에 대한 틀 바꾸기

NLP심리학에서 '틀 바꾸기'는 '상황에 대한 틀 바꾸기'와 '의식 내용에 대한 틀 바꾸기'로 분류된다.

'상황에 대한 틀 바꾸기'란 어떤 상황에서든 모든 행동은 유용하며 적절하다는 전제를 바탕으로 촉진되고, 그 행동에 대한 부정적인 반응을 변화시키는 것이다.

"저는 너무 ~~~합니다", "저는 ~~한 경향이 있어요", "저는 ~~을 끊을 수가 없어요" 와 같은 말을 하는 사람들에게 효과적이다. "그 행동은 어떨 때 도움이 됩니까?", "그래도 이런 상황이라면 그 성격이 도움이 되지 않을까?" 라는 식의 질문을 해서 다른 상황에 초점을 맞추고 새로운 의미를 부여하는 것만으로 그 사람의 틀을 바꾸어 줄 수 있다. 쓸데없는 사소한 일에 애를 끓이며 "그렇게 되면 어떡하나, 이렇게 되면 어쩌나" 식으로 생각하는 사람에게 비웃기보다는 오히려 "모든 것이 잘 나가는 분위기일 때에는 도리어 그런 자세가 소중하지요. 있을 수 있는 리스크에 대한 대책도 미리 세울 수 있고요." 라고 말한다면 자신의 새로운 가치관을 깨닫게 될 수 있다.<그림 32 참조>

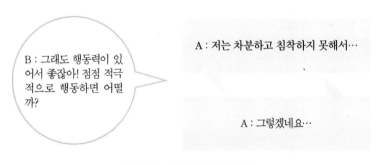

〈그림 32〉 상황에 대한 틀 바꾸기

■■ 의식 내용에 대한 틀 바꾸기

한편, '의식 내용에 대한 틀 바꾸기'는 상황을 변화시키지 않고 내용 쪽을 바꾸는 접근으로서 부정적으로 보이는 행동과 반응 중에서 긍정적인 의도와 의미를 발견해내는 것이다. 행동과 반응의 어디에 초점을 맞추는가에 따라 어떠한 의미를 갖게 하는 것이 가능하다. 예를 들면 "저는 언제나 말하고 싶은 것을 잘 할 수 없어요. 남들 앞에서 전혀 하지 못한다니까요." 라고 말하는 사람에게 "그래도 지금 내 앞에서 하고 싶은 말을 잘 하고 있지 않습니까? 필요할 때에는 잘 할 수 있다고 좀더 자신감을 가지는 편이 좋지 않겠어요?" 라는 식으로 대응해 주면 " 그렇군요. 그럴지도 모르겠네요!"의 반응을 이끌어내서 이것만으로도 상당히 관점이 변해서 가능성 쪽으로 초점이 옮겨갈 수도 있다. "실패하면 우울해져요." 라는 말처럼 "~~ 할 때 ~~가 되어 버립니다." 라고 말하는 틀을 지니고 있는 사람에게 효과적이다.<그림 33 참조>

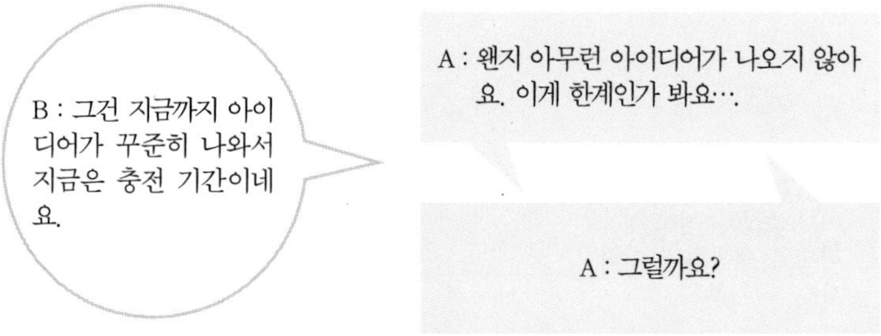

A : 왠지 아무런 아이디어가 나오지 않아요. 이게 한계인가 봐요….

B : 그건 지금까지 아이디어가 꾸준히 나와서 지금은 충전 기간이네요.

A : 그럴까요?

〈그림 33〉 의식 내용에 대한 틀 바꾸기

제 7부

Help!
치료가 필요해요!

저 자신과
충돌 상태에 빠져 있어요!

:: 분아(Part) 란 무엇인가?

분아Part란 NLP심리학에서 매우 중요한 기본적인 개념이다. 분아라
는 것은 본질적으로는 여러 개의 페르소나라고 할 수 있다. 그것은 중요
한 정서적 사건을 경험한 결과로서 무의식적 마음의 부분을 중심으로
경계가 형성된 것이며, 그 자체의 인격과 가치, 신념을 가진 '미니 자아
Mini self들' 또는 '다수의 부인격Sub-personality'과 비슷한 기능을 한다
고 이해할 수 있다. 의식적인 당신 자신과 유사하게 이 분아들은 긍정적
목적과 긍정적 의도를 가진 행동을 나타내며, 행동은 분아의 실제 의도
때문에 충돌상태에 있을 수 있다. 어렸을 때 사랑받지 못했다고 믿는
사람은 가게 좀도둑질 경향을 발달시킬 수도 있다. 왜냐하면 무의식적

분아가 주목을 열망하기 때문이다.

그러나 가끔 분아들은 상황과 분리될 때가 있다. 어떤 분아들은 그 것들의 존재 이유가 지나버린지 오래인 데도 불구하고 폐해가 되면서 계속 작용하기도 한다. 예를 들어 13세경에 더 어른이 된 느낌과 친구들에게 강한 인상을 남기려는 의도로 흡연을 시작한 많은 사람들이 수년이 흐른 후에도 그 책임이 있는 분아는 여전히 활동적이어서 담배를 끊기 어려울 수 있는 하나의 이유가 된다. 이처럼 분아는 어떤 특별한 때에 좋은 이유로 설치되었지만 더 이상 필요치 않은 때에도 계속 작용하는 컴퓨터 프로그램 같은 것이다.

분아는 단지 일시적 정서 상태도, 습관적 사고 패턴도 아니다. 분아는 특유의 정서, 표현 양식, 능력, 의도와 기능을 가진 사려깊은 자율체제이다. 어떤 분아는 일하고 싶지만 또 다른 분아는 놀고 싶다.

NLP심리학을 활용하면 필요할 때 어떤 분아를 최신으로 업데이트하거나 제거할 수 있고, 분아들이 충돌하고 있는 곳에서 적대보다는 오히려 조화롭게 협상하는 방식으로 내적 경험을 조직하는 유용한 방법을 얻을 수 있다.

■■ 충돌하는 분아들

혹시 줄다리기 시합에 참여했거나 본적이 있는가? 양쪽 팀이 모두 과도한 에너지를 소비하지만, 그다지 멀리 움직이지 않는다. 우리 자신들 내면에서든, 그 밖의 다른 사람들 사이에서든 충돌이란 두 편이 서로 반대 방향으로 잡아당기는 데도 어디로도 가지 못하는 줄다리기 시합과 비슷한 것 같다.

우리들 자신 안에서의 충돌은 보통 우리 마음 속의 의식적 분아와 무의식적 분아 사이에 일어난다. 때때로 문제가 되는 것은 바로 대립하고 충돌하는 두 분아이다. "내게 무슨 일이 일어났는지 모르겠어요", "그냥 나 자신이 아니었어요", "나는 일을 끝내고 싶고, 내 안의 또 다른 나는 앉아서 TV보며 쉬고 싶어해요", "나는 결혼해서 안정하고 싶고, 내 안의 또 다른 나는 독신의 자유를 즐기고 싶어해요", "나는 정말로 가고 싶다. 그래도 실은 집에 있어야 한다고 생각해" 등의 말들을 사람들에게서 종종 듣는다. 또 "네, 정말 가고 싶어요" 라고 말은 하지만 동시에 아니라고 자신의 머리를 저어버리는 경우 생활 속에서 크고 작게 분아의 대립과 충돌을 종종 경험한다.

이러한 두 분아들은 모두 긍정적 의도를 갖고 있지만 결과는 분아들이 서로를 효과적으로 방해한 채로 종종 마음 속에서 혼란을 느낀다. 그 대립은 직접적 혹은 간접적으로 호르몬 분비, 신체의 생리적 상태, 심장 박동 수와 혈압, 호흡, 기초 대사, 게다가 면역시스템의 컨트롤이라는 신경시스템 정보처리에도 영향을 미친다. 충돌과 좌절에서 오는 끊임없는 스트레스는 병리학적인 신체 증상을 일으킬 것이다. 이 증상들은 충돌하는 분아들의 '논쟁의 이유'가 된다. 그러나 균형이나 항상성을 유지하려는 체제의 시도 때문에 어떤 증상들은 실제로 충돌하는 분아들 사이에 타협점을 제고할 것이다.

자기 파괴Self-sabotage도 분아들이 충돌 상태에 있을 때 경험할 수 있는 증상들 중 하나인데, 목적을 달성하려는 모든 시도가 한 분아에 의해 무너져버리는 것이다. 자기 파괴가 그저 우리들 자신과 커뮤니케이션하려는 무의식적인 마음의 방법이라는 것을 이해한다면, 목적을 달성하지 못하게 하는 행동의 이면에 숨은 긍정적 의도를 조사하여 그것을 도울 수 있다. 자기 패배적 행동을 보다 긍정적이고 무의식적 마음의 의도를 충족시키는 것으로 대체할 수 있다.

NLP심리학은 이러한 내부적인 충돌을 다루고 해결할 수 있는 많은 기술들과 방법들을 제공한다. 대립하고 있는 분아를 확인하고 그 문제를 해결할 수 있는 분아 협상 과정이 있는데, 두 분아를 확인하고 그것들의 긍정적인 의도를 찾고 휴전에 동의하는 방법을 찾는 것을 의미한다.

■■ 분아의 긍정적 의도

주요한 NLP전제는 모든 행동은 긍정적 의도를 가지고 있다는 것이다. 예를 들어 흡연을 하는 사람의 이면에 있는 긍정적 의도는 긴장을 풀고 편안해지는 것일 수 있다. 알코올 중독자는 배우자에게 버려진 고통을 잊기 위해서 술을 마실 것이다. 무의식적 분아는 실제로 나타낸 행동_{폭음}이 기저에 있는 욕구를 충족시켜주지는 못하지만 소리쳐서 사랑을 요구하는 것이다. 그 답은 진짜 욕구가 무엇인지를 이해하고 긍정적인 방법으로 그것을 충족시키는 데에 있다. 그래서 알코올 중독자가 취해서 인사불성이 된 상태에서 벗어나서 자신이 필요로 하는 것이 알코올이 아니라 사랑이라는 것을 인식할 수 있다면 그는 알코올을 끊고, 깔끔하게 마무리 하고, 실패한 결혼으로부터 교훈을 얻어 사랑을 찾기 위해 자신을 회복시킨다.

▗▖ 문제의 본질에 들어가기

　우리들의 무의식적 마음의 분아는 문제를 만들 수 있다. 이러한 문제들의 이유는 논리적으로 이해하기는 어렵다. 예를 들면 여행이나 사람들 만나기 같은 일상 활동에 대한 두려움이 갑자기 생길 수 있다. 표면에 드러난 대로 각 이유와 의도를 벗겨내고 탐구함으로써 분아의 의도 뒤에 숨겨진 진짜 목적에 접근할 수 있다. 일단 분아의 진짜 기본적 목적에 도달하면 큰 전체적인 무의식적 마음에 이것을 흡수시킬 수 있다. 그래서 우리가 원하는 것을 성취하는 데에 있어서 헛된 노력이 되지 않도록, 조용한 공간에서 무의식과 의식에 있는 자아를 찾아서, 자신의 성공에 장애물을 만들어낼지도 모르는 분아들을 탐구할 시간을 가져보는 것이 좋을 것이다.

▗▖ 분아 통합하기

　분아들이 많을수록 충돌 가능성도 많을 수 있기 때문에 바라는 이상은 완전한 전체가 되는 것이다. 또한 무의식의 마음 속에 있는 모든 분아들이 서로간에 충돌 상태에 있는 것은 아니다. 그러나 건강해지고 싶으면서도 흡연을 갈망한다든가, 날씬해지기를 원하지만 실컷 먹는 것을 통제하지 못하는 것 같은 문제에 직면할 때 충돌 상태에 있는 분아들을 의식하게 된다. 그러한 분아들이 표면에 나타날 때 우리는 다룰 수 있다.

　충돌하고 있는 '자아 속의 분아'를 통합하기 위한 기본적인 NLP테크

닉들 중 Visual Squash와 6단계 틀 바꾸기Six-Step Reframing가 보다
흔하게 활용되고 있다. 이 기법들이 잘 되게 하기 위해서 각 분아에게
공통적 의도가 무엇인지를 알아내야 한다.

'자아 속의 분아'를 통합하기 위한 기본적 NLP테크닉

1	자신이 가지고 있는 내적 충돌을 확인하고 충돌 상태에 있는 두 분아를 확인한다. 예) 운동하는 것에 대해 한 분아는 건강하기를 바라지만 다른 한 분아는 피곤하다며 극도로 고전하는 경우
2	방해 받지 않는 조용한 곳에 앉아서 문제의 분아(운동을 꺼리는 분아)에게 나타나기를 청하여 한 손 위에 세운다. 문제가 아닌 분아(건강을 원하는 분아)에게 나타나기를 청하고 다른 한 손 위에 세운다. 충돌하고 있는 분아들을 공간적으로 좌우에 분리시켜 놓고 각 분아에게 이름을 붙여준다. 분아를 한 개인으로 상상하고 그 사람이 어떻게 생겼는지, 소리가 어떤지, 무슨 느낌인지 본다.
3	각 분아에게 교대로 긍정적 의도가 무엇인지, 그 상위 목표가 무엇인지 묻는다. 문제의 분아부터 시작하여 각 분아에게 질문을 묻는다. "너의 긍정적 의도와 목적이 뭐냐?" 똑 같은 의도를 가지고 있다는 것을 두 분아가 다 인식할 때까지 계속 반복한다.
4	각 분아들에게 상대를 확실하게 이해하게 하고 대화하게 한다. 그 목적은 두 분아들이 다 동의하는 결과(outcome)를 확립하는 것으로 높은 수준의 결과까지 Chunk up될 수 있다. 각 분아에게 각각 공통적 목적을 달성하는 데에 유용한 무슨 자원을 가지고 있는지 묻는다. 예를 들어 운동을 꺼리는 분아는 "더 나은 해결책을 설계할 상상력이 있어" 한다면 건강하기를 원하는 분아는 "세상을 더 나은 곳으로 만드는 데 필요한 단련을 하고 있지" 와 같이 말할 수도 있다.
5	각 분아가 다른 쪽 분아의 긍정적인 의도를 인식하고 받아들이며, 상대의 가치를 인정해 준다. 그리고 상대가 원하는 것 몇 가지라도 각 분아가 동의하게 한다.
6	'메타 포지션'에서 양쪽 분아가 공유하는 더 높은 수준의 공통된 의도가 무엇인지 확인한다. 두 분아들이 결과에 만족한다는 것이 확인되면 모든 다른 분아들도 기뻐한다는 것을 확실히 함으로써 환경 점검을 한다. 양 손을 함께 모아서 새로운 우리 자신을 보고, 듣고, 느끼면서 분아들과 자원들을 통합한다.

7	이러한 통합을 받아들이고 그것이 자기 삶의 사건들 속에서 어떻게 긍정적으로 영향을 줄지 경험하면서, 자신의 과거와 미래에 들어가서 그것들이 어떻게 될지 상상해본다.

한 개인의 둘 또는 그 이상의 분아들이 내부적인 충돌로 상반된 행동들을 유발할 때 정신적인 충돌이 발생한다. 가장 문제가 되는 충돌은 반대하는 분아들이 서로에 대해서 부정적인 판단을 내릴 때 발생하게 된다.

충돌하는 분아들의 통합(Integration of Conflicting Parts) 테크닉 단계

1	파트너가 가지고 있는 충돌하는 분아들을 확인한다. 공통적인 유형의 충돌들은 논리적 vs 정서적, 이성적 vs 직관적, 아동기 때의 신념 vs 성인기의 신념, 과거 vs 미래 기타 등등을 포함한다.
2	모든 감각체계로 분아들을 표현한다. 예를 들면, 당신은 이렇게 말할 수 있다. "X라고 믿는 당신의 분아를 한 손에 놓으십시오. 당신이 그러한 분아들과 관련된 느낌이나, 목소리 이미지들은 무엇입니까?" 그리고 다른 분아를 다른 쪽 손에 놓도록 하고 위에서 한 것과 똑같이 하라. 충돌하는 분아 (출처 NLP백과사전)
3	파트너에게 각 분아의 지각적 입장에 몰입하게 하고, 그리고 각 분아가 상대 분아를 보도록 요청한다. 이 단계에서 여러 분아들이 전형적으로 상대 분아를 싫어하고 불신하게 될 것이다.

4	각 분아의 긍정적인 의도와 목적을 찾아내도록 한다. 명심할 것은 각 분아가 상대 분아의 긍정적인 의도를 인정하고 받아들이는 것을 확인한다. 또한 각 분아들의 충돌은 직접적으로 자신의 목적을 달성하는 데 걸림돌이 된다는 것을 각 분아가 깨닫는 것을 확인한다.
5	탐구자에게 다시 각각의 분아로 몰입하여 상대 분아를 바라보게 한다. 그리고 이번에는 그 자신의 긍정적인 의도를 달성하는 데에 도움이 될 만한 상대 분아의 자원들에 대해서 서술한다. 자신의 목적을 충분히 달성할 수 있도록 자원을 결합하기 위해 각 분아들로부터 일치된 동의를 획득한다. 대개 그것들이 이전에 서로를 불신하고 싫어했던 이유는 정확히 상대가 이러한 자원을 가지지 못했고 따라서 부적당하고 통제불능처럼 보였기 때문이다.
6	파트너에게 양쪽 분아의 자원을 온전히 통합시키는 모든 감각체계 속에 또는 파트너가 창조하는 자신에 대한 새로운 표상을 만드는 것과 똑 같은 시간에 파트너의 양손을 함께 합치도록 요구한다. (분리된 두 분아를 동반한 후 두 생리현상의 통합/균형에 열중하여 초점 맞추기 한다.)
7	때때로 어떠한 내적인 충돌은 두 분아 이상이 될 수도 있다. 그러한 경우에 한 번에 세 분아 모두를 포함하기 위해 이 테크닉을 확장시키거나 한 번에 두 분아 통합을 할 수 있다.

습관을 바꾸는
6단계 '틀 바꾸기'

'틀 바꾸기' 테크닉에는 바라는 대안을 제공하면서 바라지 않은 행동을 그만두게 하는 '6단계 틀 바꾸기'도 있다. 이것은 일견 부정적이고 불건전한 파괴적 행동도 어떤 레벨에서는 무언가의 긍정적인 부산물을 가져온다. 예를 들어 흡연은 불건전하지만, 한편 편안하게 해 주는 효과가 있다고 생각하는 경우이다.

NLP심리학에서 사용된 6단계 틀 바꾸기는 그 행위에 관련된 '분야 Part'의 긍정적인 의도의 틀 속에서 보이게 되기 때문에 부정적인 행위는 틀 바꾸기가 된다. 이것은 종종 문제행위에 관한 새로운 이해와 중요한 통찰력을 가져다 주며, 그때 새로운 행동선택은 똑 같이 높은 수준의 긍정적 의도를 만족시켜주는 대안적 행동이 될 수 있음을 확인하고 긍정적인 의도를 전달할 때 문제행동과 관계된 내면 분야의 협조를 얻어야만 수행되고 확립될 수 있다. 따라서 '6단계 틀 바꾸기'에서 첫 번째 단계는 문제되는 행위와 관련된 '책임 있는 분야'를 찾아내는 것이고, 그 분야와 의사 소통할 수 있는 라인을 세우는 것이다.

종종 특별히 우리가 쉽게 변화되지 못하게 되는 행동들인 문제 행동의 원인이 되는 분야는 대체적으로 우리의 일반적인 보통 의식수준과 많은 접촉을 갖지 않는다. 그러나 NLP 관점에서는 긍정적인 의도를 찾고 효과적인 대안을 찾을 만큼 충분히 신호가 명확하기만 하면 문제 행동에 책임이 있는 '분야'와 의사 소통할 통로를 세우는 것이다. '분야'와 의사 소통할 효과적인 채널이 있기만 하면 구체적인 세부사항들은 의식하지 않아도 된다.

6단계 틀 바꾸기의 많은 관점들은 자신의 여러 '분야'들과 협상하는 것을 사람들에게 코치하는 버지니아 새티어Virginia Satir의 방법과 밀턴 에릭슨Milton Erickson에 대한 연구에 기초하여 최면적 단서와 신호를 연구한 그린더Grinder와 밴들러Bandler가 공식화한 테크닉이다. 원래 6단계 틀 바꾸기는 최면 테크닉으로 실행되어 피험자는 트랜스 상태에 있었고 무의식적 마음이 주는 신호를 의식적으로 의식하지 못하고, 손가락 신호와 같은 동작들은 변화되기를 원하는 행위에 책임이 있는 '분야'들과의 의사소통의 통로로써 사용되었다. 나중에 그 방법은 개인이 트랜스 상태에 있었든 없었든, 자신의 반응을 의식하든 안 하든 효과적이라는 사실이 많은 검증 결과 밝혀졌다.

6단계 틀 바꾸기의 성공의 열쇠는 문제 행동의 원인이 되는 '분야'들과 단순히 의사 소통하는 것이나 긍정적인 의도에 대한 통찰력도 아니다. 오히려 성공의 열쇠는 문제 행동이 받아들일 만한 행동 대안을 찾고 효과적으로 협상하는 것이다. 이는 다른 선택을 제안하는 것이 이 테크닉의 매우 결정적인 부분이기 때문이다.

새로운 선택들을 찾기 위해서 문제를 발생시켰던 사고 방식과 다른 사고방식에 접근하는 것이 중요하다. 제안들이나 생각들은 촉진자에 의해서 제안될 수는 있지만 대체로 개인에게 자신의 새로운 선택들을 만들어내게 하는 것이 더 효과적이고 더 생태적이다. 새로운 선택들은 전형적으로 개인을 자신의 창조적인 상태와 관련되어 있는 '창조적인 분아'에 접근하게 해서 생성된다.

다시 말하면, 문제의 증상에 책임 있는 '분아'와 연관된 생각들은 고착화되어 그 동안에는 '의사소통'이 막혀 있었기 때문에 이 '분아'가 제안되는 다른 제안들을 받아들이고 이해하는지 어떤지를 명확히 하는 것이 중요하다. 만약 그것들을 받아들이지 않는다면 최소한 3가지를 받아들일 만한 선택사항들이 생겨날 때까지 새로운 선택들이 생겨나고 제안될 것이다. 긍정적 의도를 만족시키는 최소한 3가지 다른 선택을 더해주는 것을 권장한다.<그림 34 참조>

〈그림 34〉 6단계 틀 바꾸기의 3가지 대안

6단계 틀 바꾸기는 이름에서 연상되듯이 6단계로 구성되어 엄격히 실행되어야 한다. 마지막 단계는 어떤 다른 '분야'들과 한 개인의 '보통의 의식'을 가진 이러한 새로운 대안들의 생태학적인 측면을 체크하는 것이다. 이것은 새로운 대안들이 개인 시스템의 다른 어떤 측면들의 긍정적인 의도 혹은 기능과 서로 간섭 받거나 충돌하는 것을 방지하기 위해서이다. 만약 반대가 있다면 반대에 책임 있는 '분야'들은 그 과정의 초점이 될 수 있다.

6단계 틀 바꾸기는 문제 행동이나 원하지 않는 행동을 연구대상으로 하는 것에 그 사람의 다양한 '분야'들을 인정해주는 것, 문제 행동의 이면에 있는 긍정적인 목적과 의도를 이해하려고 하고, 개인이 그러한 긍정적인 의도를 성공적으로 달성하기 위해서 보다 더 적절한 선택을 찾도록 도와주는 것을 포함한다. 물론 개인의 일상적인 의식이 다른 선택 사항들을 깨닫게 된다는 사실은 그런 행동을 시작하는 '분야'가 그러한 선택들을 이해하고 받아들인다는 의미는 아니다. 행동이나 증상은 단지 ①문제를 일으키는 그 사람의 '분야'가 확인될 때 ②반응의 이면에 있는 긍정적인 의도가 이해되고 인정받을 때 ③그 '분야'가 긍정적인 의도를 달성하기 위한 다른 효과적인 선택들을 받아들여 내면화 했을 때 완전히 '틀 바꾸기'가 이루어지게 된다.

6단계 '틀 바꾸기' 구체적 단계들

1	조용하고 명상에 잠긴 상태로 들어가서 문제가 되는 증상이나 행동에 자신의 모든 주의력을 집중시킨다. 예를 들면 "눈을 감고 심호흡을 하고 긴장을 풀고 편안히 하세요. 완전히 자신의 마음 속에 들어가서 당신이 바꾸고 싶은 증상이나 행동에 완전히 주의 집중해 보세요."

2	그 행위에 책임이 있는 자신의 '분아'와 의사소통을 시도한다. 자신의 마음 속에 들어가서 이런 행위를 유발하는 자신의 '분아'에게 물어본다. "만약 당신이 기꺼이 나와 의사소통하고 싶다면 나에게 신호를 달라." 어떤 것이든지 당신자신의 분아로부터 올 만한 신호일지도 모르는 어떤 내면의 말, 이미지, 느낌들에 주의를 집중한다. 만약 분명한 신호를 얻지 못한다면, 그 분아에게 그 신호를 좀 과장되게 해달라고 요청한다. "만약 당신의 대답이 '그렇다'라면 그 증상을 강렬하게 해 주세요." 라고 요구해서 활용할 수 있다. 만약 그 '분아'가 의사소통에 내켜 하지 않는다면, 이렇게 요청한다 "나와 대화하기를 원하지 않는마음 가운데 당신의 긍정적인 의도는 무엇입니까?" 만약 그 '분아'와 계속적으로 의사소통을 하는 데 어려움을 겪는다면, 아마 다른 변화의 방법을 시도하고싶을 것이다.
3	그 '분아'의 긍정적인 의도와 문제되는 행동을 구별한다. "당신의 내면으로 들어가서 그 분아에게 당신과 대화할 수 있게 된 것에 감사하십시오, 그리고 이행동을 통해서 무엇을 나에게 긍정적으로 해주기를 원하며, 혹은 무엇을 나에게 이야기하고 싶은지를 물어보세요" 만약 그 '분아'의 의도가 부정적이라면, 이런 질문을 계속 던진다. "그러면, 그것이 나에게 무엇을 해 줄 수 있습니까? 당신의 긍정적인 의도가 무엇입니까?"
4	그 '분아'의 긍정적인 의도를 만족시킬 수 있는 서로 다른 3가지 선택들을 찾아본다. 그러나 증상이나 문제되는 행위의 부정적인 결과를 유도하지 않는 선택들을 찾는다. "당신의 창조적인 '분아'에게 가서 최소한 그 문제 행동의 긍정적인 의도를 만족시킬 만한 세 가지의 다른 방법을 제안해달라고 요청한다."
5	증상이나 문제 행동을 발생시키는 그 '분아'에게 새로운 선택들을 실행하는 것에 대해 동의하게 한다. "내면으로 들어가서 문제 행동에 책임이 있는 분아에게 '분아 자신이 새로운 대안 선택들을 받아들이기를 동의한다면 신호를 주세요' 라고 요청하세요." 만약 어떠한 대안들도 받아들여지지 않거나 어떤 신호도 없다면 4번째 단계로 가서 수정하거나 선택들을 첨가한다.

6	환경을 점검한다. 새로운 선택에 대해서 내면의 그 어떤 다른 분아들이 반대를 하는지 알아본다. "내면으로 들어가서 어떤 다른 분아가 이 새로운 선택들에 대해서 반대하고 있습니까?" 라고 물어본다. 만약 "그렇다" 라고 대답을 한다면, 다시 2번째 단계로 가서 그'분아'들과 다시 그것들을 반복한다.

6단계 틀 바꾸기를 시행할 때는 공간분류를 적용하는 것이 유익할 것이다. 6단계 틀 바꾸기의 각 단계의 구체적인 위치는 아래의 다이아그램과 똑 같은 순서로 나열될 수 있다. 이 방법의 각 단계를 거쳐나가면서 자신은 각 단계와 연관된 위치에 서 볼 수 있다. 2단계-문제 행동 '책임 있는 분아'와 의사소통의 관계를 설정하는 것-그리고 5단계-문제행동에 책임 있는 분아가 새로운 대안들을 받아들이도록 하는 것-이 두가지가 같은 위치에서 일어날 수 있다는 것에 주목한다. 이것은 '분명하게' 구분된 과정의 각 '분아'들과 단서와 정보를 계속 연관시키는 데 도움이 될 수 있다.<그림 35 참조>

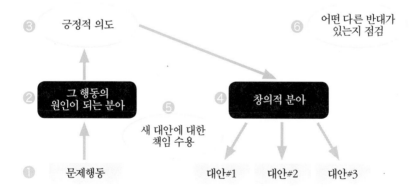

〈그림 35〉 6단계 Reframing에 대한 다이아그램

요컨대 6단계 틀 바꾸기는 바꾸고 싶은 행동 때문에 자신이 마음에 안들 때 사용한다. 예를 들어 손톱 물어 뜯기와 같은 습관, 흡연 습관, 모임에서 다른 사람이 이야기하면서 충돌하고 싶은 충동, 주기적 두통과 같은 신체적인 증상은 매우 효과가 있는 것으로 밝혀졌다. 이것은 매우 영향력 있고 효과적이어서 신중하게 사용되어야 하며, 혼자서 또는 다른 사람들과 함께 할 수 있다.

꿈을 현실로 바꿔주는
새 행동 생성자 테크닉

우리는 다르게 행동하고 싶은 상황이 있다. 방법을 모르지만 하고 싶은 것이 있을 것이다. 아마 사회적으로 더 자신감이 있으면 좋겠다든가, 운동을 잘하면 좋겠다든가 하는 것들인데 새 행동 생성자 테크닉이 그 성공의 열쇠를 쥐고 있다. 그 이름이 나타내듯이 새 행동을 생성해주는 과정으로서 컴퓨터에 특별한 기능을 가진 프로그램을 설치하듯이 분야를 설치하는 것을 말한다고 할 수 있다.

창의적인 새 행동 생성자New Behavior Generator 전략은 1970년대 후반에 NLP 창시자인 그린더Grinder가 그 기본 단계를 수립했다고 하며, 변화의 가장 필수적 과정인 꿈이나 비전을 행동으로 옮기는 과정으로서 이미지에서 행동으로 옮기는 과정을 연습하는 테크닉이다. 즉 내적으로 우리가 원하는 행동의 감각적·구체적 표상을 체계적으로 만들어

내서 "마치~처럼"as if frame의 틀을 사용하여 원하는 행동의 새로운 정신적 지도를 창조한다는 의미이다. "마치 그런 것처럼" 행동하는 과정을 통해서 이러한 신념을 표현하고 뒷받침하는 "과정을 진행하는 방법"으로서 가상의 시나리오를 구성하고, 그 이미지를 운동 감각적 표상체계에 연관시켜 구체적인 행동으로 바꿈으로써 정신적인 '무대 연습'을 하는 것과 비슷하다.

새 행동 생성자는 개인의 융통성을 필요로 하는 거의 모든 상황에 적용될 수 있는 멋진 전략이다. 기본적인 단계는 원하는 행동에 대한 시각적 이미지를 형성하고, 촉감 수준에서 신체 감각적 이미지 속으로 주관적으로 몰입하고, 필요하거나 빠진 요소를 말로 표현하는 것 등으로 이루어져 있다.

'새로운 자신'을 몸에 걸쳐 보고 어느 것이 빠져 있는지, 더해져야 할 필요가 있는지 알아내기 위해 신체 감각적으로 점검한다. 다음의 과정대로 이 테크닉을 시도해 본다.

새 행동 생성자 전략의 기본 단계

1	가지고 싶은 행동을 확인하고 그것이 자신에게 가져올 결과가 무엇인지 명확히 한다.
2	마음의 눈으로 또는 자신 앞에 자기 자신이 서 있는 것처럼. 미래에 당신이 하고 싶은 원하는 행동을 실행하고 있는 자신을 본다.
3	영화 감독처럼 객관적으로 관조하면서 '다른 자신'이 쉽게 별 수고하지 않고도 새 행동을 수행할 수 있도록 액션과 사운드 트랙 등 필요한 것처럼 보이는 변화를 무엇이나 시도한다. 완전히 행복감을 느낄 때까지 상상된 시나리오에 계속 적응한다. 그렇게 하면서 자신이 만들었던 변화에 대한 다른 사람들의 반응을 인식한다.

4	상상 속에서 주관적 몰입 상태로 새 행동을 하고 있는 '다른 자신'으로 들어가 보이는 것, 들리는 것, 느껴지는 것이 어떤지 경험한다.
5	새로운 행동이 자신의 가치와 자아 의식에 적합한지 확인하기 위해 환경 점검 을 실행한다.
6	어느 것이든 적합하지 않으면 영화 감독이 되는 것으로 되돌아가서 자신의 내 면에 들어가기 전에 필요한 것은 무엇이든 변화시킨다.
7	새 행동을 사용하고 싶은 하나의 미래의 시기를 생각하고 그 상황에서 당신이 수행하고 있는 것을 상상한다.

이 테크닉을 규칙적으로 활용하면 거의 제 2의 천성이 될 수도 있다. 그것을 근육 속으로 넣어 내면화시키는 한 가지 방법은 하루 일과가 끝 날 때 개인적 반성을 실행하는 것이다. 하고 싶었던 대로 잘된 것과 똑 같이 잘 되어지지 못한 것이 무엇인지 자신에게 물어본다. 그러한 방법 이 자신이 원하는 곳으로 앞으로 나아가게 하는 강력한 방법이다.

새 행동 생성자 테크닉의 효과성에 대한 연구는 얼마 전 대형 비행기 사고를 당했지만 살아남은, 때로는 부상조차 입지 않은 생존자들을 인 터뷰한 결과에서 증명되기도 했다. 이들 생존자들은 심한 혼란 속에서 다른 많은 승객들이 탈출에 실패한 가운데 어떻게 추락한 여객기에서 벗어날 수 있었는지에 대한 질문을 받았다. 응답자들이 공통적으로 한 대답은 마음속으로 되풀이하여 정신적인 '최종 리허설'을 거듭했다는 것이었다. 그들은 안전벨트를 풀고, 좌석에서 이동하고, 가장 가까운 출구를 찾아 통로를 달리며, 활주로로 뛰어내리는 순서를 시각적으로 그려보았다 한다. 그들은 이전에 이러한 행동을 이미 수차례에 걸쳐 해 본 듯한 느낌이 들 때까지, 이러한 이미지를 반복적으로 떠올렸고 그 가상의 이미지를 통해 본 것을 스스로 실행한다고 느꼈다. 그래서 사고가 발생했을 때 대혼란 속에서 무엇을 해야 할지 생각하는 데 그 어떤 시간이나 의식적 낭비를 할 필요가 없었던 것이다.

새 행동 생성자의 목표는 가상의 시나리오를 구성하고, 그 이미지를 운동 감각적 표상체계에 연관시켜 구체적인 행동으로 바꿈으로써 정신적인 '무대 연습'을 할 수 있도록 하는 것이다. 이 테크닉은 사람들이 자신들의 신경계에 새로운 정신적인 지도를 그림으로써 새로운 행동을 학습한다는 것, 자신의 정신적 지도에 완벽을 기하면 기할수록 원하는 새로운 행동을 달성할 가능성이 높아진다는 것, 목표에 집중할수록 새로운 행동을 빨리 완수할 수 있다는 것, 사람들은 새로운 행동을 달성하는 데 필요한 정신적 자원을 이미 확보하고 있다는 신념들에 기초하고 있다. 따라서 성공은 이미 갖추어진 것에 어떻게 접근하고 어떻게 그들을 조직하느냐에 달려있다.

chapter 4 ::

신속하고 확실한
공포 치유 기법

거미, 뱀, 높은 곳, 폐쇄된 공간, 비행, 폭풍우, 대중 연설 등에 공포를 가진 사람들을 가끔씩 우리 주위에서 보기도 하고 알고 지내는 사람도 있을 것이다. 어쩌면 당신 자신이 그러한 고통을 받고 있는 사람일 수도 있다. 공포증의 전형적 증상은 현기증, 심장 두근거림, 무서운 느낌을 포함하며, 자극이 나타나면 자동적으로 강한 신체적 반응으로 반응한다.

공포가 어떻게 형성되는지에 대한 견해는 여러 학설이 있지만 NLP 심리학은 그 원인에는 관심이 없고 그 문제들이 현재에 어떻게 다루어지고 있느냐에 주 초점을 두고 있다. 사건 그 자체는 희미한 시간의 기억 속으로 지나간 지 오래이다. 그래서 그 사람이 장애를 일으키고 있다고 생각하는 것은 그것을 내면적으로 나타내고 있는 방식임에 틀림없다.

공포를 유발하는 것이 무엇이든 공포를 느끼는 사람들은 그것에 노출이 되면 그 기억에 대해 가지고 있는 사진 속으로 되돌아가 연상하고 다시 그 모든 감정을 경험하는 것이다. 그것이 V-K 감각 회로이다.

객관적으로 관조하면서 관찰자로서 그 사건을 본다면 나쁜 느낌을 가질 리가 없다. 사람들이 처음으로 느꼈던 감정에서 사람들을 멀리 떼어두기 위해 이중 관조를 활용하는 것이 신속한 공포를 치유하는 중심 원리이다. 신속한 공포치유Fast Phobia Cure 기법은 강력한 기법으로, 다음 단계별 순서를 따르는 것이 중요하다.

신속한 공포 치유의 단계

1	자기 자신이 영화관에 있다고 상상한다. 영화가 시작되기를 기다리는 동안 뒤쪽 어딘가에 좌석 하나를 선택한다. 스크린 상에서 최초의 공포적 사건(또는 전에 경험한 적이 있는 가장 강렬한 에피소드 중 하나)이 일어나기 바로 전 나 자신을 흑백 정지 화상으로 본다.
2	이제 영사실 안에서 떠다닌다. (고소공포증이라면 걸어간다). 이제 안전하고 안정된 관찰자 입장에서 편안해 보이는 모습으로 영화관의 관람석에 앉아 있는 자기 자신을 볼 수 있다.
3	영사실 부스에 남아서 스크린 상에서 공포를 일으킨 그 사건에 대한 흑백 영화를 돌아가게 하면서 자기 자신을 바라본다. 끝이 날 때는 영화가 멈추고 그것을 정지 화상으로 바꾼다.
4	이제 영사실을 떠나서 스크린 속의 정지 화상 안으로 걸어 들어간다. 그림의 색깔을 바꾸고 가능한 한 빨리 필름을 뒤로 1초, 2초쯤 돌린다. 내면에서 이것을 경험한다. 이 과정을 여러 번 반복한다.
5	자극에 관해 생각함으로써 공포 상태에 접근하도록 한다. 이제 그것에 관해 생각하는 데 어려움이 없어야 한다. 조금이라도 불편함이 남아 있으면 처음 단계부터 다시 반복한다.

제 8부

성공으로 가는 길

'편집(editing)'이란 "고치거나 다듬어 적절하게 만들기 위한 수정 또는 각색" 과정이다. NLP심리학에서 말하는
개인적 편집은 시간 범위에 상관없이 개인이 경험한 것들을 정신적으로 편집하는 과정이다. 자신이 마음에 들어하
지 않는 자신의 개인적인 행동과 사고 패턴을 자기 편집할 수 있기 때문에, 자신이 구하는 패턴을 얻을 수 있게 된다
고 하며, 이것을 개인적 편집 테크닉이라 부른다.

우리들 각자는 편집자가 문서를 수정하거나 영화 편집자가 영화 필름을 편집하는 방식으로 우리 자신에 대한 편집
활동을 할 수 있다. 우리가 자신의 정서 상태를 변화시키고 그 상태에 있는 동안의 상황을 다시 인식할 때 우리의 주
의력 또한 달라지게 된다. 우리는 상황의 의미를 바꾸고, 이로 인해 상황에 대한 감정의 의미도 바꿀 수 있는 다양한
대화를 할 수 있다. 또 의미가 바뀌는 상황에서 크고 작은 부분을 인식하거나, 또 다른 방식으로 전체 상황을 이해
할 수도 있을 것이다.

관점을 넓혀주는
개인적 편집

우아하고 힘찬 걸음걸이를 연습하는 것에서부터 주의력을 조정하는 것에까지 단순한 테크닉들이 있다.

걸음걸이를 연습하는 테크닉을 살펴보면 학습자의 걸음걸이를 살펴보고 그 상태를 최적화시키기 위해 앵커해주고 지도해주는 가이드의 도움을 받아 선택지점을 정해 놓고 최적의 상태에 도달하려는 의도로 걷기 시작하여 만족스러울 때까지 그 과정을 반복하는 것이다.

또 알파벳 도표를 이용하여 서로 다른 주의력의 경로를 분리하고 조정하는 것을 통해 '편집'을 하고 경험하는 것이다. 이 연습을 할 때 아래의 알파벳 표를 보고 굵은 글자로 인쇄된 아래의 알파벳 26개를 큰 소리로 읽는다. 그 밑에 쓰여진 'R', 'L', 'T'는 당신 손의 움직임과 관련된 신호이다.

아래의 알파벳을 읽으면서 'R'을 볼 때마다, 가볍게 오른손을 들도록 하고, 'L'은 왼손을 들고, 'T'는 일시적으로 양손을 모두 들라는 신호이다. 간단히 실습해 본다면, 다음의 순서로 맨 윗줄을 큰 소리로 읽어가게 될 것이다. 'A'(오른손을 올린다), 'B'(왼손을 올린다), 'C'(양손을 올린다), 'D'(오른손을 올린다) 이런 식으로 하면 된다.

개인 편집을 위한 알파벳 도표

A	B	C	D	E
R	L	T	R	L
F	G	H	I	J
R	T	L	R	R
K	L	M	N	O
T	R	L	L	T
P	Q	R	S	T
R	L	T	R	L
U	V	W	X	Y
R	L	T	R	L

개인적 편집Personal Editing을 위한 과정에 이 도표를 활용하기 위해서는 경험의 질을 높이고 싶은 주기적으로 되풀이 되는 문제 상황을 선택한다. 예를 들어, 현재 자신이 가진 것보다 그 상황에 대처하는데 있어 더 많은 선택의 여지를 갖는 것을 선택할 수 있다. 이 상황을 마음속에 담은 채, 위에 기술된 방식으로 표를 읽어나간다. 표를 다 읽은 후,

그 상황에 대해 다시 생각해보고 당신이 그 상황을 인식하고 그에 대처하는 데 있어 어떠한 변화를 경험하는지를 파악한다.

예를 들면, 지금 그것에 대해 전과는 다른 느낌을 받을 수도 있다. 전에 뚜렷하지 않거나 활용할 수 없었던 정보를 듣거나 보게 되고, 그로써 자신이 상황에 대처하는 데 변화가 일어난다. 아마도 스스로 어떤 경험의 일부분에 고정되었음을 깨닫게 되고, 이 실습을 마친 후 보다 폭넓은 관점을 인식할 수 있게 될 것이다.

여러 다른 방식으로 이 실습을 할 수 있는데, 수평적으로 줄을 읽는 대신 수직적으로 줄을 읽을 수도 있고, 알파벳을 거꾸로 읽을 수도 있고, 알파벳을 하나 걸러 읽을 수도 있다.

현재의 노력을 도와주는
탁월성의 원

우리는 모두 원하는 것을 달성하기 위해 우리 안에 자원들을 가지고 있다. 살면서 우리가 가졌던 경험들은 우리의 무의식적 마음에 저장되어 있고, 현재의 노력을 지원해 주기 위해 검색될 수 있다. 탁월성의 원은 이러한 자원들에 접근하게 하여 미래상황을 정신적으로 예행 연습하는 감동적인 테크닉이다. 필요할 수 있는 자원에 접근하고 사전에 경험 속으로 들어가 상상하게 하는 데에 유익하다.

먼저 자신이 최상의 상태로 존재하는 자원 은행을 만들기 위한 마인드 맵을 그려보자.

탁월성의 원Circle of Excellence은 그린더Grinder와 주디스 들로지에Judith DeLozier가 창안한 기본적인 방법으로서 최적의 성과를 낼 수 있는 상태를 앵커링 하고 그 상태에 도달할 수 있도록 하는 것을 목적으로 삼고 있다. 예를 들어 대중 연설과 발표회 또는 무엇이 됐든 자신감을 증진시키기 위해 이 기법을 활용할 수 있다. 그 과정은 종종 두 사람이 함께 실행하기도 하고 직접 스스로 활용될 수도 있다.

탁월성의 원 연습 단계

1	끈이나 후프를 사용하여 바닥에 원형을 만들거나 간단히 마음속에 원형을 떠올린다.
2	미래에 도전해야 하는 상황에 대해 생각한다. 예를 들면 프레젠테이션을 한다면 청중, 중요 메시지, 선호하는 표현 양식, 원하는 결과, 허용된 시간 등을 고려한다.
3	무슨 기술과 자원이 필요할지 결정한다. 프레젠테이션을 위한 자원들은 자신감, 명료성, 시청각 설비에의 정통성, 질문에 답변하기 위한 자유로운 사고 능력, 충실한 시간 관리, 편안한 신체적 자세, 호흡과 신경조절, 주제에 대한 지식, 래포 창출능력 등일 것이다.
4	새로운 도전에 필요할 그러한 자원을 가졌던 과거 경험 즉 과거에 했던 성공적 경험을 생각해낸다.
5	원형 안으로 걸어 들어가서 과거경험을 다시 체험한다. 모든 감각을 끌어들인다. 자기 자신을 생생하게 마음속에 그리고, 느낌을 경험하고 소리를 듣는다. 앵커링 기법을 사용한다. 예를 들면 자신의 팔을 잡거나 엄지손가락과 가운데 손가락을 연결한다.
6	자신이 필요한 자원 하나하나를 위해 5번째 단계를 반복한다. 자신의 느낌이 얼마나 달라지는지 주목한다.
7	마치 자신의 몸 안으로 자원이 흐르고 있는 것처럼 자신에게 유용한 모든 기술과 자원을 갖고서 그 행사장에 있는 자신을 바라보고 마음의 눈으로 행사가 일어나고 있는 것을 바라본다.
8	원 밖으로 나온다.

9	더 이상의 자원들이 필요한 것이 있는지 알아보기 위해서 도전하는 일에 관해 생각해보고 어떤 느낌이 드는지 검증해본다. 발표회 사례로 다시 돌아가서 마치 지금 일어나고 있는 것처럼 자신이 발표회를 성공적으로 하고 있는 것을 보고 듣고 느낀다. 자신이 무엇을 입고 있으며 사람들이 무슨 말을 하고 있고 자신이 어떤 기분인지에 주목하면서 가능한 한 매우 자세하게 감각을 활용한다.
10	미래 가보기(Future Pace) 자신이 미래에 직면해야 할 다른 도전들에 대해 생각한다. 만약 더 이상의 발표회가 있다면 이미 확인했던 자원들을 갖고서 청중들에게 자신이 성공적으로 연설하고 있는 것을 본다.

　　자신의 개인적 수행과 관련하여 중요한 것은 가능한 한 많이 자신의 고유 신호에 대한 인식을 개발하는 것이다. 이는 자신이 효과적인 성과를 내는 데 도움이 되는 상태에 있는지 파악하는 방법을 알려주며, 필요에 따라 그러한 효과적인 상태로 돌아가는 툴을 제공한다. 최상의 성과를 내는 데 도움이 되는 인지적 및 생리적 상태를 더 많이 알수록, 그 상태로 돌아갈 수 있는 가능성이 커진다. 자신의 긍정적 자원이 될 수 있는 것들을 다음에 열거해 본다.<그림 36 참조>

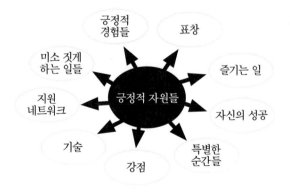

〈그림 36〉 긍정적 자원들

리더가 되는
신경 논리적 수준

■■ 신경 논리적 수준(Neuro-Logical Level)의 의미

주요한 NLP전제 중에 "지도는 영토가 아니다.(The Map is not the Territory.)" 라는 말이 있다. 그것은 우리의 현실 지도는 세상의 일부일 뿐이며, 우리의 지도를 둘러싼 영토는 훨씬 더 크다는 의미이다.

우리가 탐색하고 있는 현실에 대한 전망은 계속적으로 변화한다. 우리가 살고 일하는 세상이 역동적이라는 것을 받아들인다면 우리는 어떻게 이에 대처할 수 있을까?

변화에 대한 NLP심리학의 접근은 변화에 대한 단 하나의 정확한 지도란 없다는 것이다. 살아서 번영하기 위해서 변화는 일어나고 있다는 사실을 인정하고 기꺼이 그 변화를 보듬어 안고서 그에 반항하기보다는 오히려 변화와 더불어 살아가기 위한 전략을 적절하게 세워야 할 필요가 있다.

　NLP의 신경 논리적 수준은 아래 그림과 같이 하나의 모형을 여러 범주 수준의 정보로 분석함으로써 변화에 관해 생각하는 강력한 방법이다. 이것은 그레고리 베잇슨Gregory Bateson이 창안한 변화 모델에 기초해서 로버트 딜츠Robert Dilts가 개발한 것이며, 마음속에서 일어나고 있는 생각에 관계되는 것을 나타내고 있기 때문에, 의사 소통하는 동안에 사용되는 정보의 구체적 수준도 확인할 수 있다.<그림 37 참조>

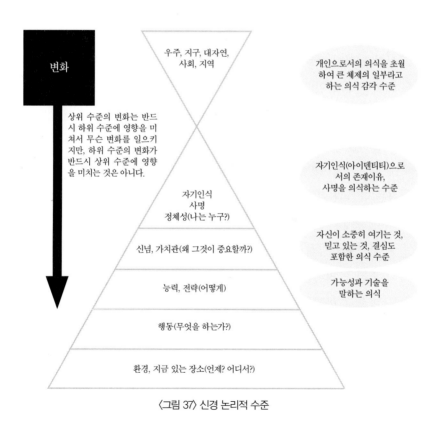

변화

우주, 지구, 대자연,
사회, 지역

개인으로서의 의식을 초월
하여 큰 체제의 일부라고
하는 의식 감각 수준

상위 수준의 변화는 반드
시 하위 수준에 영향을 미
쳐서 무슨 변화를 일으키
지만, 하위 수준의 변화가
반드시 상위 수준에 영향
을 미치는 것은 아니다.

자기인식(아이덴티티)으로
서의 존재이유,
사명을 의식하는 수준

자기인식
사명
정체성(나는 누구?)

신념, 가치관(왜 그것이 중요할까?)

자신이 소중히 여기는 것,
믿고 있는 것, 결심도
포함한 의식 수준

능력, 전략(어떻게)

가능성과 기술을
말하는 의식

행동(무엇을 하는가?)

환경, 지금 있는 장소(언제? 어디서?)

〈그림 37〉 신경 논리적 수준

그 수준들은 또한 상황들에 관해 어떻게 생각하고 있는가와도 관계되어 있기 때문에 각 수준별로 무엇이 어떻게 될지 또는 전진하는 데 있어서 어디에서 어려움을 경험하게 될지도 알려 줄 여러 가지 정보를 제공한다. 상황 여하에 따라 선택적인 6번째 수준과 함께 5가지의 주요 수준이 있다. 그것들은 각 수준이 다음 수준에 연결되어서 각 요소에 영향을 미치는 위계와 비슷하다.

■■ 신경 논리적 수준별 해석

신경 논리적 수준과 관련해서 NLP기술을 사용하면 여러 행동의 틀을 떼어낼 수가 있다. 그러나 현실의 여러 문제에 부딪히면, 당황해서 어떤 대응책도 생각나지 않아 해결책이 떠오르지 않는다. 그런 때에 한 번쯤 밖에서 자신을 바라보면서 문제와 행동에 대해서 자신이 어떠한 관계에 있을까를 깊이 탐구해 볼 수 있게 해준다. 각 수준별로 구체적인 해석은 다음과 같다.

- 환경 – 환경적 수준은 행동과 상호작용이 일어나는 구체적인 외부 조건을 의미한다. 자신이 현재 있는 곳, 자신의 주위에서 자신이 필요로 하는 사람들과 시간, 자신이 신체적으로 있어야 하는 곳, 사무실 배치, 작업 공간, 방의 색깔 등을 상상한다. 오감을 맑게 하여 지금 처해 있는 환경에 대하여 생각한다. 어떤 방안에서 걸어 다니면서 눈을 통해 밖을 내다보고, 물체가 보이고, 귀로 듣고, 소리가 들리고, 코로 냄새 맡고, 피부로 대기의 온도를 느낄 수 있

다. 그러한 환경적 지각이 어떤 특정한 변화의 '문제영역' 중에서 예를 들면 물리적 공간과 시간제한 같은 상황적 요인이며, 우리가 문제나 목적에 접근하는 방법에 영향을 미치는 '어디서'와 '언제'에 대한 경험의 방향을 정해준다.

- **행동** – 행동은 감각기관보다는 보다 심원한 신경학인 정신운동체제를 의미한다. 정신운동체제는 신체적 행위와 움직임을 조화시켜 움직인다. 어떤 행동들은 단순히 환경적 자극에 반사적 반응일 뿐인 반면에 대부분의 우리 행위들은 '정신적 지도'와 마음 속에 있는 내적 과정에서 나온다. 이는 직접적 환경에 대한 지각의 범위를 넘는 경험 수준이다. 예를 들면 현재 있는 방안에 관계가 없는 물건들의 심상을 만들 수 있다. 몇 년 전에 일어났던 대화와 사건들을 기억해낼 수 있다. 지금부터 몇 년 후 일어날 수 있을 행사들을 상상할 수 있다. 그래서 이 수준에서는 자신이 지금 무엇을 하고 있는가? 자신의 어떤 행동이 문제인가? 일체의 사고의 틀을 떼어내서 행동 그 자체에 대해서 생각한다.

- **능력** – 우리의 능력은 가치와 신념체계가 번갈아 형성하고 순서 있게 정리해준다. 이 수준에서 우리는 보다 넓은 외부적 상황에 행동의 등급을 선택하고 바꾸고 적응시킬 수 있으며, 자신의 행위를 어떻게 지각하고 관리할 것인가를 생각한다. 그 행동 때문에 자신의 어떤 능력을 발휘하고 있는가? 발휘하고 있는 여러 가지 능력을 세분화해 본다. 예를 들면 악기 연주하기, 특정 스포츠에서 능숙해지기, 컴퓨터 패키지제품 사용할줄 알기, 영어로 말하는 능력 등으로 확장할 수 있다.

- **신념과 가치** – 신념과 가치는 특정 전략 계획과 사고방식을 촉진하

고 억제하거나 일반화하기 위해 섬기는 것도, 어떤 특정한 생각들도 초월한다. 왜 그 일을 해야 하고, 왜 생각해야 하는지와 관계가 있다. 예를 들면 왜 개인은 자신의 생각이나 행위를 바꿀 것을 고려해야 하는가? 자신이 사실이라고 믿는 것에 연관된 보다 심층적인 개인적 수준에 관계되며 동기부여, 즉 무언가 하고 싶은 열망을 강화시킨다. 예를 들면 그 계획이 자신에게 가치를 줄 거라고 믿는가, 자신에게 무슨 요인들이 중요한가, 새 기술을 학습하는 데에 있어서 무슨 가치를 지각하고 있는가 등에 대해 생각하게 한다.

- **정체성** – 자신의 자아감, 자신이 누구인지, 어떻게 자신을 묘사하고 표현하는가? 이다. 정체성 수준은 전체 신념과 가치체제를 합병하여 자아의 의미a sense of self로 통합하여, 우리가 누구인가? 라는 것과 관계가 있다.

- **정신적인 것(spiritual)** – 자기 자신들에 대해 자신이 갖고 있는 이미지를 초월하는 것의 의미와 관계되며, 구체적 역할, 가치, 신념, 생각, 행위나 감정들을 둘러싸고 있는 보다 큰 체제에 대한 우리의 미래상vision을 의미한다. 보다 큰 체제 안에 있는 '누구'와 '그 밖의 무엇'과 관계가 있으며 '누구를 위해서?'와 '무엇 때문에?'의 질문과 연관될 수 있다. 이 수준은 개인, 집단이나 조직의 미래상과 '정신spirit'이라고 여겨질 수 있는 것과 관계가 있다. 요약하면 환경 수준은 행동이 일어나는 구체적인 외적 조건을 의미하며, 이 끌어줄 어떤 내적 지도, 계획이나 전략이 없는 행동은 무릎 반사 반응, 습관이나 의식적 행사와 비슷하다. 능력 수준에서 보다 넓은 외부적 상황체제로 행동의 등급을 선택하고 바꾸고 적응시킬 수 있다. 신념과 가치 수준에서 특정 전략, 계획 또는 사고방식을

촉진하고 억제하거나 일반화 시킬 수도 있다. 물론 정체성은 전체적 신념과 가치체제를 합병하여 자아의 의미로 통합해준다. 각 수준이 행동과 감각적 경험의 구체성에서 점점 추상화 되어가는 반면에 각 수준은 실제로 행동과 경험에 더욱 더 광범위한 영향력을 갖고 있다.

우리 존재의 핵심인 정체성은 나무의 줄기에 비유될 수 있다. 나무의 줄기는 보이지 않는 뿌리들의 망상조직support network에서 나온 씨앗에서 펼쳐지며, 영양을 제공하는 뿌리라는 또 다른 망상조직이 있다. 나무의 뿌리들과 가지들은 둘 다 자신들이 살고 있는 생태를 형성하고 생태에 의해 구체화된다.

이와 유사하게 우리의 정체성도 신체적 실체와 환경뿐만 아니라 개인적 가치, 신념과 능력에 대한 지각을 처리하는 신경 네트워크의 형태로 내적인 보이지 않는 뿌리로 유지되고 있다.

■■ 논리적 수준별 언어적 단서

여러 수준의 경험과 관련된 여러 언어적 단서들이 있다. 구체적인 예를 들면 다음 표에 제시된 바와 같다.

논리적 수준에 따른 언어적 단서

정체성 수준	"나는 ～이다" 또는 "그는 ～이다" 또는 "너는 ～이다"

신념, 가치 수준	종종 "만약-----그때 한다면", "~ 해야 한다", "우리는 ~해야 한다" 등의 판단, 규칙, 원인 결과의 진술형태
능력수준	"알고 있다", "어떻게", "나는 할 수 있어", "생각해" 등
행동 수준	"한다", "행동한다", "걷는다", "말한다" 등 구체적 행동과 관찰할 수 있는 행위를 언급
환경 수준	"하얀 종이", "높은 벽돌", "큰 방" 등과 같은 외부적 상황에서 구체적으로 관찰할 수 있는 특징이나 세부사항들을 언급

또한 다른 사람들과 커뮤니케이션을 할 때 여러 수준을 이해하기 위해서 어디에 강조와 억양을 두는지를 명확히 확인하면서 듣는다면, 타인의 마음을 이해하는 데에 도움이 될 것이다. 그리고 나서 개인이 긍정적 변화나 전진하는 데 무엇이 도움이 되는지를 찾기 위해서 구체적 수준과 관련지어 더 이상의 질문을 물을 수 있다.

예를 들어 "나는 여기서 그것을 못합니다." 라는 말을 수준에 따라 구별해 보면, 옆의 그림과 같다.<그림 38 참조>

이러한 논리적 수준에 관한 테크닉은 상황을 어떻게 지각하며 생각과 아이디어, 실제문제가 무엇인지를 명료화하는 데에, 변화를 성취하기 위해 무슨 수준에서 작업이 행해져야 하는지, 또는 어떻게 개입하거나 상호 작용해야 할 것인지를 강조하는 데에, 전진하기 위한 해결책을 찾게 하는 데 문제가 어디서 왔을지, 조직 내에서인지 확인하는 데에 도움이 될 수 있다.

학습과 변화는 다른 수준에서 일어날 수 있는 반면에 변화는 가구

옮기기 같은 첫 번째 수준의 환경배경에서 보통 더 쉽다. 많은 경우에 보다 높은 수준보다는 보다 낮은 수준에서 변화하는 것이 더 쉽다. 예를 들면 어떤 회사가 문화를 바꾸거나 회사의 새로운 정체성을 창출하는 것보다는 건물 외벽을 페인트 칠하는 것과 같은 환경에 변화를 시키는 것이 더 쉬울 것이다. 각 수준은 그것의 위 아래에 영향을 미친다. 더 높은 논리적 수준에서의 변화는 언제나 더 높은 수준에서의 변화에 영향을 미치지는 않을 것이다. 그러므로 한 수준에서 문제를 해결하기 위해서 먼저 다른 수준에서 변화가 필요한 것이다.

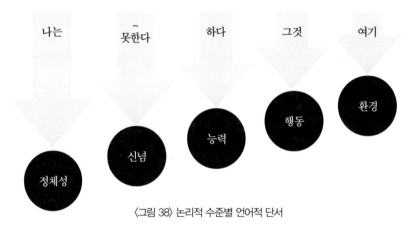

〈그림 38〉 논리적 수준별 언어적 단서

■■ 논리적 수준 정렬하기

NLP심리학에서는 우리가 진실로 우리 자신이 되어 있을 때 조화 Congruence라는 단어를 사용하며, 우리가 편안하게 유리한, 일치된 상태에 있음을 표현한다. 행동, 능력, 신념, 가치, 그리고 상황들의 논리적 수준은 모두 정렬된다. 조직에서 뿐만 아니라 개인들에 있어서도 이러한 정렬Alignment을 추구한다. 개인적 수준에서 건강하고 유능한 사람은 자신의 행위가 능력, 신념, 가치, 정체감이나 미션과 정렬되어 있는 사람이다.

'신경 논리적 수준 정렬' 과정은 이러한 여러 수준들 중 각각과 연관된 경험과 신경과정에 체계적으로 접근하고 접속하는 방법을 제공한다. 변화의 여러 수준들과 정신적·신체적 과정을 결합하여 한 개인은 이 모든 수준을 비전과 미션의 도움으로 정렬되게 할 수 있다. 리더로서 논리적 수준 정렬을 연습해 보자.

논리적 수준 정렬 연습하기

1	물리적으로 각각의 6가지 논리적 수준에 하나의 공간을 배치한다.
2	언제 어디서 리더로서 더 활동하고 싶은가?
3	그러한 시기와 장소에서 리더로서 행동할 때 무엇을 할까?
4	어떻게 그러한 리더십행동을 실행할까? 그러한 때와 장소에서 그러한 행위를 하기 위해 무슨 능력이 필요할까?
5	그런 리더십 활동을 달성하기 위해 그러한 특정 능력을 왜 사용할까? 리더로서 행동할 때 중요한 가치는 무엇인가? 무슨 신념이 자신을 인도하는가?
6	리더로서 나는 누구인가? 나는 무슨 부류의 리더인가?
7	리더로서 나는 다른 누구에게 봉사해야 하는가? 나의 임무는 무엇인가? 리더로서 내가 추구하고 내가 표현하는 비전은 무엇인가?
8	정신적 공간으로 들어가는 상태를 앵커한다. 그 생리현상과 내적 경험을 가지고 정체성, 공간으로 되돌아 들어간다. 그래서 동시에 둘 다를 경험한다. 최초의 정체성 경험의 표현을 어떻게 향상시키거나 질을 높이는지 인지한다.

9	비전과 정체성 경험을 둘 다 가지고 신념 공간으로 들어간다. 최고의 신념과 가치 표현을 어떻게 향상시키거나 질을 높이는지 다시 인지한다.
10	비전과 정체성, 신념과 가치를 가지고 능력 공간으로 간다. 자신 안에서 경험하는 능력을 어떻게 강화시키고 변화시키는지 또는 질을 높여주는지 경험한다.
11	비전, 정체성, 신념가치와 능력을 가지고 행동 공간으로 들어간다. 가장 무의미한 것처럼 보이는 행동들까지도 어떻게 자신 안에 있는 더 높은 수준의 반영과 표현인지 인지한다.
12	자신의 모든 수준을 환경 공간으로 가지고 들어가서 그것이 변화되고 향상되는지를 경험한다.

시간선(Time Line) 여행

▪■ 우리는 내적으로 시간을 어떻게 다루는가?

이 글을 쓰고 있는 지금 현재, 필자는 끝내고 싶은 일이 갑자기 생각났다. 또한 곧 있을 행사를 계획한다. 잠시 몇 분 동안에도 과거, 현재 미래에 있을 수 있는 일들이 벌어진다. 하루 하루를 보내는 과정에서 우리의 주관적인 시간 경험은 셀 수 없이 바뀐다. 실제로 현재에 살고 있지만 미래를 상상하거나 예행 연습하는 순간도 있을 것이고, 과거를 상기하기도 한다. 우리는 외적인 세계를 시간과 공간이라는 것으로 말하고 있지만, 내적으로는 어떻게 시간을 다루는 것일까?

어떤 사람들은 과거 속에서 더 많은 시간을 보낸다. 좋았던 옛 시절에 했던 일들에 관해 이야기하기를 좋아하는 사람들을 우리는 주변에서 꽤 알고 있다. 또 어떤 사람들은 미래 지향적이다. 그들은 희망과 꿈에 대해서 끊임없이 이야기한다. 또 지금 있는 그대로 삶을 경험하고 현재를 위해 사는 사람들도 있다. '과거에 머물러 있는 것'과 '현재를 위해 사는 것'은 우리들이 시간에 관해 생각하는 방식에 단서를 준다. 과거, 현재, 미래뿐만 아니라 우리는 단기 중기 단기의 관점에서도 시간을 나타낸다.

■■ 시간선 발견하기

우리들은 머릿속에 타임머신(?)을 가지고 있어서 과거, 현재, 미래를 자유롭게 오갈 수 있는 것처럼 외적인 세계와는 별도로 내적, 주관적인 세계를 경험하고 있다는 것이다. 사람들이 각자 나름대로 내적, 주관적으로 시간을 나타내고 그것이 어떻게 사건의 의미를 인식하고 부여하는 방법에 영향을 미치는지 여러 방법으로 의미 있는 탐구를 해왔다. 사람들이 정신적으로 과거, 현재, 미래 사건의 이미지와 소리 느낌, 맛 냄새를 코드Code화하는 방식을 시간선Timeline이라고 하고, 각자가 자신들의 메타프로그램과 세부 감각 양식을 가지고 있는 것처럼 개별적인 시간선을 가지고 있는 것으로 보고 있다. 사람들이 과거와 미래를 나타내는 방식과 '시간'에서 사건들을 배열하는 방법은 종종 사고, 감정, 계획에 영향을 미친다고 한다.

사람은 과거, 현재, 미래를 오감 즉 표상체계를 통해 경험하고 있다. 많은 사람들은 시각을 이용해서 위치적으로는 눈동자 접근 단서와 연결되어 시각적 기억인 과거는 왼쪽, 시각적 구성인 미래는 오른쪽에 두는 경향이 있다. 그러나 때로 어떤 사람들은 앞쪽에 미래를, 뒤쪽에 과거를 두기도 하고, 하늘쪽으로 미래를, 땅쪽으로 과거를 배치하기도 한다. 그리고 시간적으로 현재에서 떨어져 있는 정도가 장소적으로도 떨어져 있는 곳에 있다.

미래가 바로 우리 앞에 있다면 미래 지향적일 수 있으므로 현재를 경시하기 쉬우며, 막 일어나려고 하는 일에 의해 숨겨져 있어서 장기적인 미래는 보이지 않기 때문에 미래의 결과를 고려하지 않게 된다는 뜻이다. 따라서 장기적 미래의 세부 감각 양식을 더 크게, 더 밝게 보이도록 변화시켜서 더 명확히 볼 수 있게 함으로써 이를 극복할 수 있게 된다.

과거가 우리 뒤에 있다고 지각하면 우리는 그것을 거의 지각하지 않고 있는 것이며, 반복해서 똑 같은 실수를 반복할 수도 있다. 반대로 어떤 사람들은 과거를 오른쪽 앞에 지각하기도 하는데 이것은 과거를 자꾸만 생각나게 한다. 만약 과거가 행복한 기억들로 가득 차 있다면 좋지만, 그 반대라면 훨씬 문제가 많아지고 우울해진다.

이렇게 시간선을 어디에 어떻게 코드화시켜 가지는지에 대해 전체적인 인식을 갖게 된다면 관계되는 더 많은 세부 감각 양식을 탐구할 수 있고, 더 나아가서 우리들의 생각하는 방향을 변화시키는 데에 영향을 미칠 수도 있다.

테드 제임스Tad James와 와이어트 우즈몰Wyatt Woodsmall이 1980년대에 고안한 시간선 요법은 분노, 슬픔, 죄의식과 공포와 같은 부정적 감정 문제 해결에 활용되고 있다. 시간선 요법은 개인이 시간을 어떻게 조직하는지, 그리고 자신의 삶에서 어디에서 시간을 보는지에 관련시키는 법을 마치 그림처럼 보여줄 수 있다. 눈 앞에 크고 또렷하고 매력적인 미래가 보여지면 그것은 강한 동기 요인이 되고 미래 지향적이 될 수 있다. 눈 앞에 크고 멀리 있는 미래의 그림만 보고 있으면 현재를 등한시하게 될지도 모른다. 각 개인은 다르고 독특하기 때문에 각 개인의 시간에 관계되는 방법을 이해하는 것은 현실적인 미래 목적을 창출해내는 데에 있어서 중요 단계이다.

시간은 우리의 경험을 조직하는 기본적인 요소이다. 중요한 것은 이러한 내적인 시간을 유용하게 이용하는 데에 있다. 그런데 NLP심리학에서는 시간에 관한 것을 지각하는 데에 기본적으로 2가지 보는 방법을 가지고 있다. 하나는 시간 속에서In-Time 보는 것이고, 다른 하나는 시간을 통해서Through-Time 보는 방법이다. 어떤 사람들은 자신들은 순간 속에 사는 존재보다 자유 의지적이고 때가 오면 죽는 것, 최종기한을 계획하지 않는 것을 선호하는 '시간 속에서' 지각하는 반면에 다른 사람들은 사건을 순서적으로 보고 계획하고 의사 결정하는 데 더 많은 시간을 필요로 하며 '시간을 통해서' 지각한다.

필자는 몇몇 친구들과 약속을 정할 때 필요한 시간보다 30분 일찍 잡을 때가 있다. 왜냐하면 그들은 보통 늦게 나타나기 때문이다. 그들은 순간에 살고 생활 경험 속으로 몰입해서 급하다는 의식이 없으며, 자연스러운 방식으로 삶을 즐기는 경향이 있다. 자신의 몸을 통해 지나가는 선에서 미래는 그들의 앞에, 과거는 뒤에 놓고 지금, 여기에 있는 경험을 '시간 속에서' 코드화하고 있다.

'시간 속에서' 지각할 때는 일어나고 있는 일을 스스로의 눈, 귀, 신체를 통해 일어나고 있는 것을 보고, 듣고, 느끼는 이점이 있다. 이러한 지각적 입장에서 자신 앞에서 연장되어 뻗어나간 직선으로 미래는 표시되고 과거는 뒤에 붙인 채 현재는 현재의 물리적 위치이다. 그래서 과거는 뒤에 두고 미래를 향해 걸어간다는 것이다. 그러나 방향을 거꾸로 해서 과거로 돌아갈 수 있다. 사건을 다시 체험하거나 되돌아가기 위해, 이런 식으로 시간 안에서 그것을 경험할 것이다.

또 어떤 친구들은 시간 약속에 매우 정확하다는 평판을 듣고 있다. 그들은 일이든 놀이든 지각하는 것을 싫어한다. 스케줄을 정할 때는 매우 사무적이다. 시간을 관리하는 것이 자신에게 매우 소중하며, 무엇인가를 하며 시간을 보낼 때는 돈의 가치로 환산해 보기도 한다. 그들은 그들 앞에 시간을 코드화한다. 왼쪽에서 오른쪽으로 지나는 직선 또는 V나 U형태일 수 있다. 그들은 시간선 밖에서 자신의 시간선을 바라보면서 있기 때문에 경험으로부터 관조되어 있다. 그들은 기간을 의식하며, 정시에 중요성을 두며, 마감 시간 설정을 좋아한다. 또 상식적 생활의 순환에 잘 적응하며, 기억을 잘 하는 경향이 있다. 이러한 타입은 '시간을 통해서' 지각한다고 한다.<그림39, 40 참조>

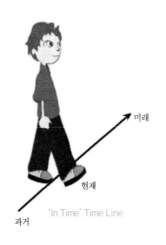

〈그림 39〉 '시간속에서 (in time)' 시간 선

〈그림 40〉 '시간을 통해서(through time)' 시간 선

이러한 2가지의 시간을 자각하는 방법에서는 똑 같은 사건을 다른 형태로 인식한다. '시간 속에서' 지각하는 방법은 보다 적극적으로 경험 속에 있는 것을 붙잡아내기 쉽지만 전체를 보는 시야를 상실하기 쉬운 단점이 있다. '시간을 통해서' 지각하는 방법은 경험을 분석하기 때문에 효과적이지만 자기 자신이 관찰 대상이기 때문에 소극적이고 수동적이다. '시간을 통해서' 지각하는 방법은 양적 분석에는 효과적이지만, 관조되어 있기 때문에 더 수동적이다.

사람들이 고통을 받고 있는 정신적이고 정서적 증상들 중 많은 것들이 바로 '시간 속에서'의 과거 경험으로 복귀한 결과이다.<그림 41 참조> 그 결과로 개인은 무의식적으로 마치 어린 시절에 했던 것처럼 현재에 반응한다. 일례로 특정 상황에서 겉으로 보기에는 어리석은 연설의 두려움을 가진 사람이 학급이나 집단 앞에서 아이처럼 놀림을 받거나 창피를 당했을 때가 있었다는 것을 찾을 수 있다. 심지어 어른으로서, 비슷한

과거
원인

현재
증상

〈그림 41〉 현재의 증상은 종종 '시간 속에서' 과거 사건으로의 회귀의 결과이다.

상황은 그 사람이 정신적으로 의식하지 않지만 정서적으로 느끼는 어린 시절 상황으로 되돌아가는 연상을 일으킬 수 있다.

종종 그런 감정들은 퇴행하거나 관련된 '시간 속에서' 관점에서 보다 객관적으로 관조되고 더 넓은 '시간을 통해서' 관점으로 바꿔주면 해소될 수 있다. 그 사람이 어떻게, 그리고 왜 그 반응을 하고 있는지 이해해주므로 더 이상 매우 어리석고 놀란 것처럼 보이지 않을 것이다.<그림 42 참조>

과거
원인

현재
증상

〈그림 42〉 시간을 통해서 관점에서 과거와 현재의 경험에 대한
일시적 관계를 보는 것은 그 정서적 영향을 변화시켜 준다.

NLP심리학의 많은 스킬과 테크닉들 중에는 이렇게 사람들이 시간을 지각하는 방식을 연구대상으로 하여 기존의 시간선을 수정하기도 한다. 주로 두 가지 방법이 있는데 기존의 시간선에 사건을 변화시키거나 자원을 추가하여 활용하며, 또 하나는 시간을 구조화하는 방식을 바꾸는 것이며, 두 가지 방법을 혼합하여 활용하기도 한다. 예를 들면 개인사 바꾸기change personal history는 정서적 증상은 발생 상황으로 '시간 속에서' 방법으로 우선 지각되고, 후에 사건의 더 넓은 관점을 얻기 위해 '시간을 통해서'의 방법으로 지각되는 것으로 보여진다. 마지막으로 자원들은 사건의 새로운 관점을 만들고 정서적 영향을 변화시키면서 원래의 사건으로 '시간 속에서'의 방법에 되돌려진다. 그러므로 이 두 가지를 유용하게 선택해서 활용하는 일이 중요하다.

정신적이고 신체적인 '시간 선'은 치료, 기업, 개인 성장 영역에서 NLP심리학 중 가장 일반적으로 사용된 방법 중 하나이다. 시간에 대한 지각을 지니고 접근하는 기법들은 개인사 바꾸기change personal history, 각인Reimprinting, 미래 가보기Future Pacing 전략 계획과 현재 상태에서 바람직한 상태로의 길을 분명히 하고 관리하기 위한 거의 모든 방법들과 같은 과정들의 중심에 있다.

시간을 조직하는 올바른 방법은 없으며, 모든 사람들이 마음에 들어 하는 만큼 효과적으로 작용하는 시간선을 가지고 있지는 않다. 우리들 대부분은 시각적 기억이 왼쪽에 있지만, 어떤 사람은 똑 같은 곳에 미래를 코드화한다는 것이다. 이 상황에서 우리가 이해할 수 있는 것은 과거를 불변하는 영구적인 것이고 미래는 가능성으로 가득찬 것으로 생각하고 있기 때문에 변화를 만들려면 새로운 시간선 배치를 시도해 보아야 할 것이다. 시간선의 공간적 표시를 바꾸는 것이 행동에 부합하는 변화를 초래할 수 있다.

■■ 시간선을 따라 여행하기

자신의 목적을 깨닫고 성공적인 결과를 시각화해보기 위해서 과거에서 미래까지 시간선을 확립해 보자.

시간선 확립하기 단계

1	지금 시간선 위에 있는 자신을 본다.
2	과거 5년 전으로 거슬러 간다. 어디에 있었는가? 자신의 신념은 무엇이었으며, 지금 자신에게 미치고 있는 것은 무슨 영향인가?
3	지금부터 5년 후 미래 속으로 자신을 투영해본다.
4	무엇을 계속하고 싶은가? 신체적으로, 정신적으로, 정서적으로, 사회적으로 더 원하는 것은?
5	자신의 생활방식, 습관, 레크리에이션, 직업, 건강을 생각한다.
6	가지고 싶은 10가지 특질에 대해 생각한다.
7	5년을 미래와 이상적 자아 속으로 전진시킨다. 미래 자아를 충분히 경험한다.
8	현재의 자아를 되돌아본다. 무슨 조치를 취해야 하는가?
9	현재로 돌아와 이상적 미래 자아를 본다.

다음은 자신의 시간선 안으로 목표를 끌어들이는 데 사용될 수 있는 과정이다. 우선 방해 받지 않고 편안할 수 있는 조용한 곳을 찾아 안정하고 나서 다음의 단계를 취한다.

자신의 시간선 안으로 목표를 끌어들이는 단계

1단계	**성취할 수 있는 결과를 창출하기** 자신의 목적이 무엇인지, 그 이면에 있는 의도가 무엇인지 정확히 진술한다. 이 진술은 마치 그것을 실제로 성취하고 있는 것처럼 현재 시제로 긍정적으로 진술될 필요가 있다.
2단계	**자신의 목적을 명확히 표현하기** 자신의 목적이 활기차게 되도록 모든 감각을 포함하여 자신이 바라는 결과를 실제로 성취하고 있는 자신을 상상할 수 있다. 온몸으로 경험하고 있는 모든 적절한 소리와 느낌들을 가지고 자신의 표현을 가능한 한 생생하고 현실적으로 본다. · 무엇처럼 생겼을까요? · 무엇이 들리는지 또는 사람들은 무슨 말을 하고 있을까?

	· 무슨 느낌이 들까? 어떤 사람들은 그들의 목적에 에너지를 가져가기 위해 이 단계에서 여러 번 깊은 심호흡을 하는 것이 유효하다는 것을 알게 된다. 이것은 개인의 선택 문제이다. 그러나 철저히 긴장을 풀고 호흡할 것을 기억하는 것이 중요한 것으로 이해할 수 있을 것이다.

3단계	**자신의 시간선(Time Line)을 명확하게 하기**
	자신의 시간선 확인을 조장하기 위해서 아래의 두 질문에 대답해보자. 자신의 눈을 이동시키는 곳이나 대답하는 대로 가리키는 곳을 주목한다. 당신 자신이 다른 사람이 질문해 주기를 원하면 그 사람이 당신 자신의 최초 반응과 무의식적 움직임을 관찰할 수도 있다.
	   ① 과거에 대해 생각한다면 어디에서 과거를 봅니까? 또는 어디를 가리키겠습니까?
	   ② 미래에 대해 생각한다면 어디에서 미래를 봅니까? 또는 어디를 가리키겠습니까?
	정답도 오답도 없으며 중요한 것은 어디에서 시간을 끌어내는가이다. 어떤 사람들은 과거에 대해 생각할 때 왼쪽을 바라보거나 뒤쪽을 가리킨다. 또 어떤 사람들은 미래에 대해 생각할 때 본능적으로 오른쪽을 바라보거나 똑바로 앞을 본다. 어디를 바라보는지 확인했을 때 하나의 선이 과거부터 미래까지 가고 있는 것을 상상한다. 자신이 착수할 목적을 지니고 시간선을 사용할 것이다. 어떤 사람들은 하나의 끈처럼 선을 상상하거나 좋아하는 길을 따라 또는 해변을 따라서 정원을 걸어 내려가는 것을 그려볼 수도 있다. 또 어떤 사람들은 자신들 주변에 자신들 시간선을 그저 느낄 뿐이다.

4단계	**자신의 목적을 지니고 시간선 활용하기** 이 단계는 마음속에 심상을 떠올리는 시각화 과정(Visualization)을 통하여 시간선 안으로 목적을 가지고 간다. 자기 자신을 초월하여 자신이 공중에 떠다니고 있다고 상상한다. 자신의 상상의 시간선 위 공중에서 미래 안팎으로 떠다닌다. 2단계에서 정의된 자신의 목적과 연관된 명확한 심상, 소리들과 느낌들을 가지고 간다. 자신의 목적을 성취하고 싶은 상상의 장소와 시간에 이르면, 자신의 아래에 있는 시간선 안으로 자신의 목적을 끼워 넣도록 한다.

> 자신이 목적을 성취하고 유지하는 데에 도움이 되도록 어떤 사건들이 변화
> 하는 것을 마음의 눈으로 볼 수도 있고 그 과정에서 도움이 될 사람들을 알
> 수도 있다. 이것이 일어나는 동안 자신의 목적성취에 도움이 되어야 하는
> 특별자원에 대해 생각할 수도 있다. 그리고 나서 자신의 목적이 자신의 시
> 간선 위에 단단히 고정된 것을 알았다면 지금까지 자신의 상상 속에서 다시
> 공중에 떠다닌다.

이 시간선 모형은 자신의 목적을 현재 시제로 가져오고 거의 자신의
근육과 몸 속에까지 목적을 가져와서 내면화시켜 실제로 목적이 일어나
고 있는 것을 정신적 예행연습을 통하여 현재 시점의 자기 속으로 가지
고 가는 데 도움이 된다.

목표를 달성하는
전략 개발 기법

░░ 전략(Strategy)의 의미

전략Strategy이라는 단어는 군사령관, 전략가를 의미하는 'Stra tegos'라는 그리스어에 어원을 두고 있으며, Random House 사전에 의하면 목표달성이나 이익달성을 위한 자세한 세부계획이라고 정의되어 있다. 요컨대 전략이란 우리가 원하는 결과를 달성하는 주요 방법 중의 하나인 것이다.

NLP심리학에서 '전략'이라는 용어는 신경 언어 프로그래밍의 '프로그래밍' 부분이다. 컴퓨터 용어로 말한다면 프로그래머가 소프트웨어 패키지를 쓰는 데 사용하는 코드화Coding인 것이다. 좀더 구체적으로 말하자면 특정결과나 목표에 이르는 정신적 과정이나 프로그램, 즉 감각 양식들과 관련된 세부 감각 양식들의 단계적 순서, 개인의 주관적 경험의 구조를 구성한 연쇄적 감각 체계들이라고 할 수 있다. 코드화하고 배열되는 방식을 다양하게 함으로써, 파워 포인트와 포토샵 등과 같은 다양한 컴퓨터 프로그램들이 창조될 수 있듯이, 사람들에게도 마찬가지로 전략이 다르면, 즉 표상체계의 순서가 다르면 다른 결과가 산출될 것이다.

유능한 사람들이 문제를 풀고, 의사 결정을 하고 계획을 창안하기 위해 지속적이고 단계적인 절차를 전개해 나가는데 이러한 구체적 정신적 단계의 순서를 NLP심리학에서는 전략Strategy이라 한다.

행동주의 심리학자들은 파블로프Pavlov와 개에 관한 실험에 기초한 연구를 했다. 개들은 음식자극을 가리키는 종소리를 듣고, 침을 흘렸다반응. 행동주의자들은 인간 행동들은 단지 자극에 대한 반응이라고 믿었고, S-R모델이라 불렀다. 예를 들면, 그는 어렸을 때 매를 맞았기 때문에자극 아내를 때린다반응든가, 그녀는 가난한 어린 시절을 보냈기 때문에자극 집 없는 사람에게 돈을 준다반응는 식으로 인간 행동을 설명한다. 1960년대에 인지심리학자들인 밀러Miller, 갤런터Galanter, 프리브램Pribram은 행동주의의 자극 반응 모델S-R 모델 위에 NLP심리학의 전략에 관한 사고 방식에 많은 영향을 미친 TOTETest, Operate, Test, Exit

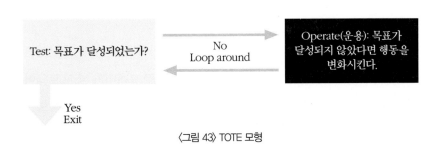

〈그림 43〉 TOTE 모형

모델을 다음 그림과 같이 제시했다.<그림 43 참조>

이 모델을 쉽게 이해하기 위한 예를 든다면, 바라는 결과가 차주전자를 끓이는 것이라면 주전자가 끓었는지 안 끓었는지를 테스트하는 것이다. 안 끓었다면 주전자가 끓기를 계속 기다리고 있고, 주전자가 끓었다는 것을 검사하고 일단 끓었으면 나간다Exit는 것이다.

▪▪ T.O.T.E 전략 모델

T.O.T.E라는 심리적 전략은 테스트Test-작동Operate-테스트Test-퇴장Exit을 의미한다. T.O.T.E는 모든 정신적, 행동적 프로그램이 정해진 목표와 그 목표를 달성할 변화무쌍한 방법으로 순환한다는 개념을 내세운다. 이 T.O.T.E 모델은 우리가 마음속에서 목표를 설정하고 그 목표가 달성되었을 때를 대비하여 테스트TEST를 개발한다는 것을 나타낸다.<그림 44 참조>

〈그림 44〉 NLP TOTE전략 모델

그 목표가 달성되지 않을 경우 우리는 그 목표에 다가가기 위해 무언가를 하거나 변화시키기 위해 작동한다Operate. 그리고 우리가 정한 TEST의 기준이 충족되면 다음 단계로 넘어가기 위해 퇴장Exit하게 된다는 것이다.

NLP심리학의 개발자들이 했던 것은 우리들의 경험이 우리의 표상체계를 감각적으로 코드화한 것에서 나온 것이라는 사실을 설명하기 위해 TOTE 구조를 수정한 것이었다. 즉 NLP 전략 = TOTE + 표상체계라는 것이다.

필자는 NLP마스터 프로그램을 했을 때 모델링 실습에 춤추기를 포함시켰다. 원래 딱딱하게 굳어버린 신체인 데다가 춤춘다는 것 자체에 항상 쑥스러움을 갖고 있던 무미건조한 성격 탓에 실패할 것에 대한 두려움도 꽤 있었다. 마음의 준비를 하기 위한 나의 전략은 춤추는 나를 보고시각적, 뱃심 두둑하게 에너지를 느끼고 팔과 다리와 온몸을 자연스럽게 흔들며신체 감각적, 그리고 반복해서 "너는 할 수 있어"를 말했다디지털 청각적. 이것을 TOTE 전략모델에 적합시킨 방식은 다음과 같다.

- Test 1-춤을 추기 위해 올라가는 것이 이 전략을 시작하는 자극이다.
- Operate-시각적, 신체 감각적, 청각 디지털 표상체계를 활용하여 마음의 준비를 하기 위한 자신의 전략 운영
- Test 2- 마음의 준비가 되었는지 안 되었는지를 검사
- Exit-준비가 되었을 때까지 나의 감각 양식을 강화하면서 반복해서 전략을 운영한다. 준비가 되었을 때 실제 춤을 추러 나간다.

T.O.T.E 모델은 정해진 목표가 있어야 하고, 목표를 달성했다는 결정을 할 수 있는 감각적인 증거와 목표를 달성하는 데 도움이 되는 개인

적인 학습 능력과 자원, 행동적 유연성이 있을 때 효과적으로 수행될 수 있다.<그림 45 참조>

〈그림 45〉 NLP TOTE전략 모델 응용

▪▪ 다른 사람들의 전략 알아내기

우리는 성공한 사람들이 어떻게 했는지 그것을 알고 싶을 때가 가끔 있다. 우수한 사람들이 그들의 생각을 배열하는 방식을 알아낼 수 있다 면 우리는 똑같이 할 수 있고, 똑 같은 결과를 달성할 수 있는 것이다. 이것이 바로 NLP심리학에서 강조하는 모델링Modelling 방법인 것이다.

… 눈동자 접근 단서 이해하기

그러면 다른 사람들의 전략을 인식해서 모델링을 잘해 내려면 그들 이 무슨 전략을 사용하고 있는지를 어떻게 알아낼 수 있을까? 첫 번째 로 눈동자 접근 단서를 활용하는 것이다. 다음의 예를 생각해 보자.

오랫동안 집을 떠나 있던 수현이는 집에 전화를 걸기 위해 다음의 전략을 쓸 법하다.

집이 그립다는 느낌^{신체감각}, 가족에 대한 이미지 떠올리기^{시각적} 혼잣말로 전화번호를 중얼거리기^{청각 디지털}, 집 전화 버튼 누르기^{신체 감각적}

일단 전략이 우리 자신의 신경계에 박히면, 우리는 그 단계에 대해서는 거의 의식하지 않는 것 같다. 그러나 우리가 다른 사람의 전략을 알아내기 위해서는 눈동자 움직임을 찾아서 이해해야 한다. 예를 들면, 수현이에게 집에 전화할 때 어떻게 하느냐고 물었다면 그녀의 눈동자는 오른쪽 아래로^{집을 그리워하는 감정} 향했다가 왼쪽 위^{가족에 대한 시각적 이미지}로 향할 것이다. 그리고 버튼을 누르기 전에 전화번호를 기억해 내듯이 눈동자는 왼쪽 위를 보면서 있을 것이다.

사람들의 눈을 주시해 봄으로써 그들이 생각하고 있는 이미지와 감정들이 무엇인지 좋은 아이디어를 얻을 수 있다. 상대가 어떤 감각을 통해서 사고하고 있는가? 이것을 간단히 분간하는 수단으로서 개발되었던 것이 눈동자 접근 단서Eye Accessing Cue이다. 간단히 말하면 '시선 해석'이다. 이론은 매우 간단하다.

- 시각에 접근할 때 사람의 눈은 위로 움직인다.
- 청각에 접근할 때 사람의 눈은 옆으로 움직인다.
- 신체 감각과 내적 대화에 접근할 때 사람의 눈은 아래로 움직인다.

이것이 기본이다. 그리고는 우리의 관찰력을 구사해서 서로의 눈의 움직임을 파악하는 것이다.

어떻게 해서 이런 방법이 생겨났는지 본다면, 밴들러Bandler가 원래 인공 지능을 개발하려고 한 것에 기초한 것 같다. 컴퓨터에 인간의 두뇌 프로그램을 조립해서 넣고서, 뇌가 반응할 때의 여러 가지 신체 변화를 분석했다. 그 결과 이러한 '눈동자의 움직임'을 알아차렸던 것이다. 우리가 사람들이 이야기하는 것을 이해하게 되면, 뒤이어서 그들의 눈이 움직이는 순서에 주목한다. 변화는 종종 재빠르고 보통 순식간이기 때문에 세심하게 관찰해야 할 것이다. 얼마 전 밴들러Bandler의 이론을 토대로 해서 신문 기사에 대화 중에 눈을 오른쪽 위로 움직이고 있는 사람은 거짓말을 지어내고 있는 사람이라는 기사도 다루어진 바 있듯이 상당히 대중적으로 실용화 되고 있는 기법이다.<그림 46 참조>

사람들이 이렇게 할 때	눈동자는 이렇게 움직인다.
이미지를 기억할 때	왼쪽 위로 움직인다.
이미지를 창조할 때	오른쪽 위로 움직인다.
소리나 대화를 기억해낼 때	왼쪽 수평으로 움직인다.
소리가 어떻게 들릴지 상상할 때	오른쪽 수평으로 움직인다.
감정에 접근할 때	오른쪽 아래로 내려다본다
자기 자신과 대화할 때	왼쪽 아래로 내려다 본다.

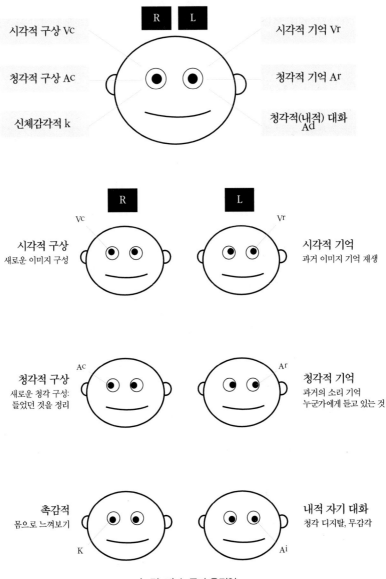

Eye movement Patterns

시각적 구상 Vc

R L

시각적 기억 Vr

청각적 구상 Ac

청각적 기억 Ar

신체감각적 k

청각적(내적) 대화
Ad

R L

시각적 구상
새로운 이미지 구성
Vc

시각적 기억
과거 이미지 기억 재생
Vr

청각적 구상
새로운 청각 구성:
들었던 것을 정리
Ac

청각적 기억
과거의 소리 기억
누군가에게 듣고 있는 것
Ar

촉감적
몸으로 느껴보기
K

내적 자기 대화
청각 디지탈, 무감각
Ai

〈그림 46〉 눈동자 움직임

… 질문을 통한 사고 전략 알아내기

다른 사람들의 전략을 알아내는 두 번째 접근은 그 사람들의 사고의 순서를 결정하는 일련의 질문 과정을 활용하는 것이다. 사람들은 대부분 그들의 전략이 무엇인지 의식적으로 알지 못하지만 동행해서 인내심을 갖고 순서대로 명확히 기록해야 할 것이다. 일단 감각 양식의 형태로 전략의 골격을 갖게 되면, 세부 감각 요소가 무엇인지를 알아서 그것들에 살을 붙일 필요가 있다. 전략에 매우 결정적인 마음의 눈 어디에 이미지가 위치해 있는지, 자기 내면의 목소리 음조는 어떠하고 어디서 들리는지와 같은 특별한 것일 수도 있기 때문이다.

NLP심리학에서는 어떤 전략이라도 자산이 되고 또는 제한도 될 수 있다고 본다. 다만 중요한 것은 어떻게 그 전략에 관해 유연하게 일을 할 수 있느냐에 달려있다.

그러므로 전략 설계는 업무들을 달성하고 효과적으로 수행하기 위해 사용하는 전략들을 계속적으로 최적화하고 최신화하는 것이다. 효율적인 전략 설계를 위한 한 가지 지침은, 가능하면 가장 적은 단계를 가지고 있는 전략을 선택하는 것이다. 더 적은 행위들로 같은 결과를 달성할 수 있는 전략이 시간과 노력을 고려했을 때 일반적으로 더 '비용 효과적인' 방법이기 때문이다. 전략을 설계할 때 다음과 같은 조건을 충족시켜야 하는 것이 매우 중요하다.

전략 설계 시 충족되어야 할 조건들

1	VAK 구체적 감각 언어를 활용하여 원하는 결과에 대한 명확한 표상과 기호.
2	모든 3가지 표상체계에 포함될 것.

3	논리적 순서일 것.
4	결과를 만들어 내는데 필요한 최소 단계를 포함할 것.
5	이중고리가 없을 것(예: 기분 나쁘다, 기분 나쁜 것을 본다 식)

■: 전략 설치 및 변화 방법

전략을 설치하거나 변화시키는 여러 가지 방법들도 있다. 우리가 생각하는 한 가지를 일단 설계했으면, 가장 손쉬운 방법은 그것이 작동하는지 어떤지를 보기 위해 여러 차례 연습해 보는 것이다. 각 단계에서 적절한 곳을 보기 위해 눈을 활용하여 단계적으로 경험한다. 눈동자를 왼쪽 위로 향해서 시각적 구상을 하고, 자신과 내적으로 대화할 때는 왼쪽 아래를 향하고, 오른쪽 아래를 보며 느낌을 점검한다.

예를 들어 잠시 분명하게 끝내야 하는 일이 있다면 다음과 같이 현재의 전략을 찾게 될 것이다.

Ve(끝내야 하는 일을 본다) + Ki(그것을 할 생각에 지겨워졌다) + Aid(내일까지 기다려줄거라고 혼자 중얼거린다)

그런데 만약 우리가 그 일을 끝내도록 동기부여를 하는 전략을 세우고 싶다면 우리는 다음과 같이 다르게 시작할 수도 있을 것이다.

월트 디즈니의
천재적 창의성 전략

■: 월트 디즈니의 천재적 창의성의 3관점

NLP심리학은 사람들이 그들 주변의 세상에서 일들을 조직하고 수행하기 위해서 순서를 정하고 시각, 청각 그리고 감정들 같은 기본적인 정신능력들을 사용하는 방식을 탐구했다. 그 중에서도 NLP개발자 로버트 딜츠Robert Dilts는 천재들의 모델링 전략에 대한 연구의 일부로서 월트 디즈니Walt Disney에 대한 깊이 있는 연구를 실행하여 구조화된 창의성 전략을 제시했다.

디즈니의 독특한 천재성 중 하나의 주요한 요소는 어떤 것을 수많은 지각적 입장에서 탐구하는 능력이었다. 디즈니에게는 성공에 필요한 3가지 특징적인 면들, 즉 몽상가Dreamer, 현실가Realist, 비평가Critic 라는 모습이 있었다. 몽상가의 모습에서 우리는 매우 창의적이며, 현실가 모습에서 실제적인 관점을, 비평가 모습에서 건설적으로 사태를 평가한다. '현실가'의 목적은 꿈을 실행 가능한 계획이나 상품이 되게 하는 것이다.

디즈니의 천재성에 대한 중요한 통찰력은 그의 만화영화 제작자 중의 한 사람의 말에서 알 수 있다. "디즈니에게는 실제로 몽상가, 현실가, 그리고 훼방꾼이라는 세 가지 모습이 있었다. 회의 중에 어느 모습이 나올지는 전혀 알 수 없었다."

이것은 단지 디즈니에 대한 통찰력이지만 NLP심리학에서는 창의성 전략에 적용시키고 있다. 전체적인 과정으로서의 창의성은 몽상가, 현실가, 그리고 비평가라는 세 하위 과정의 조합을 뜻한다. 우리들 대부분은 자연스럽게 3관점을 가정하지만, 혼자서 일할 때나 집단 상황에서도 논쟁 중에 있을 때 가끔 문제를 일으키는 주요 문제는 몽상가와 비평가의 싸움이다. 아마도 우리는 매우 창의적이고, 혁신적·환상적인 생각을 직접 제안하고 실행했지만 내 안의 또 다른 분아가 결국 불태워 버리게 했던 경험이 있을 것이다. 기업 상황에서는 몽상가들이 만들어 낸 창의적 사고 방식이 목소리 큰 비평가들에 의해 묵살되는 일도 있을 것이다. 따라서 이 세 관점을 분리시키고 단계적으로 배열하면 이런 충돌은 피할 수 있다.

월트 디즈니의 창의성을 모델링하기 위한 3가지 독특한 모습들을 자세히 살펴보고자 한다.

… 몽상가
몽상가 관점은 전형적으로 창의적 과정의 시작이며, 좀더 장기적인 미래를 지향하는 과정이다. 새로운 대안과 선택들을 창출하기 위해서 더 큰 그림과 큰 덩어리로 생각한다. 계획이나 발상의 내용이나 어떤 것을 창출하는 데에 초점을 맞춘다. '몽상'이라는 용어가 의미하듯이 시각적 과정이므로 기본적으로 시각적인 이미지를 구성하는 전략Vc을 통해 어떤 것도 가능하다는 자세와 함께 '큰 그림'에 초점을 맞춘다. 몽상가 단계에서는 어떤 아이디어의 실현가능성을 판단하거나 비판적으로 평가하기보다는 새로운 가능성을 상상하는 것이 목표이다. '큰 그림'을 보려고 시도하기 때문에 머리와 눈을 위로 향하는 대칭적이고 편안한 자세를 선호할 것이다. '몽상가' 관점의 질문은 아이디어나 계획에 대한 한 사람의 정신적 그림을 명료화 하고 이를 확장하고 질을 높여주는 데 도움을 줄 수 있다.

… 현실가

아이디어를 구체적 표현으로 변형시키는 현실가 관점은 "스스로의 마음으로 어떻게 스토리나 프로젝트의 조각들이 맞춰지는지 확실히 보는 것"이다. 계획이 어떻게 작동할지에 대해 느낌을 얻기 위해 보다 촉감적이다. 현실가 없는 몽상가는 아이디어를 실현 가능한 표현으로 바꿀 수 없고, 현실가 없는 비평가와 몽상가는 끊임없는 갈등 속에서 곤경에 빠져 있을지도 모른다. 현실가는 '마치' 그 꿈이 실현될 것처럼 행동하고, 실제로 그 꿈에 도달하기 위해 필요한 일련의 연속적인 행동들의 접근을 위한 공식들에 집중한다. 디즈니는 상상 속에 존재하던 캐릭터에 대한 느낌K들 속으로 몰입하여 그의 환상을 '현실'로 만들고 캐릭터들에 생명을 불어넣어 행동하게 했다. 디즈니가 그의 꿈을 '현실화'한 과정은 디즈니의 꿈속 캐릭터들 속에 신체적으로 몰입해보는 것과 그

꿈들을 다시 많은 조각으로 쪼개는 '스토리보딩'이라는 과정을 거쳤다.

　계획이나 아이디어를 '어떻게' 실행하는가에 기본적인 초점을 맞추고 진행시키기 위한 시간 범위와 이정표를 수립하고 적절한 사람이나 집단이 프로젝트의 단계를 시작하고 유지할 것이라고 확신하는 것이 현실가의 목적이라고 할 수 있다.

··· 비평가

　끝으로 비평가 관점은 전형적으로 몽상가와 현실가의 단계에 이어진다. '비평가'는 계획의 '왜' 라는 부분에 초점을 맞추어 '몽상가'와 '현실가'의 결과물을 평가하는 것이다. 몽상가의 자발적인 창의성과 현실가의 조직과 계획에서 초점을 바꾸어서, 비평가는 그 최종적인 결과의 질을 검토하고, 논리적인 분석을 하여 어떤 부분이 잘못될 수 있고 어떤 것은 피해야 하는지를 찾아낸다. 또 장기적인 문제와 단기적인 문제 모두를 고려해야 하며 이를 통해서 과거와 현재 문제들의 잠재적인 자원들을 찾아야 한다. 비평가로서 디즈니는 그의 창작품에서 여전히 빠진 것이나 필요한 것을 찾았다. 비평가는 창조적인 생산물을 평가하고 재조정하는 데 도움이 되기 때문에 어떤 것들을 창조할 수 있는 몽상가와 현실가는 비평가가 있어야만 보다 좋은 아이디어로 향상될 수 있을 것이다. 비평가의 관점은 종종 '여기서 뭐가 잘못되었지?'와 같이 자문하는 자기 대화를 하는 청각적 디지털 요소를 가지고 있으며, '만약 문제가 발생한다면 어떤 일이 일어날 것인가'를 고려함으로써 다른 관점을 취하고 빠져있는 요소를 찾아내서 일어날 수 있는 문제를 피하도록 도와준다. 비평가는 종종 그 계획이나 진행중인 활동에 직접적으로 연관되어 있지는 않지만 이것들에 의해 영향 받을 수 있는 사람 혹은 그 계획이나 활동의 실행에 영향을 미치는 사람의 관점을 취해서 프로젝트나 아이디어로부터, 그리고 관객이나 고객집단의 입장에서 보다 멀리 떨어져서 보는 2차적 바라보기를 하는 것이 좋다.

거리를 두는 것은 전체의 그림을 파악하는 데 도움이 되며, 너무 가까이 있어서 불필요한 비평이 나쁜 영향을 미치고 방해가 될 수도 있기 때문이다. 2차적 바라보기를 취하면서 '비평가'에 관련한 생리현상을 사용하는 것이 도움이 된다. 전형적인 '비평가'의 생리현상은 각진 자세를 하면서 눈과 머리가 아래로 향하고 살짝 한쪽으로 기운 자세이다. 종종 한쪽 손이 턱이나 얼굴을 만지고 있다. 디즈니는 멀찍이 거리를 유지하고 다른 창의적 과정 단계에 방해하지 못하도록 하기 위해서 특히 비평적 단계를 위해 특별한 방sweatbox을 만들어 놓고 비평을 할 때는 반드시 그 방을 사용했다고 한다.

종종 비평가들은 부정적인 시각을 가지고 있는 것으로 보이며 아이디어들과 다른 사람들의 제안에서 문제점을 찾아내서 '문제 구조'나 '실패 구조'에 대해 다루기 때문에 종종 '훼방꾼'으로 폄하되어 상호작용을 하는데 있어서 가장 다루기 힘든 사람이라는 평판을 듣는다. 더더욱 놀라운 것은 사실상 우리들 대부분의 비평이 '긍정적인 의도'인데도 불구하고 부정적인 말로 진술되고 있으며, 원하는 것보다는 오히려 원하지 않는 것, '회피되어야 할 것'을 말하고 있다는 것이다.

비평에 대해서 명심해야 할 것은 비평도 긍정적인 의도를 갖고 있다는 것이다. 비평을 다루는 가장 효과적인 두 가지 방법은 비평 속에 있는 긍정적인 목적을 발견하는 것, 비평을 질문으로 바꾸는 것이다.

이러한 점을 극복해서 '건설적인' 비평가나 조언가가 되기 위해서 질문하는 테크닉은 다음 장에서 다시 설명하기로 한다.

디즈니 창의성 전략의 세 관점 비교

	각 관점에서 포함해야 할 질문들	각 관점의 모습과 상태
몽상가	"무엇을 그만 두고 싶은가?" "왜 그것을 하고 싶은가?" " 그 목적은 무엇인가?" "수익은 무엇인가?" "수익을 가진다는 것을 어떻게 알까?" "언제 얻을 수 있을 거라고 생각합니까?" "미래에 그 아이디어가 어디로 자신을 데려가기를 원하는가?" "그 아이디어에 관해서 누가 또는 누구처럼 되고 싶은가?"	·초점의 수준: 무엇 ·인지스타일:비전, '큰그림'을 정의 ·태도: 불가능은 없다 ·기본 세부 전략: 감각의 종합과 결합 ·생리현상: 머리와 눈을 위로 향한 상태. 균형이 잡히고 편안한 자세.
현실가	"구체적으로 어떻게 그 발상이 실행될까? "그 목표가 이루어진다면 어떻게 알까? "수행 기준들이 어떻게 검증되는가?" "누가 그것을 할까?" "언제 각각의 단계들이 실행될까? "언제 전체적인 목표가 완성될까?" "어디서 각 단계들이 실행될까?" "왜 각각의 단계가 필요할까?"	·초점 수준: 어떻게 ·인지스타일: 행동 단기적 단계로 정의 ·태도: '마치' 그 꿈이 실현 가능한 것처럼 행동 ·생리 현상: 머리와 눈이 똑바로거나 살짝 앞으로 나와있음. 자세는 균형이 잡히고 약간 앞으로 기울어짐.

비평가	"왜 누군가가 이 새 아이디어에 반대할 수도 있는가?" "누가 이 새 아이디어를 수행할 것인가?" "누가 그 아이디어의 효과성을 만들거나 깰 것인가?" "그들의 요구나 수익은 무엇인가?" "이 새 아이디어를 실행하고 싶지 않은 때와 장소는 언제, 어디인가?" "이 일을 진행시켜가는 우리의 현재 방식 중 무슨 긍정적인 부분들을 뺐는가?" "새 아이디어를 실행할 때 어떻게 그런 것들을 유지할 수 있는가?	·초점 수준: 왜 ·인지스타일:논리. 빠진 요소를 발견하여 문제점을 피함. 태도: "만약~라면 어찌될까?"식으로 문제가 일어나는 경우 고려해 보기 기본 세부 전략:'관객'의 관점을 취함. 생리현상:눈은 아래로 향하고, 머리는 숙이고 한쪽으로 기울어짐. 경직된 듯한 자세.

■■ 디즈니 전략 활용 연습

NLP심리학의 목적 중 하나는 월트 디즈니 같은 성공한 사람들의 내적 전략에 대해 명확하고 조직적인 지도를 만드는 것이다. 다음의 연습 단계는 디즈니의 창의적인 사고 전략을 활용하기 위한 구조화된 과정을 제공해 준다. 예를 들어 차를 사거나 집을 사는 문제와 같은 주요한 구매를 결정하기 전에 또는 개인이나 기업의 프로젝트를 착수하기 전에 디즈니 전략을 사용해 보면 좋을 것이다.

- 탐구하고 싶거나 해결할 필요가 있는 문제를 선택한다.
- 초연한 관찰자인 3차 입장의 관점에서 사태를 보는 메타 포지션을

설정하고 몽상가, 현실가, 비평가의 관점에 대해 3가지 위치를 그
림과 같이 정한다. <그림 47 참조>

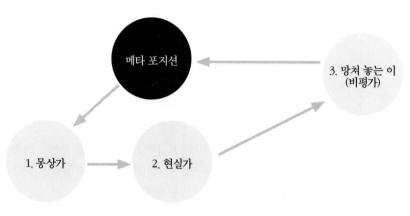

〈그림 47〉 디즈니 전략 연습 포지션

- 각 위치마다 전략을 앵커한다. 창의적 발상을 해냈거나 가능한 일
  을 생각했을 때를 기억하고 몽상가 위치로 들어간다. 그 기억에
  충분히 몰입하면서 주변에서 보았던 것, 들었던 것, 그리고 어떻
  게 그것이 창의적이라고 느꼈는지에 주목한다. 계획을 실행하는
  법에 관해 현실적일 수 있었던 때를 마음에 떠올리고 가능한 한
  충분히 기억을 되살려 현실가 위치로 들어간다. 발상에 대해 긍정
  적이고 건설적 비평을 할 수 있었던 때를 기억해 내고 최소한 3가
  지 감각 양식으로 표상을 발달시키면서 비평가 위치로 들어간다.
- 결과outcome에 대해 생각하면서 몽상가 위치로 가서 꿈을 꾼다. 아
  무리 이상하고 비현실적인 것처럼 보여도 모든 선택에 개방적으로
  대한다. 자신의 생각을 전혀 삭제하거나 검열하지 않는다. 자유롭게

브레인스토밍한다. 생각이 멀리 자유롭게 돌아다니게 한다. 그리고 나서 자기 마음 속의 영화관에서 영화를 창작해낸다.

- 현실가 위치로 가서 몽상가가 창조해 낸 발상들이 어떻게 실행될 수 있는지 고려한다. 구체화된 첫 단계로 운용할 수 있는 실행 계획을 고안한다.
- 비평가의 위치로 들어가서 긍정적인 방법으로 발상과 계획들에 도전한다. 무엇이 빠져 있는가, 무엇이 작동되지 않는지, 무엇이 잘못 되었는가, 작동시키려면 무슨 변화가 있어야 하는가의 질문에 답을 찾는다. 비판은 반드시 긍정적이어야 한다.
- 몽상가 위치로 다시 돌아가서 다시 한 번 꿈을 꾸는데, 이번에는 비평가에게서 나온 제안들을 이용한다.
- 완전하다는 느낌이 들 때까지 여러 번 순환을 한다.

효과적인 질문
테크닉

:: 비평을 '어떻게'의 질문으로 바꾸면?

앞 장에서 이미 언급되었지만 놀랍게도 사실상 우리들 대부분의 비평이 '긍정적인 의도'인 데도 불구하고 부정적인 말로 진술되고 있으며, 원하는 것보다는 오히려 원하지 않는 것, '회피되어야 할 것'을 말하고 있다는 것이다.

이러한 점을 극복해서 '건설적인' 비평가나 조언가가 되기 위해서는

- 비평 이면에 있는 긍정적인 목적을 찾고
- 반드시 긍정적인 의도를 긍정적으로 진술하며
- 비평을 질문으로 바꾸어서 특히 '어떻게'로 시작하는 질문을 하는 것으로 변환시키는 것이 좋다.

비평을 질문으로 바꾸는 연습을 실례를 통해 알아보자.

부정적인 진술	긍정적인 질문으로 변환하기
이것은 너무 비쌉니다.	우리가 어떻게 그것을 할 여유가 있을까요?
그 발상은 결코 효과가 없을 겁니다.	어떻게 그 발상을 현실로 실행시킬 것입니까?
그것은 비현실적인 계획입니다.	어떻게 당신의 계획단계를 더 실제적이고 구체적이게 할 수 있습니까?
그것을 하는 데 너무 힘이 많이 듭니다.	어떻게 그 일을 더 쉽고 간편하게 실행할 수 있습니까?

"어떻게" 라는 질문 유형이 도움이 된다는 점에 주목한다.

▚ Chunk Down, Chunk Up으로 질문의 크기 바꾸기

NLP심리학의 커뮤니케이션 테크닉에서 '왜'라는 질문들은 종종 충돌이나 불화로 끌어갈 수 있을 판단들을 미리 전제조건으로 한다. "왜 이 제안은 그렇게 고비용인가?" 또는 " 왜 더 현실적으로 되지 못하는가?" 라는 질문을 하는 것은 여전히 문제 구조를 미리 전제하는 것이다. "무엇 때문에 그 제안이 그렇게 비쌉니까?" 라든지, " 누가 그 비용을 냅니까?" 라는 질문들도 마찬가지이다. '왜' 이외에 묻는 것은 다음의 5W2H (누가? 누구에게 있어서? 언제? 어디에서? 무엇을? 어떻게? 얼마나?) 의 질문이다.

5W2H를 묻는 것은 행동의 최소 단위를 명확히 구체화하는 것으로서 NLP심리학 용어로 'Chunk Down'이라고 부른다. Chunk라고 하는 것은 덩어리와 묶음 등의 요소 단위이지만 질문에 답하는 영역을 크게 하기도 하고, 작게 하기도 해서 의식 속에서 처리하도록 할 수 있다. 예를 들면 "이번 달에 당신은 어느 정도의 금액을 어떻게 매상을 올릴 작정입니까?" "기존 고객에서 60%, 신규 고객에서 40%로 5천만원 입니다." 하는 식으로 매우 상세하고 구체적이다.

구체적으로 깊이 파고드는 동시에 그것의 목적과 의도와 결합시켜 목표 묶음으로 이행시켜 달성하게 되도록 'Chunk up'이라는 용어로 부른다. "그러한 비율로 매상이 신장되면 당신의 영업 성적과 일하는 태도에 어떤 변화가 일어날 수 있을까?" "신규로 뛰어들어 영업을 할 수 있게 되어서 새로운 고객들과 만남이 즐겁고 적극적인 행동을 취하니까 영업 성적도 3할 올리는 것을 목표로 한다는 겁니다." 라는 식이다.

리더로서 중요한 것은 목표의 묶음·덩어리 즉 Chunk를 구체적으로 해서 행동을 생각할 수 있도록 명확화한 것이 Chunk Down이고 부하 직원의 이미지를 끌어내고, 그리고 나서 Chunk Up의 질문으로 달성하고 싶은 미래상을 말하게 하고 전체적인 그림을 그릴 수 있을 것 같은 기회를 만드는 것이다.

다음의 표를 통해 청크 업과 청크 다운의 사례를 들어본다.

Chunk down의 질문 사례	Chunk Up의 질문 사례
·누가?	·그 일이 가능하다면 무엇이 얻어질까?
·누구에게 있어서?	·그 일이 가능하다면 어떤 일이 일어날까?
·언제?	·그것은 어떤 가치가 있는가?

· 어디에서?	· 그것은 어떤 일에 도움이 됩니까?
· 무엇을?	· 그것을 손떼면 어떤 일이 일어날까?
· 어떻게	
· 얼마나?	

질문을 깊이 파고들면 자신의 왜곡은 깨닫지만 다음 단계로 이어지지 않는다는 것은 탁월한 리더라면 알고 있어야 한다. "왜 계약이 체결되지 않는 걸까?" "왜 매상이 안 올라갈까?" 하고 상사가 원인 추궁만 반복한다면 결국은 '새로' 못한다는 변명만이 더해질 뿐이고 사태는 전혀 진전하지 않는다.

그러나 일반적으로 '어떻게'라는 질문들은 결과 구조나 피드백 구조에 다시 초점을 옮겨오는 데 가장 효과적이다. NLP심리학에서는 상대에게 무언가의 결과와 정보를 손에 넣고 행동을 이미지 할 수 있도록 촉진하는 질문을 효과적 질문이라 한다.

▪▪ 문제 유도형 질문에서 문제 해결형 질문으로 바꾸기

NLP심리학에서는 커뮤니케이션을 할 때 문제 유도형 질문이 되어버리기 때문에 '왜'라는 질문을 사용할 때 주의를 기울여야 한다고 강조한다. '왜'를 권유하지 않는 것은 많은 경우에 변명이나 핑계를 끌어내는 것으로 그치기 때문이다.

"왜 할 수 없었을까?" "왜 그런 일을 해버렸을까?" 등과 같은 질문을 한 결과, 변명을 긍정하고 '할 수 없다'고 하는 감정으로 그 문제에 대한 반응을 강화해 주고 있다.

"무엇이 나빴는가?" "나의 능력 부족이다" "왜 이렇게 되어 버렸을까? 어떻게 하면 좋다고 생각할까?" "실제로는 시간이 상당히 없어서 대응을 잘하지 못했지만 이제부터 열심히 노력해야죠."

분명하게 마주 대하고 있는 것을 이끌어내지 않으면 구체적인 해결과 감정을 바꿀 수 없다. 그래도 자신이 나쁘다고 인정하는 것은 좋은 편이고, 회사에 대해서 영업이 나쁘다느니 개발이 나쁘다느니 하고 책임을 전가시킨다면 이기적이다. 그런 상태로는 공전만 될 뿐이고 진전이 없다. 그래서 NLP심리학에서는 "일어난 일은 일어난 일"로서 "어떻게 하면 성공할 수 있을까?"에 초점을 맞추는 질문을 강조하는 데 해결 유도형 질문이라 할 수 있다. 더구나 그 초점을 가능한 한 구체적인 이미지로 떠올리도록 한다. 예를 들면 앞에서처럼 "노력하겠다" 라고 끝내버린다면 "노력해서 어떻게 되는 것을 목표로 하는 것인가?" 라고 물을 수 있다. "실수없이 완벽하게 일이 될 수 있게 되는 것이다." 라고 말한다면 메타모델로 구체적으로 chunk down 식으로 깊이 파고들어가 보는 한편, "그것이 달성되었다는 것은 어떻게 알 수 있을까?" 라고 묻는다.

"그러면 1년간 어떤 트러블도 없이 고객들의 수를 지금의 배로 하는 것을 목표로 하지요." 라는 대답이 돌아올 것이다. 그렇다면 "그것이 달성될 수 있다면 어떤 면에서 변화할 거라고 생각하는가?" 라고 질문해 본다면 상대는 자신이 정말로 성장할 자세를 오감을 사용해서 이미지로 떠올려 생각해 그려낼 수 있다. 그래서 상대는 자연히 목표를 향해가고, 자신의 네비게이션을 사용하여 대답과 행동을 선택하게 된다. 다음 표는 지금까지 설명한 질문형에 대한 정리이다.

문제 유도형 질문과 해결 유도형 질문

1. 문제 유도… 왜 실패했을까에 초점을 맞춘다.

무엇이 나빴던 것일까?

왜 이런 문제가 발생했던 것일까?

어떻게 실패했다는 것일까?

왜 그런 일을 했단 말인가?

왜 이렇게 안 했던 것일까?

누구의 책임인가?

2. 해결 유도… 어떻게 하면 성공할까에 초점을 맞춘다.

이제부터(다음부터는)어떠한 성과를 목표로 하는가?

그 결과를 얻기 위해서는 무엇을 하면 좋겠는가?

그것이 가능하다는 것을 어떻게 알았는가?

이번 일에서 배운 일은 어떤 것인가?

이번 기회에 그 새로운 방법을 하고 있는 곳을 상상해 봐 줘요.

3. 바라는 미래로 더욱 가까이 유도하는 질문

달성하고 싶은 목표는 무엇인가?

그것을 위해서 무엇이 있으면 좋을까?

바라는 결과를 얻기 위해서 무엇을 하면 좋을까?

그것이 달성되었다고 하는 것이 어떤 모습인지 아는가?

그것이 달성되었다면 어떤 좋은 일이 있을까?

그것이 달성되면 주위는 어떤 반응일까?

오감을 사용해서 그 미래를 이미지로 떠올려 봐요.

긍정적인 생각과
말의 힘

■■ 마이너스 사고를 플러스 발상과 말로 바꾸기

우리의 무의식적 마음은 현실적인 것과 상상된 것의 차이를 알지 못하며 부정적인 말을 이해하는 데 어려움을 가지고 있어서 부정적인 말을 즉각 처리하지 못한다. 두뇌는 부정적인 말을 삭제하고 긍정적인 명령에 더 유능하게 작용한다. 두뇌는 문장 안에서 "~하지 마라"는 말을 무시하고 "~해라"에 관해서만 생각한다. 즉 부정적인 말에 대해 두뇌의 반응은 신통치 않은 것이다. 따라서 실제로 누군가가 해주기를 바라는 일을 말해야 할 때 상대방이 들을 단어에 관해 생각해야 하고 자신이 그것을 원하는 방식대로 긍정적으로 말해야 하는 것이 대화의 기본이 될 것이다.

내면의 목소리 또한 매우 영향력 있고 강하며 무의식적 마음과 연결되어서 문제에 대한 답과 중요한 메시지를 제공할 수 있다. 내면의 목소리가 말하고 있는 것을 인식하고 자신에게 물어본다.

"이것이 도움이 되는 생각일까?"

"보다 긍정적인 생각은 무엇일까?"

"나의 내면의 목소리는 깨달아야 하는 경고와 메시지를 가지고 있을까?"

"나의 내면의 목소리에서 나온 메시지 이면에 긍정적인 의도가 있을까?"

마음속에 있는 모든 생각은 마음과 몸이 함께 연결되어서 신경전달물질을 거쳐 몸 전체로 통한다. 신체적으로, 정서적으로 어떻게 느끼는지는 성취에 영향을 미친다. 내면의 목소리와 생각을 깨닫는 것은 문제나 도전에 대한 해답을 제공하거나 다 긍정적으로 그리고 실제 문제에 대처하는 방법을 더 잘 찾을 수 있도록 반응하는 데에 도움을 준다.

이 점에서 우리 자신이 유능해지기 위해서는 자신과의 대화인 내적인 생각의 회로로 바꾸는 테크닉 또한 필요하다는 것은 두말 할 필요가 없다. 두뇌 안의 사고는 상황에 반응하는 것과 어떻게 누군가와 의사 소통할지 또는 어떻게 특정 사건을 해석할지를 결정한다.

생각은 감정에 영향을 미치고 결과로서 일어나는 행동은 다른 사람에게 영향을 미친다. 생각하는 회로를 다시 바꾸면 감정과 행동에 긍정적인 영향을 미칠 수 있다.

생각하는 회로를 다시 바꾸는 것은 새로운 경로와 습관을 만들어내는 것을 조장하는 중요한 도구이다.

생각하는 회로를 바꾸는 것은 새로운 관점을 얻고 새로운 것을 시도해 보고, 부정적인 생각을 긍정적인 생각으로 바꾸고, 제한된 생각을 할 수 있다는 힘을 주는 생각으로 바꾸며, 오래된 습관을 고치고, 상황들에 새로운 접근들을 발달시키는 데 유용하다.

생각하는 회로의 실례들을 든다면,
- "난 할 수 없어. 그건 되지도 않을 거야"– 부정적인 회로가 발달되어 습관이 되어있다.
- "난 할 수 있어. 그건 될 수 있을 거다"– 새로운 회로가 만들어진다.
- "난 할 수 있어. 그건 될 거야"–새로운 긍정적 습관이 창출되고 있다.

생각하는 회로를 바꾸기 위해서 기꺼이 위험을 무릅쓰고 때때로 다르게 행동해야 한다. 심지어 직장에서 출, 퇴근시 다른 길로 운전하는 것도 유연성을 조장해주고 새로운 두뇌회로 발달을 조성한다. 똑 같은 방법으로 상황마다 다른 접근법과 새로운 생각, 새로운 사고방식을 발달시킬 수 있다. 새로운 기술로 새로운 두뇌회로들은 천천히 발달시킬 것이다. 예를 들어 새로운 테니스 타법을 배우고 있다면 새 기술을 숙달할 때까지 많은 연습이 필요할 것이다. 연습을 많이 할수록 많이 배울 것이다. 새로운 습관을 창출하고 새로운 두뇌회로가 새로운 과정에 정통해지는 점까지 발달하도록 하는 데에는 21일이 걸린다고 추정한다.

두뇌 회로를 바꾸는 데 도움이 되는 아주 간단한 연습을 소개한다. 몸 앞에 팔짱을 끼고 나서 다른 방법으로 다시 끼워본다. 두 번째 방법이 편안하지 않다는 것을 알게 될 것이다. 이 연습을 반복하면 할수록 더 익숙해진 느낌이 들것이고 두뇌 회로가 더 많이 발달되고 새로운 습관에 익숙해질 것이다.

NLP심리학에서는 위기를 찬스로 바꾸는 기술이 바로 이 두뇌 회로를 바꾸는 것임을 강조한다. 문자 그대로 부정적인 발상의 토대를 뒤집어 엎는 것으로 같은 일이라도 긍정적인 기분으로 몰두할 수 있게 하는 것이다. 예를 든다면 "이제는 안돼." 라고 생각하면서 하는 행동은 "무언가 될거야." 라고 생각하면서 하는 행동으로 바꾸는 것, '할 수 없는 이유'를 찾는 사고를 '어떻게 하면 할 수 있을까'의 사고로 바꾸어 줄 수 있다.

만약 우리가 "이 일을 3일 이내에 다 끝내세요." 라는 지시를 갑자기 들으면 무엇을 먼저 생각하는가?

"아무래도 이건 너무 해. 무리야." 라고 처음에 생각한 사람은 그 이후에도 부정적인 생각이 행동에 제동을 계속 걸고 있을 것이다. 아마도 첫날에는 "어째서 나만 가난한 거야." 라고 투덜거리며 불평을 말할 것이고, 2일째는 "이제는 하루밖에 없네. 정말 무리네." 하고 머리를 쥐어뜯을 것이다. 3일째는 아마 "할 수 있는 만큼만 하지 뭐. 처음부터 요구가 무리였던 거야." 라고 불평을 해댄다.

그러면 처음에 "어떻게 하면 할 수 있을까?" 하고 생각하기 위해서는 어떤 것을 변화시키는 것이 좋을까? 예를 들면 3일 이내에 일을 마쳐야 한다는 임무가 맡겨졌을 때의 말이다. "그런 긴급한 일을 맡기다니, 이건 굉장한 일이야. 정말로 해낸다면 상당히 능력을 인정받을 수 있을 것 같군. 뭐라도 해봐야겠다." 라고 말하는 것으로 우선 순위를 바꾸거나 주위 사람들의 협력을 얻는 방법을 생각해 보기 시작할 것이다. 그렇게 하는 것에 의해 정말로 "할 수 없다."가 "할 수 있다."로 변한다. 이것을 가능하게 하는 것은 결국 "어떤 말로 세계를 인식하는가?"에 달려 있는 것이다. 그러므로 중요한 것은 마이너스 언어를 플러스 언어로 효과적으로 바꾸는 것이다. 예를 들면 "성급하네요." 라고 말하는 것은 험담처럼 들리지만 "행동이 스피디하네요." 라고 말한다면 플러스로 받아들일 수 있을 것이다. 이런 식으로 긍정적 언어를 사용해서 상대방과 대화를 해나간다면 커뮤니케이션과 래포 형성에 많은 도움이 될 것이다.

언어 습관을 긍정적으로 바꾸기

부정적인 언어를 긍정적인 언어로 바꾸어 본다면………	
부정적인 언어	긍정적인 언어
소극적	사려 깊은
성급한	행동적
나서지 않는	조심스러운
아둔한	신중한
의지 약한	협조심이 있는
금방 싫증내다	유행에 민감하다
금방 화를 내는	정열적인
이 길을 가지 마라	이 길로 가세요
놓치지 않을 거야	찾기 쉬울 거야
그렇게 하지 마라	대신에 이렇게 해 봐라
목표를 잃지 마라	목표에 도달하면 알려 주라
소리 지르지 마라	조용히 해라
내가 하면 만사가 나빠진다.	내 인생에서 잘 되어 나가는 게 무얼까?
아무도 날 좋아하지 않아	나는 누구와 사이 좋게 지내고 있을까?
나는 결코 이해시키지 못할 거야.	그 사업의 어느 국면을 이미 이해시켰을까?
그건 잘 되어가지 않을 거야.	무엇이 잘 되어가고 있을까?

사실 긍정적 표현들이 부정적 표현들보다 세 배나 많다고 한다. 우리의 언어 습관을 고려한다면 얼마든지 긍정적인 변화를 시도할 수 있다. 그 외에도 신중하게 사용해야 할 단어들을 생각해 본다.

신중하게 사용할 단어들

그러나	그 앞에 나온 것이 무엇이든 부정하는 단어이므로 '그리고 다음에' '~ 합시다'를 사용하는 것이 좋을 것이다.
~해야 한다	지시를 만들어내고 어쩌면 죄의식을 생기게 할 수 있다.
~하지 마라	진짜 메시지를 듣기 전에 두뇌를 부정적인 관점과 먼저 관련시킨다. 예를 들면 '아직 그 계획에 관해 생각하지 마라'는 말은 그것에 관해 생각하지 말도록 하기 위해서 듣는 사람에게 먼저 그 계획에 관해 생각하도록 조장하는 것이다.
노력해 보라	어떤 것을 하지 못할지도 모른다는 기대를 내포하고 있다.

■■ 밀턴 모델의 유도 질문법

언어는 실로 우리들의 생각에 매우 영향력이 있고 정서적 반응을 유발할 수 있다. 언어에 주의를 기울이는 것은 행동패턴을 강조하는 데 도움을 줄 수 있다. 아무리 해도 '할 수 없다'는 사고를 반복하는 사람들을 많이 본다. 그런 사람들에게 할 수 있다고 하는 전제를 부여하는 교묘한 조작법이라 할 수 있는 스킬이 NLP심리학에는 있다. 밀턴 모델이라고 하는 것이다. 예를 들면 공부를 안 하는 고등학생이 있어서 주변 사람들을 고민시키고 있다고 하자. "시험에서 1등을 한다면 인기 있을 거야." 라고 말해도 반응이 없으면, 밀턴 모델을 활용하여 "네가 성장한다는 것에 흥미가 있니?" 라고 질문하여 성장하는 것에 흥미가 있는지 없는지를 묻는 식으로 다음의 도표에 요약된 것처럼 사고를 바꿀 수 있다.<그림 48 참조>

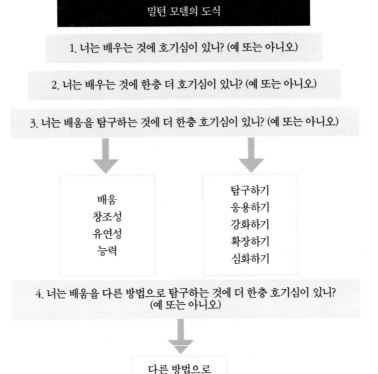

〈그림 48〉 밀턴 모델의 유도 질문법

상담이나 코칭을 할 때 "아무리 해도 제 자신의 목표를 그릴 수가 없어요." 라고 말하는 사람이 가끔 있다. 그런 말을 하는 사람은 "하고 싶은 것은 무엇인가?" 하고 물어도 "별로 생각해본 적이 없어요." 라고 대답한다. 그래서 목표를 구체적으로 해보라고 해도 전혀 앞으로 나아가지 않는다. 이러한 때야말로 밀턴 모델이 유효하다. 즉 "하고 싶은 것을 하고 있는 자신을 상상해 보세요." 라는 식으로 "하고 싶은 것이 있다." 를 전제로 한다.

그래도 "그 하고 싶은 것으로 자신은 성장할 수 있다고 생각하는가?" 라든가 그 "하고 싶은 것을 실현하는 힘이 자신에게 있다고 생각하는가?" 라고 하는 상황으로 점점 전제를 강화해간다. 그래서 "그러면 그 하고 싶은 것은 어디서 어떤 식으로 하고 있는가?" 라고 목표를 구체화시켜 가는 것이다. 실제로는 성장을 바라지 않는 사람도 목표를 머릿속에서 그리지 않는 사람도 없다. 그 기분이 되면 NLP 커뮤니케이션은 어떤 사람도 성공할 수 있는 것이다.

문제 해결을 위한
S. C. O. R. E
모델

 지금까지 설명한 NLP심리학의 여러 기술들을 활용하는 데 더 익숙해지면 그러한 여러 가지 패턴들과 테크닉들의 구조가 어쩌면 조금의 여유로움이 없이 틀을 씌운 구속물처럼 느껴질 때가 있을 것이다. 기본적인 NLP모델이 직선적인 문제 해결 방법인 반면에, 로버트 딜츠Robert Dilts와 토드 엡스타인Todd Epstein이 개발한 이 모델은 현재 상태에서 원하는 상태로 변화하면서, 훨씬 더 유동적이고 직관적인 접근이다.

 문제의 상황과 그 사람이 문제를 나타내는 방법에 따라 여러 다른 위치에서 시작할 수도 있으며, 목표성취와 곤경이나 어려운 문제 상황에서 빠져나오는 것에 관한 문제 해결에 도움을 준다. Score 모델은 문제 해결을 위한 어떤 치료적 개입 과정에도 고려될 필요가 있는 다섯 가지 요소가 있는데, 각각의 문자들은 그 모형의 한 면을 가리키고 있어서 그

머리글자들의 결합이 SCORE를 구성하고 있다.<그림 49 참조>

- 증상Symptoms – 이름이 의미하듯이 해결해야 할 표면적 문제들, 예를 들면 어떤 사람이 "저는 상사와 원만하게 지내지 못합니다." 라고 말할 수도 있다. 이것은 현재 상태의 일부이다.
- 원인Causes – 증상을 실증하고 유발하는 것. 처음에 언제나 명확하지는 않고, 이것들 또한 현재 상태의 일부이다.
- 결과Outcomes – 자신의 목적, 원하는 상태, 현재의 행동을 대체할 새로운 행동들.
- 지원Resources – 원인을 제거하는 데에 사용하는 수단과 테크닉들. 앵커링, 6단계 틀 바꾸기, 개인사 바꾸기와 같은 NLP테크닉들은 어느 것이나 거의 활용될 수 있다.
- 효과Effects – 장기적 결과 또는 결과 달성의 효과, 바라는 상태의 일부가 있다. 미래에는 무엇을 다르게 할 것인가에 대한 것이다.

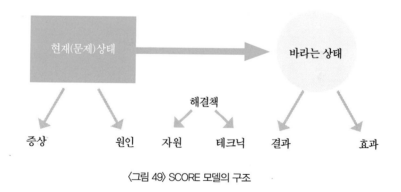

〈그림 49〉 SCORE 모델의 구조

NLP S.C.O.R.E 모델은 어느 정도 이 모든 의미들을 구체화하고 있다. 사실 정보를 모으고, 그것을 S.C.O.R.E 속으로 편성하는 궁극적인 목적은 우리가 현 상태로부터 원하는 상태로 가는 길을 이야기하기 위해서이다. 연극상연의 'score'와 비슷하게, 문제해결을 위한 S.C.O.R.E 모델의 각 요소들은 반드시 의미 있는 전체의 유형 속에서 앞뒤가 들어맞아야만 한다. 따라서 S.C.O.R.E 모델은 문제 해결에 필요한 '변화 구상'에 대한 느낌을 얻는데 필수적인 최소한의 정보를 분명하게 해준다.

우리가 이 모델을 활용하는 방법은 각각 한 요소에 하나씩 방에다 영역을 표시하는 것이다. 가장 간단한 방법은 다음과 같이 쓰여진 5장의 종이를 활용하는 것이다.<그림 50 참조>

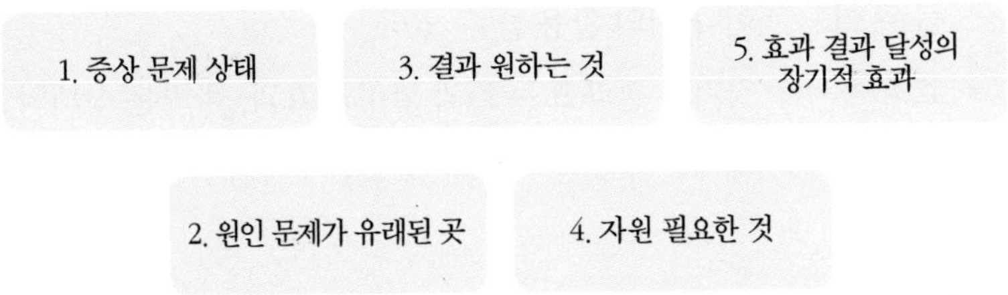

1. 증상 문제 상태	3. 결과 원하는 것	5. 효과 결과 달성의 장기적 효과
2. 원인 문제가 유래된 곳	4. 자원 필요한 것	

〈그림 50〉 SCORE 모델 연습 포지션

각각의 영역을 표시한 종이 위로 걸어 다니면서 혼자서 한다면 자신에게, 다른 사람을 대상으로 한다면 그 사람에게 다음과 같이 질문한다.

- 증상이 무엇인가?
- 원인이 무엇인가?
- 어떤 결과를 원하는가?
- 그 결과 달성의 효과는 무엇일까?

- 그 원인을 다루는 데 도움이 되는 자원은 무엇일까?
- 결과를 성취하는 데에 있어서 도움이 되는 자원은 무엇일까?

이렇게 할 때 과정의 각 부분들을 분리시킬 수 있고 상황을 보다 명료화 하는 데 도움이 된다. 예시를 하나 들어 본다면, 한 사업가가 지체되어 늦어지는 프로젝트 때문에 그 방향을 바꾸어야 한다고 생각한다. 대문자로 아래에 나타난 5단어들을 각각의 종이 위에 적고 바닥 위에 그것들을 순서대로 놓고, 각 단어 위에 걸음을 놓고 목표에 관련된 질문을 생각한다.

- 먼저 결과를 확인한다 – 무엇을 달성하고 싶은가?(합의된 시간 속에서 그 프로젝트를 성공적으로 끝마치는 것)
- 원하는 효과를 명확히 한다 – 장기적으로 무엇을 원하는가?(그 프로젝트가 미래 정확한 시간에 확실히 끝마쳐지도록 과정을 설계하기)
- 증상을 생각한다 – 과업 완성을 못하게 하는 것은 무엇인가? 목표를 방해하는 장애물을 확인한다(지키지 못한 마감일, 고객 불평들)
- 원인을 명확히 한다 – 예: 그 프로젝트를 운영하는 사람에게 필요한 기술/ 경험이 없다.
- 종이 위의 단어에서 물러서서 발견한 것을 생각한다. 이것이 필요한 적절한 조치를 확인하는 데 도움이 된다.
- 원하는 결과 달성에 필요한 자원을 확인한다–(훈련, 추가적 직원, 헌신적 관리자 등)

자신의 목적을
자각하고
구체화하기

　감각과 상상력을 활용하는 것은 목적을 현실적이고 분명하게 만드는 데 강력한 영향을 미칠 수 있다. 마치 현재 일어나고 있는 것처럼 더 많은 세부항목들을 추가할수록 목적을 현실화시키는 데에 있어서 더욱더 강력하고 효과적인 테크닉이다. 무엇을 원하는지 무슨 장애물을 극복해야 할 것인지를 명확히 한다. 마치 이미 있는 것처럼 결과를 '보고' 그리고 '경험'한다. 그러면 분명한 목적을 창출해낸 셈이 될 것이다.

　목적 설정을 위한 10단계를 제시하자면,

- 삶의 모든 영역에 목적 갖기 – 기업, 직업적, 진로, 가정, 건강, 재정 등
- 장기, 단기 목적 모두 포함하기
- 소망 이상이 되도록 목적 기록. 목적을 기록하는 것은 50% 이상

의 성취 가능성을 만든다는 것을 보여주는 증거가 늘고 있다.

- 목적을 긍정적으로 진술한다. 무엇을 원하는가? 그것이 나에게 무엇을 해줄까?
- 자신이 목적을 달성하고 있는 것을 마음 속에서 구체화하고, 자신이 목적을 성취하고 있는 것을 선명하게 상상하고 보면서 자신의 성공을 마음속에서 구체화시킨다.
- 모든 감각들을 포함하여 결과가 구체적으로 무엇이 될지 명확히 한다.
  - 결과를 성취했다는 것을 자신은 어떻게 알까?
  - 결과를 성취했을 때 자신은 무엇을 보고 있을까?
  - 결과를 성취했을 때 자신은 무엇을 듣고 있을까?
  - 결과를 성취했을 때 자신은 무엇을 느끼고 있을까?
  - 결과를 성취했을 때 그 밖의 누가 자신이 무엇을 하고 있는지를 볼까?
  - 결과를 성취했을 때 자신은 무슨 내면의 목소리를 들을까?
- 자신이 필요한 자원을 가지고 있는지 확인한다.
- 언제 목적을 성취하고 싶은가? 시간 범위를 명확하게 제한한다.
- 자신이 취할 필요가 있는 첫 번째 조치를 확고히 하고 나서 다음 조치를 하기로 결정한다.
- 언제 시작할 예정인가? 시작할 날짜나 시기를 확실히 한다.

목적 설정을 할 때 핵심 목적 요소들을 명확히 하는 데 도움이 되는 GEO 모형이 있다. 이 모형은 목적의 필수적인 면들인 증거와 바라는 결과를 모두 포함하고 있다. 또한 명확한 목적을 가진 것인지를 확인하

기 위한 피드백, 언제 목적 달성이 가까울지를 아는 방법, 그리고 목적
달성을 위해 취해야 할 조치들을 제공해 준다.

이제 목적 설정을 시작하기 위해 GEO모형을 활용하여 다음의 표를
완성해 보자.

목적(Goal)	증거(Evidence)	결과 또는 운용 (Outcome, Operation)
현재 상태 또는 문제 -현재 있는 곳은? 바라는 상태나 결과 -가고 싶은 곳은?	자신이 목적을 달성했다는 것을 아는 방법 어떻게 보일까? 느낌이 어떨까? 사람들이 뭐라고 말할까? 다른 사람들은 어떻게 알까? win-win 인가?	결과와 예비 계획(back- up plan)을 달성하기 위한 조치들 어떤 우발적인 조처가 적 절하게 필요할까?
자신의 목적:	자신의 증거:	자신의 조치들:

세계적 천재들의
10가지 인식 패턴

NLP심리학은 우수한 사람들의 탁월성을 연구하는 것에서부터 시작했고 그 탁월성을 밝혀내는 것은 '모델링modeling'과정을 통해서 도출된다. 고도의 성취 능력을 발휘한, 탁월하게 성공한 사람들은 어떻게 했을까? 어떤 방법으로 행했을까? 그 사람들은 그렇지 않은 사람들과는 다른 무엇을 한 것일까? 스포츠와 교육, 비즈니스·경영, 예술과 건강관리 등 다양한 분야에서 우수한 성과를 내고 있는 사람과 열심히 하고는 있지만 성과가 나오지 않은 사람을 비교 분석하면, 거기에 어떠한 차이가 있는 걸까? 또는 무엇을 어떻게 수정하면 비슷한 수행력을 발휘할수 있게 되는지를 탐구했다. "어떤 기능에서 그저 할 줄 아는 사람과 우수하게 뛰어난 사람과의 차이를 만드는 것은 무엇일까?"에 대한 사람들의 탐구는 대체로 선천적으로 재능이 있거나, 연습과 경험이라는 노력을 통해 우수한 수준을 습득했다는 식의 두 가지 방법으로 답변되고 있었다. 그러나 NLP심리학에서는 타고난 재능과 노력이라고 하는 수준을 초월하여, 그 기능을 할 줄 아는 능력을 가진 사람의 수행력을 우수한 수준에 더 가깝게 발달시키기 위해 지금 행해질 수 있는 것에 초점을 두고 가능한 일을 보여주고 있다. 간단히 말하면, 타고난 재능을 가진 사람의 특별한 능력을 모델화하고 그러한 능력을 다른 사람들에게 전이할 수 있도록 돕는 것을 목표로 한다. 그래서 NLP기술과 테크닉들은 심리상담, 경영, 최면, 법, 교육을 포함하여 다양한 분야의 전문적인 의사 소통 영역의 전문가들에게 있어서 우수성의 패턴 관찰을 통해 얻어진 것이다.

NLP의 가장 기초적인 모델링 방식은 효과적인 행동과 그 행동의 밑바탕에 있는 인지 과정을 유형화하는 것으로 어떻게 뇌(신경)가 언어와 비언어적 의사소통을 분석하면서 작동하는지를 찾아내어, 이것을 분석한 결과를 이용해서 다른 사람들이나 다른 영역에 그 기술을 적용할 수 있도록 단계적인 프로그램과 전략을 만드는 것이다.

그래서 천재라고 평가되고 인정받는 사람들에게는 심리적인 과정과 전략에 있어서 어떤 그 특정한 패턴을 지니고 있다는 것에 착안하여 그들의 우수성을 연구하여 그러한 천재에게 공통적인 패턴은 무엇인지를 연구했다. 천재란 도대체 어째서 있는 것일까? 문자 그대로 천부적 재능이 있는 것일까? 일반적으로 천재에게는 선천적인 요소가 강하고 우리들에게는 흉내내는 방법이 없다고 생각했었다. 그러나 NLP심리학에서는 그러한 생각에 전면적으로 찬성하지 않는다. 개인의 기술은 표상 시스템의 발달과 배열의 기능에 있다고 생각하고, 어떤 기능과 재능, 능력도 표상 시스템의 구성요소로 분해할 수 있고, 그리고 누구라도 그것을 배울 수 있다고 생각한다. NLP심리학에서는 천재라고 평가받고 인정 받은 사람들은 심리적인 과정과 전략에 대해서 특정한 패턴이 있다는 것을 발견했다.

예를 들어 월트 디즈니는 창작을 할 때에 3가지 과정을 사용했다. 그는 몽상이야말로 창조의 첫걸음이라고 생각했다. 그래서 우선 영화 전체의 꿈과 비전을 만들어 내는 일부터 시작했다. 다음에 그 꿈이 현실이 되도록 자금과 시간 등의 균형을 잡아서, 그렇게 한다면 영화가 성공할 것인지 생각하는 데에 필요한 정보를 수집한다. 그런 식으로 그는 영화의 비전을 그렸을 때 그것을 비평하는 사람들의 관점에서 곧이 곧대로 보는 작업을 행했다.

특히 로버트 딜츠Robert Dilts는 그의 저서 <천재들의 전략>에서 천재로 알려져 있는 다음 8명의 인식 과정과 전략을 비교하고서 그 전체 8명의 공통 특질과 특징을 탐구해 냈다. 이러한 귀납적인 접근법에 의해서 딜츠는 천재들의 10가지 기본적 인식 패턴을 발견해냈다.

딜츠가 천재라고 추출한 사람들

아리스토텔레스
코난 도일
월트 디즈니
모짜르트
알버트 아인슈타인
프로이드
레오나르도 다빈치
니콜라 테스라

딜츠가 추출해 낸 천재들의 기본적 특성들과 공통적 특성들을 아래의 표에 정리해 본다.

천재들이 가진 기본적 패턴들	(1) 고도로 발달한 시각화 능력이 있다. (2) 표상체계간 많은 연결을 발달시킨다. (3) 다면적 지각을 이용한다. (4) 지각적 입장을 전환하는 고도로 발달한 능력이 있다. (5) 다른 사고 레벨과 시야 사이를 자유롭게 이동하는 능력이 있다. (6) 추상과 구체성 사이에서 피드백 고리를 유지한다. (7) 몽상가, 현실가, 비평가의 자세를 갖는다. (8) 기본적인 질문을 한다. (9) 메타포(은유)와 비유를 사용한다. (10) 개인의 정체성을 넘어선 사명감을 갖는다.
천재들이 가진 공통적 패턴들	(1) 무의식 과정으로 접근하기 위한 특별한 상태를 이용한다. (2) 자기조직화 과정을 사용한다. (3) 기본적 지식을 폭넓게 몸에 익힌다. (4) 우연과 무작위를 창조적인 과정에 결합한다. (5) 본질에 다가가기 위한 모델을 사용한다. (6) 표층구조가 아닌 심층구조에 초점을 맞춘다. (7) 자신의 정체성을 외적으로, 형식적인 지도로 한다. (8) 기존 지식과 새로운 생각을 일치시킨다.

지금까지 살펴본 바와 같이 NLP는 내면에서의 변화가 행동으로 나타나며, 꽤 전문적인 테크닉과 스킬에서의 직관을 확대하는 방법으로서 특별한 과정을 배우도록 촉진한다. 변화는 우리의 삶에서 피할 수 없

다. 최고의 결과를 얻을 수 있도록 적응하고 해결책을 만들어 감으로써 우리는 삶의 여정을 다듬어 갈 수 있다. NLP심리학을 통해 강해진 우리의 마음과 정서를 잘 이해하면 우리는 마음의 영감을 북돋우고, 기름지게 하여 긍정적이고 건강하고 행복한 생활을 영위할 수 있다.

내면의 변화를 만들어 자기 혁신을 시도해 볼 기회를 가져본다면 이 책은 마음 속을 조망하는 길잡이일 뿐이다. 우리가 중심center을 잘 잡고 새 영토들을 잘 탐색하며, 가치있다고 생각하는 행동들과 자질들을 모델링한다면 천재들에게 영감을 주었던 기쁨과 평화를 발견하게 될 것이다.

또 자신의 궁극적인 성공을 달성하는 도중에 우리의 천재성에 접근할 수 있을 때까지도 실망이 일어날 수도 있다는 것을 이해한다. 링컨이 대통령이 되기 전 직업적 목표 실현을 14번 실패했으며, 역사상 가장 위대한 발명가인 에디슨은 전구의 필라멘트를 발명하기 위해 수많은 실험을 했다는 사실을 기억한다. 그리고 카네기가 세계적으로 성공한 기업인들의 공통적인 특성을 연구해 달라고 설득했던 사람인 나폴레옹 힐에게서 교훈을 들을 수 있다. 그는 수백 명의 잘 알려진 사람들과 20년 동안 집중 인터뷰를 해 본 후에 이렇게 썼다.

"인내하는 습관을 가진 사람들은 실패에 대비하여 보험을 즐기는 것처럼 보인다. 아무리 수차례를 패배한다 해도 그들은 결국 사다리의 꼭대기 끝을 향해 도달한다. 때로 모든 낙담시키는 경험을 통해 사람들을 시험하는 책임을 가진 숨은 가이드가 있는 것 같다. 패배 후에 자신을 일으켜 세워서 달성하려고 계속 시도하는 사람들에게 세상은 '부라보! 나는 네가 할 수 있었다는 걸 알았어!' 하고 외친다. 숨은 가이드는 인내력 테스트를 거치지 않고는 아무도 훌륭한 성공을 즐기게 하지 않는다. 그것을 치르지 않은 사람들은 간단히 성공하지 못한다. 그것을 치른 사람들은 그 인내력에 후하게 보상을 받는다. 추구하는 목표가 무엇이든 지 간에 보상을 받는다. 물질적 보상보다 무한히 더 중요한 것, 즉 모든 실패는 동등한 가치의 이익의 씨앗을 함께 가져온다는 깨달음을 얻게 된다."

우리의 의식적·무의식적 마음이 이 책에서 포함된 것들을 뽑아내서 활기를 되찾을 수 있기를 바란다. 우리 모두가 이 학습 과정을 즐겁게 하기를 바라며, 열정적으로 그리고 정답게 다른 사람들에게 영향을 미치면서도 성공적으로 자기 자신과 조화할 수 있는 능력을 발휘할 수 있게 되기를 바란다. 그때 부드러운 안도의 물결이 우리의 뇌리를 스쳐가며, 우리의 중심을 향해서 온몸으로 퍼져 근육과 뼈를 통해 더 깊이 스며들어 우리는 평화속에서 내면의 지혜를 키워나갈 것이다.

NLP 용어 해설

접근단서(Accessing Cues) 사람이 생각하는데 주요 표상체계(시각, 청각, 촉각) 중에서 어떤 표상체계를 우선적으로 사용하고 있는지를 추측하는 계기를 유발하는데 도움을 주는 섬세한 행동들. 그 전형적인 접근 단서들에는 무의식 레벨에서 일어나는 눈동자의 움직임, 신체 자세, 몸짓과 호흡 패턴, 제스처, 목소리 톤과 템포 등을 단서로 할 수 있다.

앵커링(Anchoring) 어느 특정 내적 반응(정신 상태와 사고 패턴)을 환경적 또는 정신적 자극제와 연합시켜서 그 내적 반응에 재빨리, 때로는 암암리에 다시 접근할 수 있도록 하는 과정을 말하며, 그 내적 반응을 자동적으로 일으키는 일정한 자극을 '앵커'라고 부른다.

청각적(Auditory) 듣기와 듣기 감각에 관한 것.

행동(Behavior) 주위 사람들과 환경과 상호작용하는 구체적인 신체적 행위와 반응

행동 유연성(Behavior Flexibility) – 다른 사람으로부터 반응을 이끌어내거나 확보하기 위해 자신의 행동을 다양하게 할 수 있는 능력.

신념(Beliefs) 우리 주위 세상에서 어떤 것을 진실로 받아들이는 일, 또는 어떤 것을 사실이라고 생각하고 단단히 지니고 있는 일반화. 신념은 기준이나 가치 체계에 연결되어 흔히 우리의 현실에 대한 지각을 이끌어주며 해석해주는 데 도움이 되며 구체적 현실과는 다른 수준에서 작용한다. 신념은 전형적인 논리적·합리적 사고의 법칙에 의해 변화시키기 어렵다는 것으로 악명 높다.

무의식적 비언어적 반응읽기(Calibration) 눈에 보이는 행동단서를 구체적인 내적 반응과 짝을 이루어서 진행 중인 상호작용에서 다른 사람의 무의식적, 비언어적 반응을 읽어내는 학습과정.

능력(Capability) 전체행동 부류에 대하여 정통함. 어떤 것을 하는 방법을 아는 것. 능력은 개별적 행동들을 선택하고 조직하게 해주는 정신적 지도의 발달에서 나온다.

정보 쪼개기(Chunking) 어떤 경험을 보다 크거나 작은 조각으로 조직하거나 분해하는 것. Chunking up은 보다 크고 더 추상적인 수준으로 정보를 이동시키는 것을 의미

하며 Chunking down은 보다 구체적이고 명확한 수준의 정보로 이동시키는 것을 의미한다. Chunking Laterally는 똑같은 정보 수준에서 다른 사례를 찾는 것을 의미한다.

일치(Congruence) 개인의 내적 신념, 전략과 행동들 모두가 충분히 일치해 있고 원하는 결과를 획득하는 방향으로 순응하는 것.

배경(Context) 특정사건을 둘러싼 구조. 이 구조는 흔히 특정 경험이나 사건이 해석되는 방법을 결정한다.

기준(Criteria) 개인이 결정과 판단을 만들기 위해 사용하는 가치나 기준.

심층구조(Deep Structure) 사람들이 행동을 조직하고 이끌어 주는데 사용하는 신경논리학적(의식적 무의식적) 지도.

미래 가보기(Future Pacing) 원하는 행동을 자연스럽게 반사적으로 확실하게 하기 위해 어떤 미래상황을 통과하여 스스로 정신적으로 예행 연습하는 과정.

미각적(Gustatory) 맛이나 맛의 감각에 관한 것.

정체성(Identity) 자신이 누구인가에 대한 감각 정체성의 의미는 단일체제 안으로 우리의 신념, 능력, 행동을 조직한다.

설치(Installation) 새로운 전략이나 행동의 습득을 촉진하는 과정. 새로운 전략은 앵커링, 접근단서 은유와 미래 가보기의 결합에 의해 정착될 수도 있다.

신체 감각적(Kinesthetic) 신체 감각에 관계된 것. NLP에서 'Kinesthetic'이란 용어는 촉감의, 내장의 그리고 정서적인 것을 모두 포함한 느낌의 주류를 의미하는데 쓰인다.

메타모델(Meta Model) 문제적이거나 애매할 수 있는 언어패턴의 범주를 식별해주는 John Grinder 와 Richard Bandler가 개발한 모델

메타프로그램(Meta Program) 사람마다 가지고 있는 고유의 심리적 인식 패턴으로서 우리들 각각이 세상을 지각하는 방식에 관한 선호 경향과 비슷한 것으로 인식되는 것. 이것은 옳고 그름이 없이 있는 그대로, 상황마다 다르며, 조직 내에서는 직업형태의 선호를 설명하고 특정과업에서 어떤 이들이 왜 뛰어날 수 있는지에 관한 통찰력을 제공해준다.

은유(Metaphor) 한 상황이나 현상에 관해서 다른 어떤 것, 바꿔말하면 이야기 우화와

비유로 생각하는 과정.

모델링(Modeling) 다른 사람들의 성공적 행동을 관찰하고 분명히 그려보기.

신경언어프로그래밍(Neuro-Linguistic Programming NLP) 1975년에 John Grinder 와 Richard Bandler가 창시한 행동모델과 명확한 기술과 테크닉들. 주관적 경험의 구조에 대한 연구. NLP는 두뇌(신경), 언어(언어학)와 신체 사이의 상호작용으로 창출되고 인간우수성 이면에 숨겨진 과정을 더 잘 이해하기 위해서 유능한 행동과 무능한 행동을 만들어내는 패턴들이나 프로그램 짜는 것을 연구한다. NLP기술과 테크닉들은 심리치료, 기업, 건강과 교육을 포함하여 다양한 전문적 커뮤니케이션 분야에서 배출한 전문가들에 있어서 우수성의 패턴을 관찰해서 얻어진 것이다.

후각적(Olfactory) 냄새나 냄새의 감각에 관한 것.

결과(Outcome) 개인이나 조직이 달성하기를 열망하는 목표나 원하는 상태.

보조 맞추기(Pacing) 대화하고 있는 상대방의 행동에 자신들의 행동의 어떤 면을 조화시킴으로써 래포를 빨리 형성하기 위해 대화하는 사람들이 사용하는 방법 – 행동을 조화(matching)시키거나 반영(mirroring)하는 것.

분아들(Parts) 행동에 대해 도가적인 프로그램과 전략에 관해 이야기하는 은유적 방법. 프로그램이나 '분아들'은 흔히 일체감을 갖는 특징들 중 하나가 되는 페르소나(Persona)를 발달시킬 것이다.

지각적 입장(Perceptual positions) 특정한 관점이나 견해. NLP에는 특정 경험을 지각할 때 취할 수 있는 3가지 기본적 입장이 있다. 1차 입장은 1인칭 관점에 몰입해서 자신의 눈을 통해 경험하는 것을 의미한다. 2차 입장은 다른 사람의 입장이 된 것처럼 경험하는 것을 의미한다. 3차 입장은 관찰자의 입장에서 자신과 타인들 사이의 관계에서 뒤로 물러나서 지각해 보는 것을 의미한다.

서술어(Predicates) 동사, 부사 그리고 형용사와 같은 주어를 서술하기 위해 선택하는 작용 단어들. NLP에서 서술부단어들은 개인이 정보를 처리하기 위해 어느 표상체계를 사용하는지 식별하는데 사용된다.

인용구(Quotes) 전하고 싶은 메시지가 마치 다른 누군가가 메시지를 말했던 것처럼 인용문 속에 끼워 넣어질 수 있는 패턴.

래포(Rapport) 관계 속에 믿음, 조화와 협동을 확립하는 것.

틀 바꾸기(Reframing) NLP에서 문제 행동은 그 행동의 책임이 있는 내적 프로그램이나 '분아'의 긍정적 의도와 분리된 과정. 오래된 행동의 원인이 되는 분아에게 문제가 되는 부산물은 없지만 똑같은 긍정적 의도를 만족시키는 여타의 행동들을 실행할 책임을 지게 함으로써 새로운 행동의 선택이 이루어진다.

표상체계(Representational systems) 오관에 의한 감각, 시각, 청각, 촉각, 후각, 미각.

우선 표상체계(Representational system Primacy) 개인이 자신의 경험을 처리하고 조직하기 위해 다른 것보다 하나의 감각을 체계적으로 사용하는 부분. 수위 표상체계는 학습 능력뿐만 아니라 많은 성격 특성을 결정하는 것이다.

2차적 이득(Secondary gain) 겉으로는 약간 부정적이거나 문제가 되는 행동이 실제로 어떤 다른 수준에서 긍정적 기능을 실행하는 것. 예를 들어 흡연은 한 개인에게 긴장 완화를 해주거나 특정한 자아상을 적합하게 해줄 수 있다.

상태(State) 한 개인이 행동하고 있는 총체적으로 진행 중인 정신적·신체적 상태.

전략(Strategy) 구체적 결과를 달성하기 위해 사용되는 명확한 정신적 행동적 단계들. NLP에서 전략의 가장 중요한 면은 구체적 조치들을 실행하는 데에 사용된 표상체계들이라고 여겨진다.

세부감각양식(Sub-modalities) 세부감각양식들은 각 감각에 의해 지각되는 특별한 감각 특성들이다. 예를 들면 시각적 세부 감각양식은 색깔, 모양, 움직임, 선명도, 깊이 등. 그리고 감각 운동적 세부감각양식은 압력, 온도, 감촉, 위치 등과 같은 특성을 포함한다.

표면구조(Surface Structure) 두뇌 안에 저장된 실제의 수위 감각적 표상을 서술하거나 의미하는 데에 사용된 단어들이나 말.

공감각(Synesthesia) 보는 것에서 느낌을 얻는 "보고-느끼기 회로" 듣는 것에서 느낌을 얻는 "듣고—느끼기 회로"와 같은 현상이 특징인 표상체계 사이의 중첩과정이다. 어떤 두 감각 양식도 함께 연결될 수 있다.

T.O.T.E 시험(Test) - 운영(Operate) -시험(Test) - 출구(Exit)순서를 의미한다. 용어로 Miller, Galanter와 Pribram이 개발한 것이며, 모든 행동을 이끄는데 사용된 기본적 피드백 고리를 설명해준다.

시각적(Visual) 보는 것 또는 시각에 관한 것.

모양 좋은 조건들(Well-formed Conditions) 효과적이고 생태적 결과를 만들어 내기 위해 만족시켜야 하는 조건들. NLP에서 특정 목표는 1) 긍정적인 말로 진술될 수 있다면 2) 감각에 기초한 증거에 사람이 주도하고 유지할 수 있다면 3) 목표를 원하는 사람이 주도하고 유지할 수 있다면 4) 현재 상태의 긍정적 부산물을 보존하도록 할 수 있다면 5) 외부 생태학에 적합하도록 전후 관계 상황에 적합할 수 있다면 적격의 것이다.

참고문헌

Anthony Robbins, 이 우성 역(2003), 네 안에 잠든 거인을 깨워라, 씨앗을 뿌리는
사람, 서울

Anthony Robbins, 이 우성 역(2005), 무한 능력, 씨앗을 뿌리는 사람. 서울

Bob G Bodenhamer, Michael Hall,(2001), The User's Manual for the
Brain, Crown House Publishing Ltd, UK.

Bruce K.Stewart, Loudanielson Stewart, (2005), Your Way Home, Inner
Arts Press.

Connirae Andreas, (1996), Core Transformation, Real People Press.

Connirae Andreas, (1987), Change Your Mind, and Keep the Change ,
Real People Press

David Shepard and Tad James, (2001), Presenting Magically, Crown
House Publishung. Ltd.

Curly Martin, (2005), LIFE COACHING HANDBOOK, Crown House
Publishing Ltd, UK

Colin Rose, (1985), Accelerated Learning, Dell Publishing, New York.

Don A, Blackerby, Ph. D.(1996), Rediscover the joy of learning, Success
Skills, Inc. Parker, Colorado.

Lou Russell,(1999), The Accelerated Iearning Fieldbook, Jossey Bass/
Pfeiffer, A Wiley Company Sanfrancisco.

Napoleon Hill, (1999), Think and Grow Rich, Wilshire Book Company,
Ca.

O'Connor, J.Seymour, (1990), Introducing Neuro-Linguistic Program-
ming, Wellingborough: Aquarian Press, Cornwall, England

Richard Bandler, (1984), Using Your Brain, Real People Press, Moab,
Utah.

Romilla Ready, Kate.Burton, (2004), Neuro-Linguistic Programming for Dummies, John Wiley & Sons Ltd

Robert Dilts, (1990). Changing Belief Systems with NLP, Meta publications, Capitola, Ca

Robert B. Dilts and Judith A. Delozier, (2002), Encyclopedia of Systemic Neuro-Linguistic

Programming and NLP New Coding, NLP University Press, Santa Cruz, CA,

Robert B. Dilts and Judith A. Delozier,(2006), NLP Practitioner Certification Course Manual, Dynamic Learning Publications and NLP University Press.

Robert B. Dilts and Judith A. Delozier, (2006), NLP Master Practitioner Certification Course Manual, Dynamic Learning Publications and NLP University Press.

Robert B. Dilts, (2004), Effective Presentation Skills, Meta publications, Capitola, Ca

Robert B. Dilts, (1990), Applications of Neuro-Linguistic Programming, Meta publications, Capitola, Ca

Shelle Rose Charvet, (1997), Words that Change Minds, Kendall/Hunt Publishing Company. Iowa.

Steve Andreas & Charles Faulkner, (2003),NLP: The New Technology Of Achievement, Nightingale-Conant Corporation

Steve Bavister, Amenda Vickers, (2004), Teach Yourself NLP, Mcgraw-hill, USA.

Steven Covey, 김경섭(역), (2003), 성공하는 사람들의 7가지 습관, 김영사.

전 경숙, (1997), 새 심리 치료 개론, 하나 의학사,

高橋慶治, (1997), NLP. Super Psychological Communication, 第二海援隊, 東京

성공을 코칭하라

저자 | 박진희

1판 1쇄 인쇄 | 2007년 9월 15일
1판 1쇄 발행 | 2007년 9월 20일

발행처 | 건강다이제스트사
발행인 | 이정숙
디자인 | 김왕기

출판등록 | 1996. 9. 9
등록번호 | 03-935
주소 | 서울특별시 용산구 효창동 5-3호 대신 B/D 3층(우편번호 140-896)
전화 | (02)702-6333   팩스 | (02)706-6334

값 13,000원
ISBN 978-89-7587-051-4   03320